NATIONAL GEOGRAPHIC

miami et les keys

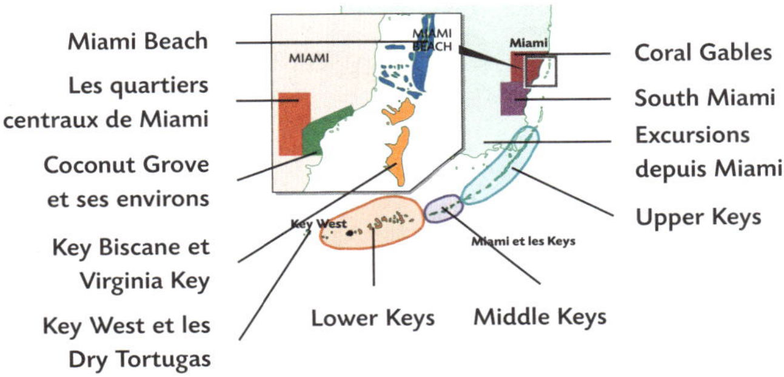

JETTY

NATIONAL GEOGRAPHIC

miami et les keys

Mark Miller
photographies de Matt Propert

Le Seven Mile Bridge (voir p. 190) mène jusque dans les Keys.

Le Bayside Marketplace est un complexe de magasins, de restaurants et de divertissements situé en front de mer, sur Biscaye Bay, et très apprécié (voir p. 51).

EVERGLADES
HOTEL

Le phare du cap de Floride, construit en 1825, a survécu à la guerre, à un incendie et aux ouragans.

Palmiers et couleurs vives : une image typique de Miami

Tropical Corner

Sommaire

Pages 2-3 : Poste de sauvetage de style Art déco sur une plage du quartier de South Beach

Voyager responsable

Protéger la nature, contribuer à préserver l'histoire et la culture des pays visités, tout en faisant connaissance avec la population... autant d'occasions pour le touriste d'enrichir son séjour en devenant un voyageur responsable !

Petit mémo pour les voyageurs avertis :

- Votre présence a toujours une incidence sur les sites que vous visitez. Ne l'oubliez pas !
- Tout au long de votre voyage, respectez les us et coutumes locaux.
- Rencontrez les gens sur place à chaque fois que vous le pouvez : c'est l'idéal pour en apprendre davantage sur les spécificités du pays. Attention, toutefois : évitez d'être trop intrusif !
- Côté argent, privilégiez les commerces, restaurants, auberges et voyagistes soucieux du développement du pays. N'hésitez pas non plus à encourager les initiatives qui tendent à mettre en valeur les spécificités culturelles du lieu visité.

Aujourd'hui, voyager de manière responsable, c'est donner tout son sens à l'« écotourisme », un tourisme qui soutient et met en valeur le caractère géographique d'un site – son environnement, sa culture, sa beauté, son héritage et le bien-être de ses habitants.

Pour en savoir plus, vous pouvez consulter le site en anglais de National Geographic : *www.nationalgeographic.com/travel/sustainable.*

Les auteurs

Mark Miller

Titulaire d'un diplôme de Stanford en histoire sociale américaine, Mark Miller a commencé sa carrière journalistique en tant que coursier avant de travailler pour l'agence de presse Reuters et CBS Radio, où il a aussi produit des documentaires. Depuis 1977, il a contribué à plusieurs ouvrages et publications de la National Geographic Society (dont le magazine *National Geographic*), ses missions couvrant l'Amérique du Nord, de l'Alaska aux Dry Tortugas de Floride, ainsi que les Caraïbes et l'Europe. Il vit à Los Angeles, où il est partenaire de 12 Films, une société de production de documentaires.

Elizabeth Carter

Journaliste gastronomique et inspectrice chevronnée dans la restauration, Elizabeth Carter a rédigé le chapitre « Informations pratiques » de la première édition.

David Raterman

David Raterman a mis à jour et relu les éditions 2005, 2008 et 2012 du présent guide. Depuis 2000, il est correspondant de presse pour le quotidien *South Florida Sun Sentinel*. Il a écrit pour de nombreuses autres publications, notamment les magazines *National Geographic Adventure* et *Writer's Digest*.

Matt Propert

Les travaux de Matt Propert, photographe et iconographe freelance installé à Washington, ont été publiés dans de nombreuses parutions nationales et internationales et ont fait l'objet de grandes expositions individuelles. Outre Miami et les Keys, il a également photographié l'Italie et la majeure partie des Caraïbes pour la National Geographic Society.

Terrasses de cafés sur Lincoln Road Mall

ESPRESSO
NIPPON

Avant de partir

Chaque année, des millions de touristes viennent en Floride du Sud pour profiter du climat subtropical et des kilomètres de littoral. Outre les plages de sable, ils se laissent tenter par la scène artistique en plein essor de Miami, participent à des excursions en plein air dans la Biscayne Bay ou les Everglades et se détendent dans les Keys.

Comment se rendre et circuler à Miami ?

Miami est desservie par deux aéroports : le Miami International Airport (MIA) et le Fort Lauderdale-Hollywood International Airport. Les bateaux de croisière constituent le moyen de transport le plus luxueux et, en 2009-2010, le port de Miami a accueilli 4,15 millions de passagers. Celui de Key West voit quant à lui débarquer environ 850 000 personnes chaque année.

Située à l'extrémité des Keys, à 255 km environ au sud-ouest de Miami, Key West est accessible en avion depuis les aéroports de Miami (MIA), de Tampa et d'Orlando. Vous pouvez aussi louer une voiture ou prendre une navette depuis le Miami International Airport (voir Informations pratiques, p. 240), comme celle de la société Greyhound. Le trajet jusqu'à Key West dure environ 4 h 30 et emprunte la pittoresque Overseas Highway (US1).

Les visiteurs de South Beach et du centre de Miami trouveront de nombreuses curiosités touristiques accessibles à pied ou à 10 min en voiture (quand il n'y a pas d'embouteillages). Vous pouvez également emprunter le réseau de transports publics du Miami-Dade County (voir Informations pratiques, p. 241-242). Dans le centre-ville, vous pouvez vous déplacer en MetroMover, un train sans conducteur commandé par ordinateur qui transporte les passagers sur de courtes distances, ou en bus.

À l'extérieur de Miami, le bus est le seul moyen de transport public disponible dans une grande partie du comté, y compris sur l'île de Miami Beach. Cela est également le cas à Key West.

Si vous avez seulement une semaine

Pour être vraiment complet, un voyage à Miami doit être un savant mélange de plage, de culture, de curiosités touristiques et d'activités en plein air.

Jour 1 – Commencez la journée par la grande plage de sable blanc de Miami Beach. Après avoir nagé et bronzé, allez prendre un verre dans l'un des cafés branchés d'Ocean Drive. Le soir, promenez-vous dans South Pointe Park.

Jour 2 – Le matin, retournez à la plage de South Beach, puis profitez de l'après-midi pour flâner dans Lincoln Road Mall – célèbre pour ses boutiques

Le pélican brun est un habitué de la pêche sur les côtes des Keys.

À NE PAS MANQUER

Un bain de mer et de soleil sur les plages de sable blanc de Miami 87, 90

Une visite de la Britto Central Art Gallery 94

Une promenade dans le Vizcaya Museum and Gardens 116-119

Une excursion en hydroglisseur au Billie Swamp Safari 156

Nager avec les dauphins 166

Les cerfs des Keys à Big Pine Key 196-198

Le coucher du soleil et les artistes de rue de Mallory Square, à Key West 214-215

haut de gamme et ses élégants restaurants et bars – où vous apercevrez des mannequins et peut-être une ou deux célébrités. Arrêtez-vous à la Britto Central Art Gallery pour admirer les œuvres pop art de l'artiste le plus connu de Miami, le Brésilien Romero Britto. Le soir, allez dîner dans l'un des petits restaurants de Lincoln Road et finissez la soirée dans une ou deux boîtes de nuit.

Jour 3 – Il est temps de découvrir les attractions culturelles du centre-ville. Le matin, visitez les deux musées du Miami-Dade Cultural Center, le Museum of HistoryMiami et le Miami Art Museum. Dans le premier, vous découvrirez l'histoire des Indiens tequesta et séminoles et des premiers colons. Dans le second, vous admirerez des œuvres de l'après-Seconde Guerre mondiale provenant de tout le continent. Après votre visite, allez déjeuner dans l'un des nombreux restaurants chics des Shops at Mary Brickell Village. Le soir, assistez à une représentation d'un ballet ou d'un orchestre symphonique à l'Adrienne Arsht Center for the Performing Arts.

Jour 4 – Visitez le Vizcaya Museum and Gardens de Coconut Grove. Cette villa italienne de style Renaissance et son jardin structuré ont été réalisés en 1916. À cette époque, se situer à quelques kilomètres au sud du centre-ville signifiait se trouver dans un autre monde. Ensuite, rendez-vous à Coral Gables et arpentez Miracle Mile où vous serez émerveillé par l'architecture de style renouveau méditerranéen qui a valu à la ville son surnom de « City Beautiful ». À 5,5 km de là, près de l'université de Miami, arrêtez-vous au Lowe Art Museum pour admirer les collections d'œuvres d'art Renaissance, baroque, américain, amérindien, asiatique et africain.

Jour 5 – Consacrez une bonne partie de la journée à la visite du zoo de Miami. C'est le plus grand de l'État de Floride et le premier parc animalier subtropical du pays. En fin d'après-midi, sur le chemin du retour, faites un arrêt au Máximo Gómez Park de Little Havana où vous pourrez voir des Cubano-Américains jouer aux dominos et discuter des frères Castro. Finissez la soirée en beauté au Versailles, restaurant cubain par excellence.

Jour 6 – Partez explorer l'Everglades National Park. Depuis l'entrée de Shark Valley, à 40 km

Se renseigner sur Internet

Pour les sites touristiques, consultez les pages du Greater Miami Convention and Visitors Bureau *(www.miamiandbeaches.com)* **et du Florida Keys tourism bureau** *(www.fla-keys.fr, en français)*. **Pour vous déplacer dans l'agglomération de Miami, renseignez-vous sur le site du Miami-Dade Transit** *(www.miamidade.gov/transit)*. **Les sites de journaux, tels que le Miami Herald** *(www.miamiherald.com)* **et le Key West's Citizen** *(www.keysnews.com)*, **sont également de bonnes sources d'information.**

À savoir

Les touristes n'ont pas de raison de s'inquiéter pour leur sécurité, mais soyez quand même prudent à certains endroits, comme Overtown et Opa-locka, ou si vous vous déplacez seul la nuit.

La plupart des sites touristiques et des établissements sont ouverts 7 jours sur 7, mais certains sont fermés le lundi ou le mardi.

Dans les bars et restaurants, laissez un pourboire équivalant à environ 15 à 20 % de l'addition. La paye des serveurs est bien en-deçà du salaire minimum.

à l'ouest de Miami, vous pouvez embarquer à bord d'un petit train pour une promenade de deux heures, faire une randonnée guidée par un ranger ou vous aventurer seul dans le parc, à pied ou à vélo. Vous y verrez à coup sûr des alligators, des oiseaux et beaucoup d'autres animaux. À l'extérieur du parc, sur la Tamiami Trail (US41), de nombreux panneaux publicitaires proposent des circuits en hydroglisseur. Ces embarcations sont un excellent moyen de pénétrer dans un écosystème unique.

Jour 7 – Profitez du dernier jour pour découvrir deux des Keys floridiennes, situées à seulement quelques kilomètres à l'est de Miami et accessibles par la Rickenbacker Causeway. Passez la matinée à Virginia Key Beach, puis découvrez le Miami Seaquarium tout proche. Cet océarium à la renommée internationale propose des spectacles de dauphins et d'épaulards, et ses immenses bassins hébergent des lamantins et des otaries, ainsi que de nombreux poissons. En fin d'après-midi, rendez-vous à Key Biscayne, à cinq minutes de là, et visitez le phare de Bill Baggs Cape Florida State Park. Doté d'une terrasse, son café-restaurant sert des plats simples, parfaits après une journée passée en plein air.

Si vous avez plus de temps

Si votre séjour est plus long, prenez vos quartiers à trois endroits différents. D'abord à Miami même (voir l'itinéraire d'une semaine), puis installez-vous dans un hôtel de Key Largo ou d'Islamorada, dans les Upper Keys, et terminez votre voyage à Key West.

Jours 8, 9 et 10 – Les Upper Keys sont renommées pour les sports aquatiques. Consacrez-y les trois jours suivants. Les hôtels étant en relation avec les prestataires locaux, le mieux est donc de demander des renseignements à l'accueil. Certains établissements proposent leurs propres activités nautiques. Prenez une demi-journée pour faire de la plongée sous-marine ou du snorkeling, puis essayez le stand-up paddle

Quand venir à Miami ?

Si vous aimez les sports nautiques, venez l'été, cette saison étant chaude et pluvieuse. Sinon, vous préférerez sans doute planifier votre voyage en hiver, dont le climat est doux et sec. La période touristique commence à la fin de la saison des ouragans – officiellement le 30 novembre – et s'achève en mai. C'est à ce moment qu'ont lieu les festivals, comme l'Art Basel Miami Beach, le Miami Book Fair International et le South Beach Wine and Food Festival, ainsi que les compétitions en plein air, tel l'ING Miami Marathon.

Au printemps, notez que les jeunes n'affluent plus en masse lors du « spring-break » sur les plages de Miami et de Key West comme avant, mais ils demeurent nombreux. Dans la plupart des universités, les vacances ont lieu entre mi-mars et mi-avril. Si vous aimez faire la fête, visitez Miami pendant le carnaval (fin février-début mars), Miami Beach pendant l'Urban Beach Week (week-end du Memorial Day) et Key West pendant la Fantasy Fest (octobre). Dans le cas contraire, organisez votre voyage à une autre période.

Des jongleurs se rassemblent tous les jours à Mallory Square pour un crépuscule enflammé.

– sport qui consiste à se déplacer debout sur une planche à l'aide d'une pagaie. Le jour suivant, partez à la pêche le matin et faites du kayak l'après-midi. Enfin, le troisième jour, allez nager avec les dauphins dans l'un des cinq sites possibles, avant de nourrir les tarpons sauvages de 45 kg qui se rassemblent à la Robbie's Marina d'Islamorada.

Jour 11 – Empruntez l'Overseas Highway (US1) en direction de l'ouest et arrêtez-vous à Big Pine Key pour apercevoir les minuscules cerfs des Keys du National Key Deer Refuge. Au centre d'accueil des visiteurs, procurez-vous une carte et rendez-vous au Blue Hole, une ancienne carrière où vous pourrez observer des alligators sauvages de 3 m de long. Promenez-vous le long du sentier avoisinant qui traverse un bois tropical. Consacrez le reste de la journée à l'exploration des Keys le long de l'US1 avant d'arriver à Key West, située en bout de route à une cinquantaine de kilomètres, où vous pourrez dîner.

Jour 12 – Le matin, faites une promenade sur Smathers Beach. Bordée de palmiers, cette plage jouit d'une mer calme. L'après-midi, parcourez l'île en tramway. La Harry S. Truman Little White House, où le président Truman a séjourné 11 fois pendant son mandat, est un arrêt populaire. Plus au sud, à 15 min à pied, se trouve l'Hemingway Home and Museum, où l'écrivain le plus célèbre de l'île a imaginé plusieurs de ses récits. À l'approche du crépuscule, rendez-vous sur Mallory Square où une foule se rassemble tous les soirs pour assister au coucher du soleil et aux spectacles de rue. Vous serez ébloui par l'exotisme du tableau. Pour finir la journée, allez boire un verre au Captain Tony's Saloon ou chez Sloppy Joe's, dont Hemingway était un habitué.

Jour 13 – Visitez le Mel Fisher Maritime Museum, où se trouve une grande partie du trésor de 400 millions de dollars (310 millions d'euros) que Mel Fisher a récupéré dans les épaves de galions espagnols dans les années 1980. Les lingots d'or et d'argent et l'émeraude de 77 carats valent le détour. Ensuite, dirigez-vous vers l'Audubon House and Tropical Gardens pour découvrir quelques-uns des travaux du naturaliste, puis promenez-vous le long de Caroline Street, rue pittoresque bordée de grandes demeures à l'architecture typique de Key West.

Jour 14 – Finissez votre séjour par la visite du Dry Tortugas National Park, qui se trouve à 45 min de Key West en hydravion et à 2 h 30 en ferry. L'attraction principale du parc est le Fort Jefferson, bâti au XIXe siècle, mais les superbes paysages que vous verrez pendant le trajet sont également exceptionnels. ■

Histoire et culture

La mairie de Coral Gables et la statue de son fondateur, George Merrick
Ci-contre : Elkhorn Reef, dans le Biscayne National Park, est le paradis des plongeurs.

Miami aujourd'hui

Depuis quelques dizaines d'années, Miami accueille de nombreux Américains qui s'y installent pour son climat subtropical et des immigrants à la recherche d'une vie meilleure. En 2010, la ville comptait 2,5 millions d'habitants, soit une augmentation de 10,8 % par rapport à la décennie précédente. D'ailleurs, en termes de pourcentage, Miami a plus d'habitants nés à l'étranger que toute autre ville des États-Unis.

Les nouveaux arrivants viennent enrichir la diversité ethnique de la ville et apportent avec eux une curiosité artistique qui a conduit à l'édification de nouveaux centres d'arts scéniques au centre de Miami (Adrienne Arsht Center for the Performing Arts) et à South Beach (New World Center), ainsi qu'à la mise en place de festivals de renommée internationale. Le climat ensoleillé et les écosystèmes uniques de la région encouragent les habitants à partir à l'aventure. Si la plongée sous-marine et la pêche demeurent les activités les plus populaires, le stand-up paddle et le kayak ont le vent en poupe.

En 1994, les 34 présidents et premiers ministres d'Amérique centrale et du Sud se réunirent au Biltmore Hotel de Coral Gables pour le Sommet des Amériques (Fidel Castro brilla par son absence). Dans une perspective d'après guerre froide, ils décidèrent que l'avenir des trois Amériques s'appuierait sur une interdépendance économique et culturelle croissante. Les États-Unis choisirent le Grand Miami pour cette rencontre parce qu'aucune ville de l'hémisphère ouest ne symbolisait mieux la dépendance mutuelle que cette métropole comptant plus d'hispanophones que d'anglophones.

L'épopée vécue par la communauté cubaine tend à minimiser l'importance des autres groupes d'expatriés venus des pays du Sud, pourtant vitaux à Miami.

Miami doit son titre de « capitale des Amériques » à la politique – en particulier à l'événement historique qui a évincé La Havane en 1959 – et à la finance. La sphère d'influence de son industrie financière s'étend presque jusqu'au pôle Sud. Principale plate-forme d'importation et d'exportation de la région, la ville traite l'acheminement d'une extraordinaire variété de produits et d'articles à travers les Amériques. L'heureux mariage des affaires et de la culture anglo-américaines avec les coutumes des pays sud-américains est plus fondamental encore. Et, chaque jour, les frontières politiques imposées par les armes cèdent devant les ambitions humaines et l'élan historique qui s'ensuit.

L'épopée vécue par la communauté cubaine tend à minimiser l'importance des autres groupes d'expatriés venus des pays du Sud, pourtant vitaux à Miami. Quelques-uns sont arrivés en première classe ; beaucoup, comme les Haïtiens, en risquant leur vie sur des bateaux de pêche. Certains des nouveaux arrivants figurent parmi les habitants les plus influents de Miami, d'autres parmi les plus démunis.

Vous pourrez découvrir le cosmopolitisme de cette immense métropole à travers la diversité de ses quartiers ethniques : la vie familiale préserve la langue et les coutumes,

Les restaurants branchés qui jalonnent Ocean Drive, à South Beach, débordent d'activité toute l'année.

COLONY

Deux secteurs en pleine ascension

Avec l'augmentation rapide de sa population, Miami se redéfinit. Les touristes peuvent désormais s'adonner à deux passe-temps très différents : les arts et les jeux d'argent.

De manière générale, les villes de jeu comme Las Vegas ne sont pas réputées pour leur rayonnement culturel, pas plus que les villes considérées comme des trésors de culture n'autorisent les jeux d'argent. Miami a décidé de relever le défi de faire coexister les deux. Ces dernières années, la législation a changé, autorisant les hippodromes et les cynodromes du comté ainsi que le fronton du jaï-alaï à installer des machines à sous et à organiser des parties de poker à enjeux élevés. En 2012, le débat relatif à l'ouverture de grands casinos faisait rage.

La scène artistique connaît également une ascension rapide. Outre les deux centres d'arts scéniques qui ont ouvert depuis 2006 – l'Adrienne Arsht Center (voir p. 69) et le New World Center (voir p. 94-95) –, la ville compte plusieurs musées et festivals mondialement connus, notamment l'Art Basel Miami Beach qui a démarré en 2002. Les œuvres exposées sont réalisées par des artistes locaux, dont beaucoup ont un atelier dans le Wynwood Arts District, un quartier de Miami en plein essor (voir p. 69-70).

les cafés et les restaurants servent des produits exotiques, les magasins et les marchés offrent à la fois l'indispensable et le superflu destinés à chacune des communautés. En dehors des quartiers historiques cubain et juif, le Grand Miami dispose aussi d'enclaves où vivent Afro-Américains, Colombiens, Guyanais, Haïtiens, Jamaïcains, Nicaraguayens, Portoricains, Péruviens, Vénézuéliens, Russes et Bahamiens, émigrés de Trinidad et des îles Vierges, sans compter les Miccosukee, un peuple indien qui survit dans une réserve des Everglades. Les frontières sont toutefois peu visibles, car le processus d'assimilation de Miami s'est fondé sur le mélange. Little Havana a ainsi absorbé une nouvelle génération de réfugiés politiques du Nicaragua.

Avec plus de 140 banques commerciales, Miami est une capitale financière internationale qui mérite sans aucun doute le titre de capitale des Caraïbes. Les férus de culture préféreront néanmoins son autre surnom, celui de « porte des Amériques », évocateur de son charme tout à fait unique.

Découvrir Miami

Aucune autre métropole américaine ne ressemble à Miami. Malgré la menace des ouragans six mois par an, ses habitants s'estiment chanceux de vivre près des marécages, des forêts et des fascinantes Keys de la Floride du Sud.

Implanté à la fin du XIXe siècle, le Grand Miami est une agglomération plus jeune que les autres zones urbaines américaines. Son caractère polyglotte reflète une histoire propre à la région : avant-poste des colons espagnols, elle est devenue la destination favorite des vacanciers, puis un havre ensoleillé pour les retraités du Nord. Par la suite, l'exode cubain dû à l'arrivée au pouvoir de Fidel Castro a hissé ce paisible havre de villégiature au rang de « capitale de l'Amérique latine ».

Miami est connue par des stéréotypes. Le cinéma, la télévision et le roman noir la décrivent comme une ville aux façades roses où règne la criminalité. Pendant des années, Miami Beach a été considérée comme un paradis pour seniors, avec ses hôtels résidentiels prisés des retraités. D'autres images persistent : capitale du divertissement nocturne où les hédonistes jouissent de plaisirs éphémères (vrai), du trafic de drogue (vrai), du sentiment anticastriste (vrai), de l'excès de rose (faux, sauf peut-être dans l'Art Deco District de Miami Beach, où les édifices arborent des couleurs vives).

Le Grand Miami s'ouvre sur l'une des côtes les plus séduisantes d'Amérique, caressée par une houle paisible et de doux alizés. En novembre, alors que l'automne rafraîchit le nord du pays, commence la « haute » saison de Miami, avec des températures « basses » allant de 25 °C en journée à 20 °C la nuit. Bénéficiant d'une agréable chaleur à longueur d'année, South Miami Beach est la destination ensoleillée la plus proche (à moins d'un jour de voyage) des villes de l'intérieur. Biscayne Bay (la baie de Biscayne) – qui sépare Miami de la barrière insulaire de Miami Beach –, aux îlots sauvages, fait le bonheur des plaisanciers. Le long du littoral, des parcs publics protègent des milliers d'hectares de forêts et de plages herbeuses. Des quartiers comme Coconut Grove et Coral Gables dévoilent les raisons qui conduisent quelque 700 personnes à s'installer en Floride chaque jour : des villas avec jardin, des boulevards ombragés, une architecture très soignée et de belles places, des jardins tropicaux baignés par des flots azurés – autrement dit, l'apothéose du « rêve floridien ».

Miami offre aux visiteurs un ravissement pour les sens. Prenez le temps d'explorer ce que les dirigeants floridiens appellent fièrement la « vraie Floride » : les plages, les récifs et les jungles côtières de Biscayne Bay, mais aussi les étendues sauvages des Everglades, un site unique au monde, dont l'univers aquatique primitif se découvre au rythme d'une barque. Goûtez à la cuisine du « Nouveau Monde », baignez-vous dans les eaux du Gulf Stream, enfoncez vos pieds dans le sable qui a crissé sous les bottes de Juan Ponce de León, le premier visiteur européen de la Floride, et rêvez sur cette côte paradisiaque qui a évoqué la fontaine de Jouvence à l'aventurier espagnol. ■

D'énormes paquebots sillonnent les eaux de Biscayne Bay à Miami, classée capitale mondiale de la croisière.

Les quartiers de Miami

Outre des plages et des hôtels, Miami recèle une grande diversité de communautés ethniques et de styles architecturaux originaux. Les noms de ses principaux quartiers et leurs limites ne sont pas vraiment définis. En voici une brève présentation.

De nombreux émigrés cubains ont trouvé refuge dans le quartier de Little Havana.

Downtown Aisément reconnaissable, le centre-ville aux gratte-ciel inondés de couleurs vives la nuit est l'un des plus agréables d'Amérique. Il regroupe de hautes tours résidentielles et d'affaires, le séduisant Adrienne Arsht Center for the Performing Arts et le Bayside Marketplace, un complexe de magasins, de restaurants et de divertissements très fréquentés sur Biscaye Bay.

Little Havana Tête de pont politique et économique pour les émigrés cubains arrivés depuis 1959, Little Havana, qui accueille aujourd'hui des Latinos de toute l'Amérique, s'étend au sud-ouest du centre-ville. Boutiques et restaurants sont nicaraguayens, mexicains ou colombiens. La communauté cubaine de Miami s'est déployée à partir de ce quartier, resté son centre affectif.

Upper Eastside La partie nord-est de Miami flanque Biscayne Boulevard (US1), au nord du centre-ville. Le charme de ce quartier multiethnique se dissimule derrière la succession de motels défraîchis du boulevard, dans des faubourgs typiques comme Bayside et Morningside. Des demeures érigées avant 1940 dans le style du renouveau méditerranéen illuminent les avenues bordées de palmiers.

Little Haiti À l'ouest d'Upper Eastside, cette enclave caribéenne est dominée par l'art et les commerces haïtiens. Le quartier de Buena Vista compte également des demeures méditerranéennes. Le Design District voisin (autour de NE 40th Street) réunit des salles d'exposition, des galeries d'art et des magasins de meubles et d'étoffes destinés aux créateurs et aux architectes, tandis que le Wynwood Arts District (autour de NW 2nd Avenue) dispose d'une soixantaine de galeries d'art.

Allapattah Un quartier ouvrier de 41 500 habitants (82 % d'Hispano-Américains), au nord-ouest de Downtown, qui regroupe les bâtiments industriels, médicaux et administratifs de Miami. Les habitants y fréquentent les commerces de gros alimentés par les usines de confection. Les cuisiniers privilégient le Produce Market, le plus grand marché alimentaire de Miami. Les photographes parcourent la Miami River (le fleuve Miami) en quête de clichés pittoresques : bistrots originaux, vieux bateaux, réparateurs de voitures, dépotoirs de ferraille rouillée.

Overtown Nichée entre Allapattah et le centre-ville, cette communauté de 10 000 habitants à dominante afro-américaine lutte contre le chômage, les difficultés à se loger et la criminalité. Des programmes en faveur de l'identité communautaire et du civisme ont permis d'instiller un espoir de rajeunissement. Le parc à thème d'Overtown rend hommage au patrimoine afro-américain de Miami, une épopée exaltante, trop souvent obscurcie par le dur labeur quotidien des habitants.

Flagami Aménagé à l'ouest de Little Havana, près de l'aéroport international, ce quartier doit son nom au constructeur de la première voie ferrée de Miami. Le quadrillage d'habitations et de petits commerces en rapide expansion abrite une classe moyenne anglo-américaine et hispanique de près de 52 000 habitants. Toute la ville converge vers ses restaurants et ses bars, tandis que les véliplanchistes parcourent les lacs du secteur de Blue Lagoon.

Coral Gables À Coral Gables, la beauté et la majesté de l'ancienne Espagne se combinent à la vitalité d'une métropole américaine installée sous les tropiques. Forte de 46 000 habitants, dont de riches émigrés latinos, et de plus de 140 multinationales, la ville est devenue la capitale des affaires officieuses de l'Amérique latine. Elle accueille le campus principal de l'University of Miami.

Coconut Grove Huppé, confortable, multiculturel et très vert, « The Grove » est l'un des faubourgs les plus attrayants de Miami. Son élégance bohème évoquant Greenwich Village, à New York, fait la fierté de ses 20 000 habitants. Nombre de ses luxueuses habitations sont des copropriétés donnant sur Biscayne Bay, dont la côte boisée recèle les plus somptueuses résidences de Floride du Sud.

Coral Way Cette zone commerçante au nord de Coconut Grove regroupe les quartiers de Brickell, Coral Gate, Douglas, Parkdale-Lyndale, Shenandoah, Silver Bluff et des Roads. Brickell est réputé pour l'architecture de ses copropriétés, et les demeures de Shenandoah et de Silver Bluff déclinent une grande variété de styles admirables.

Miami Beach Nul autre endroit de la « Côte d'Azur » américaine ne ressemble à cette éblouissante étendue de sable, que vient lécher une mer bleue réchauffée par le Gulf Stream. Flanquée de plus de 800 édifices Art déco, elle compte les hôtels les plus luxueux du pays. Ici se trouve l'éminente scène nocturne d'Amérique du Nord : les habitués notoirement photogéniques envahissent les discothèques la nuit et les terrasses des cafés le jour.

L'histoire de Miami

Convoitée par les Espagnols et les Anglais, Miami servit ensuite de refuge aux esclaves fugitifs et inspira diverses initiatives, des ambitions d'un magnat du chemin de fer aux architectures les plus audacieuses. C'est le pays des pirates, des *rum-runners* de la Prohibition, mais aussi des stars, des ouragans, des guerres séminoles et d'une industrie touristique florissante.

Préhistoire

Les premiers Miamiens étaient probablement les Tequesta, des chasseurs-cueilleurs et des pêcheurs qui s'installèrent il y a 10 000 ans à l'embouchure de la Miami River et sur les îles côtières de Biscayne Bay. Outre les courants limpides du fleuve – El Rio Nombrado de Agua Dulze sur les cartes espagnoles –, une source d'eau douce jaillissait de la baie, provoquant des remontées d'eau au large et permettant, jusqu'à la fin des années 1800, de plonger une tasse dans la mer pour en boire l'eau. L'idée que *miami* est un mot tequesta désignant

En 1565, les Espagnols inaugurent leur première colonie en Floride, à St Augustine, le lieu d'accostage du premier explorateur européen, Juan Ponce de León.

l'« eau douce » *(agua dulze)* découle probablement de ce phénomène. On rapproche aussi ce nom de la langue séminole en le traduisant par « grande eau ». La chasse dans les Everglades pourvoyait les habitants en chevreuils, ours et cochons sauvages. Les hommes pêchaient le requin, l'espadon-voilier et la raie pastenague en pirogue, et chassaient le marsouin et le lamantin. Femmes et enfants récoltaient palourdes, conques, huîtres et œufs de tortue sur les berges des rivières et les plages.

Les Européens mentionnèrent la région dès les années 1500, mais le monde abrité des Tequesta n'évolua guère, jusqu'à ce jour de 1566 où le premier Européen, Pedro Menendez de Aviles, arriva, envoyé par l'Espagne comme gouverneur de « La Florida ». Des soldats et un prêtre jésuite chargé de sauver les âmes païennes l'accompagnaient. Le frère Francisco Villareal fonda une mission sans toutefois parvenir à transmettre la ferveur chrétienne aux Tequesta. Les Espagnols léguèrent néanmoins un héritage funeste à la région : les maladies du Vieux Continent, contre lesquelles les populations natives n'étaient absolument pas immunisées.

Les Espagnols léguèrent un héritage funeste à la région : les maladies du Vieux Continent, contre lesquelles les populations natives n'étaient absolument pas immunisées.

Les premiers explorateurs européens

En avril 1513, Juan Ponce de León, l'ambitieux lieutenant de Christophe Colomb, débarqua au nord, près de l'actuelle St Augustine, aux alentours du dimanche de Pâques – *la pascua florida* en espagnol –, ce qui l'incita peut-être à baptiser « son île » La Florida. Le demi-siècle suivant vit les peuples natifs de la Floride maltraités par les conquistadors.

La visite de Menendez aux Tequesta en 1566 fut une ouverture vers la paix : il signa bientôt un traité avec les Calusa, dont le territoire incluait aussi les Keys. Il échangea avec les Indiens vêtements et articles de quincaillerie contre de l'or. Il érigea des tours de guet de la Caroline à Biscayne Bay, afin de prévenir les galions chargés de trésors de l'attaque des pirates, et s'allia les Tequesta, mettant ainsi un terme à leur exploitation par les naufragés. Même si la péninsule marécageuse offrait peu de choses, hormis les œufs de tortue et les moustiques, la Floride rejoignit l'Empire espagnol du Nouveau Monde. Elle tirait sa valeur de son emplacement stratégique, au-dessus du couloir maritime du golfe du Mexique.

Au milieu des années 1700, St Augustine était une garnison d'environ 2 000 habitants, dont l'économie dépendait essentiellement de l'approvisionnement des soldats. Le système missionnaire de l'Espagne fut un échec. Parallèlement, la Couronne espagnole refusa d'autoriser le commerce tant indispensable avec les colonies anglaises, interdit aux non-catholiques d'être colons et échoua à convaincre les entrepreneurs de parier leur avenir sur la Floride. Les capitaux prirent alors le chemin du Mexique et de Cuba.

Le traité de Paris de 1763 qui mit fin à la guerre entre les puissances européennes livra la Floride aux Anglais, dont les projets d'implantation s'enlisèrent également. Après la guerre d'Indépendance américaine, la Grande-Bretagne rendit la Floride à l'Espagne en échange des Bahamas. En 1784, les Espagnols instituèrent un nouveau programme de colonisation, accordant 87 ha sur la Bahía Biscaino à Pedro Fornells et 50 ha sur la rive nord du Río Nombrado à un Anglais, John Egan, les deux premiers habitants enregistrés de Miami.

Le début de l'occupation américaine

Les Américains envisagaient alors leur destin en termes de développement et supportaient mal la présence des Européens sur le continent. Dans les coulisses du pouvoir espagnol, les bureaucrates avisés voyaient la vente de la Floride aux États-Unis comme une solution logique, mais l'avidité qui anima les esprits mercantiles l'emporta. Les pirates firent de la côte sud et des Keys un *no man's land* de traîtrise, dévastant les navires américains et persuadant Washington qu'une Floride espagnole était vouée à l'anarchie. Parallèlement, l'accueil des esclaves en fuite par les Espagnols mit en rage les planteurs du Sud, qui lancèrent des attaques depuis la Géorgie. En 1811, un groupe de Yankees miliciens attaqua St Augustine et détruisit les plantations jusqu'à ce que les navires britanniques les repoussent. La guerre de 1812 contraignit Madrid à laisser la Grande-Bretagne prendre position en Floride, accentuant la colère américaine. La Floride finit par perdre la protection navale britannique. Les aventuriers américains (plus pirates que patriotes) continuèrent à attaquer les communautés espagnoles. En 1821, acculée, l'Espagne céda la péninsule aux États-Unis et la bannière étoilée fut hissée sur le nouveau territoire de la Floride.

En 1821, acculée, l'Espagne céda la péninsule aux États-Unis et la bannière étoilée fut hissée sur le nouveau territoire de la Floride.

En 1825, Cape Florida, sur Key Biscayne, possédait déjà un phare (les marins se plaignaient, disant qu'il était si peu efficace qu'il provoquait des naufrages). Le Congrès vota le Homestead Act (loi sur les terres fédérales de 1862) qui ouvrit la Floride aux colons, avec pour conséquence l'expulsion brutale des Indiens et leur transfert vers des réserves de l'Ouest. Voyant leur avenir s'assombrir, des milliers d'entre eux s'unirent sous la bannière séminole. En 1835, les colons entrèrent en guerre sous les ordres du Major Francis Dade, qui donna son nom à l'actuel Dade County (comté dont Miami est le chef-lieu). Durant 22 ans, la Floride fut le théâtre d'une guérilla.

Les débuts de Miami

Fief incontesté des confédérés, Miami végéta pendant la guerre civile et reprit vie dès la défaite du Sud. En 1870, un habitant de l'Ohio, William Brickell, construisit une maison et un poste d'approvisionnement au bord de la Miami River. Un autre Ohien de Cleveland, Ephraim Sturtevant, acheta du terrain sur Biscayne Bay. Après avoir déboisé la mangrove à quelques kilomètres au sud, les colons créèrent un bureau de poste où le courrier était cacheté « Coconut Grove ». Le climat tropical de la Floride du Sud commença à attirer des voyageurs audacieux vers la première auberge de Miami, la Bay View House, érigée sur une butte aujourd'hui intégrée au Peacock Park. Le Biscayne Bay Yacht Club vit le jour en 1887 et une école ouvrit l'année suivante. Mais c'est en 1891 que la région trouva un dirigeant ayant une vision d'avenir. La fille d'Ephraim Sturtevant, Julia Sturtevant Tuttle, qui était déjà venue en 1875, revint, veuve avec deux enfants. Elle acquit 320 ha sur la rive nord du fleuve, s'installa dans les bâtiments abandonnés de Fort Dallas et décida de développer une ville majeure sur le littoral.

En 1912, les trains de la compagnie d'Henry Flagler, la Florida East Coast Railway, ralliaient déjà Key West.

Une liaison ferroviaire avec le reste de l'Amérique étant fondamentale, Tuttle fit appel à Henry Flagler. Sa compagnie, la Florida East Coast Railway, desservait déjà West Palm Beach à 110 km au nord, mais Miami lui avait semblé une destination inutile. Les gelées de l'hiver 1894-1895 le firent changer d'avis. La plupart des agrumes de Floride furent abîmés, alors que Miami échappa au coup de froid. En réalité, Tuttle et ses amis, William et Mary Brickell, présentèrent au magnat de belles fleurs d'oranger, affirmant que la ville était une oasis de soleil et de chaleur. Le stratagème fonctionna et, le 15 avril 1896, le premier train de Flagler fit son entrée dans Miami. Flagler ouvrit le luxueux Royal Palm Hotel pour les touristes séduits par la publicité faite au « solarium de l'Amérique ». Il construisit des maisons pour les employés, dragua un chenal maritime dans la baie et offrit des terres aux écoles publiques. En juillet 1896, les habitants approuvèrent la création de la ville. On pensa l'appeler Flagler, mais les 368 votants préférèrent garder le nom utilisé depuis plus de deux générations : Miami devint alors une ville officielle de Floride.

Miami et la guerre hispano-américaine

La ville existait depuis seulement deux ans quand, en avril 1898, les États-Unis prirent les armes contre l'Espagne après le différend sur l'indépendance cubaine. Durant les trois mois de la « splendide petite guerre », comme l'appellait le secrétaire d'État John Hay, Miami (1 200 habitants) se développa rapidement. L'armée refusa d'abord d'y installer sa base d'entraînement d'une force d'invasion, décision déplorée par les hommes d'affaires locaux, dont Flagler. Le magnat devint un fervent défenseur de la ville et, malgré le début d'un nouvel été accablant, soutint à l'état-major qu'une « brise océane constante » garantirait le « confort des officiers et des hommes ». Il n'existait pas de « lieu plus agréable sur la côte atlantique ». À ses frais, il prépara le terrain du « Camp Miami ». L'offre fut impossible à refuser et, bientôt, plus de 7 000 recrues s'installèrent sous des tentes, à l'emplacement de l'actuel Downtown Miami (près de la Freedom Tower), transpirant dans leurs uniformes de laine. Les officiers furent hébergés au spacieux Royal Palm.

Pour les commerçants miamiens, la guerre fut en effet splendide. Les magasins écoulaient la limonade en fûts, tandis que les grosses sociétés voyaient gonfler leurs bénéfices. North Miami vit apparaître un quartier chaud complètement dévolu à la boisson. Mais le mensonge de Flagler quant à une « source inépuisable d'eau pure » ne résista pas à la fièvre typhoïde qui emporta 24 recrues. Des centaines d'autres succombèrent à la dysenterie et les soldats, harcelés par les moustiques, surnommèrent la base « Camp Hell » (camp de l'enfer). Flagler assura à Washington que ces « désagréments » étaient « scandaleusement exagérés ». Heureusement, la guerre se termina et Camp Hell disparut après six semaines d'existence.

La présence militaire accéléra le développement de Miami : défrichage des terres, création de pistes, pavage des rues, creusement de puits et construction de bâtiments. Déterminants pour l'avenir de Miami, les reportages sur la guerre firent découvrir au pays une destination méconnue. Des milliers de jeunes hommes rentrèrent dans leur banale ville natale mus par une curiosité et un émerveillement persistants.

Les clippers de la Pan Am

L'une des périodes les plus romantiques de l'histoire du voyage aérien en Amérique prit fin à Coconut Grove le 9 août 1945, lorsque le dernier clipper de la compagnie Pan American Airways, un Boeing 314 à quatre moteurs, décolla de la Dinner Key Marina (voir p. 123). Qui pouvait deviner que ces hydravions géants passeraient si vite de mode ? Le premier hydravion de la Pan Am (un Sikorsky S-40) avait en effet pris son envol en 1931.

Mais la Seconde Guerre mondiale accéléra le progrès et, au lendemain du conflit, des lieux qui semblaient autrefois inaccessibles, du Brésil à la Birmanie, disposaient à présent de pistes de décollage ouvertes à des vols bon marché. Le temps des hydravions était révolu.

La Miami moderne

Malgré ses progrès, Miami n'était toujours, à la fin du XXe siècle, qu'un bout de terre civilisée pris en étau entre Biscayne Bay et les paysages sauvages des Everglades, à 5 km à l'ouest. L'augmentation des besoins en terrains résidentiels déclencha une fièvre de construction et une ferveur pour la protection des

Un hydravion Sikorsky devant le terminal de la Pan Am, au milieu des années 1930

ressources naturelles, deux forces opposées qui sont toujours représentées dans la politique de la région. L'assainissement des Everglades commença en 1906. Dix ans plus tard, le Royal Palm Park fut créé, ouvrant la voie à l'Everglades National Park. Carl Fisher, un riche industriel de l'Indiana, traversa le nouveau pont en bois de 3 km vers « Ocean Beach », une pointe de sable et de roche corallienne qui s'étire parallèlement à la côte de Miami, de l'autre côté de la baie. Observant les paysages sauvages de cèdres, de raisiniers, de mangrove, d'*Uniola paniculata* et de figuiers de Barbarie, il imagina des hôtels, des clubs de golf et des terrains de polo, une Mecque de plaisirs qui rejoignit la ville en 1915 sous le nom de Miami Beach.

En 1920, la population de Miami atteignit presque 30 000 habitants – soit une augmentation de 440 % par rapport au recensement de 1910. Le bruit courut qu'investir dans la terre de Floride assurait de fabuleux bénéfices, le marécage d'alors étant le lotissement du futur. Des milliers d'Américains convergèrent vers Miami et ses abords détrempés, entraînant une frénésie de ventes et d'achats à la source du boom foncier floridien. En 1925, les promoteurs demandèrent des permis pour 971 lotissements. Près de 175 000 actes de propriété furent enregistrés dans les nouvelles communautés attenantes : Coral Gables, Miami Shores, Hialeah, Miami Springs, Boca Raton et Opa-locka. L'année suivante, de multiples scandales fiscaux et un ouragan dévastateur mirent un terme à l'explosion foncière. L'effondrement boursier de 1929 lui asséna le coup de grâce.

Néanmoins, l'emplacement de Miami continua de séduire les visionnaires tels Fisher et Juan Trippe, fondateur de la Pan American Airways, connue pour ses hydravions (voir encadré ci-contre). En 1935, la flotte de Trippe reliait Miami à 32 pays d'Amérique centrale et du Sud, offrant à la ville l'aura romantique des débuts de l'aviation transocéanique. La Seconde Guerre mondiale refit de la ville un bastion militaire, transformant les hôtels en casernes et les plages en terrain d'exercice pour quelque 550 000 soldats. Comme lors de la guerre hispano-américaine, des milliers de jeunes gens se souvinrent de ces jours ensoleillés du passé et beaucoup revinrent s'installer ici définitivement.

L'exode cubain

Les années d'après-guerre favorisèrent le Grand Miami. Les arrivants affluèrent et le tourisme se développa de manière exponentielle, impulsant des flambées de construction qui donnèrent naissance à des palaces. À Miami Beach, l'Hotel Fontainebleau aux 1 504 chambres opulentes symbolise le statut de capitale de l'hédonisme attribué à la région. La ville était réputée pour ses retraités et ses touristes en quête de soleil, quand l'histoire lui joua un dernier tour avec Fidel Castro. Vers la fin de 1958, la guérilla menée par le commandant rebelle de 32 ans contre le dictateur cubain Fulgencio Batista força ce dernier à l'exil.

Sous l'égide de Castro, la transformation de Cuba en régime communiste commença par des exécutions publiques et évolua vers la confiscation des entreprises et des propriétés privées. Durant l'été 1960, l'élite sociale et la classe commerçante de l'île se mirent à fuir en masse, la plupart à bord des « vols de la liberté » qui couvraient cinq fois par jour les 400 km séparant La Havane de Miami.

Lorsque les premiers réfugiés arrivèrent, Miami comptait environ 700 000 habitants. Pour chaque résident d'origine hispanique – dont le total était

Manifestation de réfugiés cubains vivant à Miami contre le régime de Castro en 1994

alors estimé à 50 000 –, on comptait trois Afro-Américains et environ dix personnes, en majorité blanches, dans la catégorie démographique « Autres ». Au milieu des années 1970, le nombre de réfugiés cubains s'éleva à plus de 300 000. Aujourd'hui, les Américains d'origine cubaine représentent environ 675 000 habitants sur les quelque 2,5 millions de résidents du Grand Miami, où sont venus vivre plus de la moitié des Cubains des États-Unis.

La transformation engendrée par l'exode cubain est davantage due aux origines des réfugiés qu'à leur nombre. La plupart étaient des hommes d'affaires, des salariés ou des entrepreneurs propriétaires de petits commerces ou de plantations sucrières, de distilleries de rhum et de fabriques de cigares. Beaucoup travaillaient dans les secteurs public et juridique, ou enseignaient dans les écoles et les universités. C'est à eux que la politique de Castro imposait les conditions les plus draconiennes. Ils arrivèrent donc aux États-Unis déterminés à retrouver leur position sociale.

La transformation engendrée par l'exode cubain est davantage due aux origines des réfugiés qu'à leur nombre.

À travers la création de quartiers reflétant la culture du Cuba prérévolutionnaire, leurs efforts redynamisèrent Miami. Ils rebaptisèrent les rues en l'honneur des martyrs cubains, revitalisèrent les clubs moribonds et créèrent des organisations professionnelles. Les petites enseignes caractéristiques de l'époque précastriste fleurirent. Des épiceries cubaines ouvrirent et les autres boutiques garnirent leurs étals de café, de fromage et de pain cubains pour leur nouvelle clientèle. Le besoin de logements pour les réfugiés généra un boom de la rénovation et de la construction immobilières. Les restaurants cubains séduisirent les touristes lassés des traiteurs casher, des restaurants de fruits de mer et des grills traditionnels de Miami.

Miami dans le nouveau millénaire

Plus de 50 ans après leur départ de l'île, les Cubano-Américains caracolent en tête de liste des notables miamiens. Pablo Canton, administrateur de la Net Enhancement Team (service municipal de quartier) de Little Havana, déclarait en 2012 : « Le maire et le chef de la police de Miami sont tous deux cubains, comme le maire du Miami-Dade County. Beaucoup de personnalités et d'entrepreneurs sont d'origine cubaine, comme le propriétaire d'une grande clinique de la ville et le président de Miami-Dade College. Depuis l'arrivée des Cubains après la révolution castriste, l'impact de cette communauté est immense. »

Les Cubains restent le groupe de Latino-Américains le plus important de la région. Ils composent 50 % de la population hispanique, qui, elle-même, représente plus de la moitié des habitants du Miami-Dade County. Au cours de ces dernières années, l'afflux d'immigrants hispaniques non cubains a fait évoluer le discours sur la « cubanisation » de Miami en sa « latino-américanisation ». Le changement est visible dans Little Havana : les tortillas de maïs sont salvadoriennes et les serveuses viennent du Honduras ou du Pérou. Aujourd'hui, la musique et les programmes diffusés par la première station de radio de Miami ne sont plus cubains, mais colombiens, preuve que le concept de melting-pot reste une composante essentielle de la vie américaine. ■

La gastronomie floridienne

Carrefour entre Cuba, les Caraïbes et l'Amérique latine, la diversité ethnique de Miami est à l'origine d'une révolution culinaire de fusion des saveurs. Les vedettes de cette nouvelle cuisine proviennent de la faune et de la flore de Floride. Après avoir passé des décennies à ressasser des classiques internationaux et californiens bon marché, les chefs floridiens ont finalement pris conscience de l'immense variété d'ingrédients locaux.

Les chefs floridiens s'inspirent de la faune et de la flore qui les entourent.

Le résultat de cette cuisine fusion est une explosion de saveurs tropicales alliant l'engouement de l'Amérique latine à l'inspiration et aux ingrédients du Bassin caraïbe. Morue, tamarin, goyave, plantain, conque et piment scotch bonnet (le plus fort du monde) sont couramment utilisés. Les fruits de mer de l'Atlantique et du golfe du Mexique sont également au menu et crabe-caillou, vivaneau, poisson-chat, cuisses de grenouille, alligator, oranges sanguines et cœurs de palmier comptent parmi les produits exotiques locaux; grâce au climat subtropical, les récoltes se déroulent toute l'année.

Découvrez ci-après quelques-unes des stars de la cuisine floridienne, qui se veut fraîche et saine.

Spécialités floridiennes

Grâce à son climat tropical, la Floride jouit d'une abondance sans pareil d'ingrédients issus de la faune et de la flore locales, dont certains sont pour le moins originaux.
En voici quelques-uns :

Agrumes – Première culture de l'État, qui produit plus de 80 % des citrons verts du pays, 50 % des pamplemousses et 25 % des oranges du monde. En outre, Homestead, bourgade agricole près de Miami, est devenue la capitale des fruits exotiques : litchis, fruits de la passion, sapotes mamey (semblables à une noix de coco allongée avec un goût de patate douce) et mangues y poussent en abondance.

Alligator – D'élevage, jamais sauvage. Une viande tendre, très maigre, qui peut s'avérer coriace si elle n'est pas correctement préparée et cuite – meilleure quand elle est battue et frite. Le ragoût d'alligator est un plat traditionnel.

Cœur de palmier – Il composait jadis l'essentiel de l'alimentation des colons. Apprécié dans les zones rurales et les cuisines des chefs innovants.

Conque – Spécialité des Bahamas, cet escargot de mer géant donne une viande ferme à mi-chemin entre ormeau, crevette et coquille Saint-Jacques. Chacun connaît son énorme coquille évasée et conique dans laquelle on peut souffler et écouter le chant des vagues. Très riche en protéines et peu gras, il est généralement servi en hors-d'œuvre, ceviche ou potage, ou battu et frit en beignets.

Crabe-caillou – Saison d'octobre à avril. Seules les pinces sont comestibles. Les éleveurs coupent l'une des deux pinces et remettent l'animal à l'eau : le membre repousse en 12 à 18 mois. Il est traditionnellement servi avec du beurre fondu ou une sauce à la moutarde, mais la nouvelle génération de chefs revisite cette spécialité.

Cuisses de grenouille – Chassées dans les Everglades. Aussi appréciées des pêcheurs que des chefs pour leur chair tendre, savoureuse, délicate et sucrée.

Homard de Floride – Saison de fin août à avril. Ce homard d'apparence redoutable est un crustacé aux antennes géantes, à la carapace couverte d'épines, mais sans pince. La queue contient toute la chair. Abondant dans les eaux floridiennes, il est plus petit et plus sucré que le homard du Maine, muni de deux pinces.

Lime des Keys – Ce petit citron vert est en fait jaune et pousse dans le sud de la Floride et dans les Keys. La *Key lime pie* est un dessert emblématique : traditionnellement, elle est sucrée au lait concentré et garnie d'une crème pâtissière jaune sur une croûte de *graham cracker* (un biscuit à la farine complète).

Mangue de Floride – La saison est courte, de mai à août environ, mais la mangue entre toute l'année dans la composition des sauces *(salsas)* et des chutneys. Des centaines de variétés poussent dans les jardins et sur le bord des routes.

Poisson-chat de Floride – Une spécialité du Lake Okeechobee, au nord-ouest de Palm Beach, servie frite en filets enrobés de chapelure de maïs. Les poissons-chats proviennent de plus en plus de fermes d'élevage.

Bananes plantain et piments rouges, issus de la cuisine cubaine, sont au cœur de la gastronomie floridienne.

Fruits frais

La gastronomie floridienne se distingue par l'emploi de fruits frais comme ingrédients majeurs, avec une prédilection pour les fruits exotiques, servis en salades et *salsas*, en chutneys et salade de chou, en compotes et desserts. Ils sont mixés pour faire des pains, des glaces et des mousses, réduits en purée pour les sauces et les pâtes à tartiner, ou fermentés dans du vin. Citrons verts, kiwis, mangues et kumquats figurent parmi les stars de cette cuisine innovante. Les fruits exotiques ci-dessous sont moins familiers :

Acerola – La « cerise des Barbades » au goût de fraise acide. Une seule cerise concentre de 20 à 50 fois la dose de vitamine C d'une orange.

Une grappe de papayes presque mûres

Atemoya – En forme de cœur ou rond; sa peau irrégulière vert pâle recèle une pulpe blanche et juteuse au parfum de piña colada.

Bignay – Des petites baies au goût aigre-doux, riches en vitamine A, qui rappellent le raisin blanc. On peut en faire un bon vin maison.

Calamondin – De la famille du kumquat, il ressemble à une minuscule orange, avec une peau comestible et un goût proche du citron.

Carambole – Aussi appelé fruit-étoile pour la forme de ses tranches, ce fruit doré est idéal pour les décorations. Selon les variétés, sa chair croquante rappelle la pomme ou le raisin, avec un goût parfois sucré, parfois acide.

Ceriman – Un fruit en forme de concombre qui répand des écailles vert clair en mûrissant. Sa chair, similaire au flan, avec un parfum acide-sucré et un arrière-goût de banane bien mûre, est souvent employée dans les desserts ou mangée fraîche.

Ciruela – Un fruit décoratif rouge ou orange de la forme et de la taille d'une olivette. Le parfum de sa chair de couleur crème ou rouge évoque un peu les cacahuètes.

Goyave – Très répandu dans le Grand Miami, cet énorme fruit existe sous diverses formes et variétés, avec une peau blanche, jaune (généralement les plus sucrés), verte ou rose. Sa chair rappelle la fraise, l'ananas ou le citron. Les repas miamiens sont sucrés avec du nectar et des confitures, des sauces et des desserts à la goyave. Vous pouvez en acheter en boîte ou en tube, sous forme de pâte. Rapportez-en pour confectionner vos *pastelitos*.

Jaque – Le plus grand fruit du monde, issu d'un arbre, peut peser jusqu'à 40 kg. De forme ovale, il possède une chair jaune ou brune à maturité, et sa chair évoque le melon, la mangue et la papaye. Parfois cuisinées comme un légume, ses graines au goût de châtaigne sont grillées et utilisées en assaisonnement.

Muscadine – Un raisin de Floride, plus gros que la plupart des variétés, dont les baies vert clair moucheté de brun dégagent un parfum musqué et tannique. Il sert à préparer des jus, des confitures et un vin local appelé Scuppernong.

Papaye – Dans la région de Miami, la variété la plus répandue est le Solo, un petit fruit jaunâtre en forme de poire. Sa chair parfumée et sucrée rappelle la pêche, l'abricot ou les baies. La papaye est servie avec un trait de citron vert ou dans les salades, les sauces et les desserts.

Pomme cannelle – Appelé aussi anone écailleuse, ce fruit en forme de cœur a une peau bosselée mauve, jaune-vert ou rouge. L'anone éclate en mûrissant, dévoilant une chair blanc crème sucrée en quartiers. Elle est souvent mixée en glace; demandez ce parfum lorsque vous allez chez King's Ice Cream, dans Calle Ocho (voir p. 58).

Sapote noire – Un cousin du kaki à la peau verte, parfois surnommé « crème au chocolat » pour sa chaire brune riche et sucrée. Il est servi nature avec une pointe de vanille ou un trait de citron, ajouté dans les mousses ou parfume les glaces.

À SAVOIR

Profitez de la saison des tangelos si vous venez à Miami en hiver. Cet hybride du pamplemousse et de la tangerine pousse en Floride et n'est disponible qu'en janvier.

Poissons de Floride

Avec la proximité de l'océan Atlantique et du golfe du Mexique, les chefs floridiens peuvent faire figurer au menu du jour un choix important de poissons. Recherchez les suivants en particulier.

Amberjack – Gros poisson d'eau profonde à la chair ferme, dont le goût rappelle celui du mérou.

Cobia – Grand poisson aux allures de requin préférant les eaux chaudes. Chair ferme se prêtant aux potages et au ceviche.

Dorade coryphène – Poisson d'eau de mer à chair blanche – aussi connu sous le nom de mahi mahi – à déguster noirci ou simplement grillé.

Mérou – Gros poisson à la chair blanche, ferme et savoureuse, pouvant atteindre 36 kg.

Mulet – Première source de revenus des pêcheurs floridiens, abondant au large de la côte ouest. Riche et gras, idéal fumé.

Pompano – Poisson plat et argenté, très recherché pour ses filets à la saveur légère.

Thazard – Poisson à la chair sombre apprécié à Cuba et en Amérique centrale. Utilisé traditionnellement dans l'escabèche (marinade).

Thon – Les thons jaune, de 220 à 270 kg, et noir, de 9 à 18 kg, sont pêchés au large de la côte floridienne.

Vivaneau – Il vit dans les eaux peu profondes au large des Keys. Sucré, léger et tendre, c'est le poisson le plus apprécié de Floride.

Wahoo – Son nom signifie « sucré » en haïtien. Poisson tropical très recherché des pêcheurs floridiens, sombre et ferme, au goût prononcé et suave. Il est apparenté au maquereau, mais sa chair est gris-blanc.

À DÉCOUVRIR Les festivals culinaires de Miami

Lors de votre séjour à Miami, vous aurez l'occasion de goûter la cuisine floridienne dans de nombreux festivals, où ont également lieu des concerts live.
Des innombrables stands alimentaires bordant Calle Ocho *(SW 8th St.)* aux grands chefs invités pendant le South Beach Wine and Food Festival, il y en a pour tous les goûts. Toutes ces manifestations sont imprégnées du folklore local. Ne manquez pas les quatre suivantes :

Calle Ocho Festival – Organisé en mars dans le cadre du carnaval de Miami, ce grand festival de neuf jours célèbre la cuisine et la culture latino-américaines et s'étend sur 23 pâtés de maisons de Little Havana. *(Tél. : 305-644-8888, www.carnavalmiami.com).*

Great Taste of the Grove – Organisée en avril, cette fête culinaire et musicale de deux jours présente les restaurants les plus populaires de Coconut Grove, avec dégustation de leurs spécialités. *(Tél. : 305-444-7270).*

South Beach Wine and Food Festival – Chaque année en février, ce festival de trois jours parrainé par le Food Network attire des personnalités de la télévision et des dizaines de milliers de visiteurs. Chaque manifestation fait l'objet de tarifs distincts et les billets partent souvent longtemps à l'avance. *(Tél. : 877-762-3933, www.sobefest.com).*

United Way Miami Wine and Food Festival – Organisé en avril à différents endroits de Miami, ce festival de quatre jours célèbre le vin, les alcools forts, la bière et toute une gamme d'aliments. Les sommeliers, brasseurs et chefs locaux mènent la danse. *(Tél. : 305-646-7111, www.veritagemiami.com).*

Arts et culture

Vous rêvez d'authenticité caribéenne ? Miami offre de quoi faire votre bonheur : des fêtes de quartier cubaines aux discothèques haïtiennes, et des *moros y cristianos* (haricots noirs et riz) et plantains frits aux crabes bleus de Floride assaisonnés de beurre et d'ail. Pour des expériences plus traditionnelles, vous avez le choix entre les galeries d'art occidental, les orchestres, le ballet et les productions expérimentales, sans oublier les tournois de pêche.

Beaux-arts

Les incursions des aventuriers espagnols dans le Nouveau Monde à partir du XVIe siècle ont fait de l'histoire de la Floride du Sud une longue saga. L'origine des institutions culturelles de Miami remonte aux premières missions des prêtres catholiques désireux d'inculquer à la population native la foi et les coutumes chrétiennes, puis de leur apprendre à parler et à lire l'espagnol pour en faire des âmes sœurs et des sujets loyaux de Madrid. Leur ambition s'est avérée irréaliste pour l'époque. La détermination des frères a néanmoins inauguré une tradition auprès des colons de la région : fonder dès que possible des institutions de civilisation dans la jungle tropicale, de manière à prouver qu'ils avaient dompté les espaces qui les environnaient.

Les arrivées successives des groupes qui composent la métropole actuelle ont abouti à la création de musées, de bibliothèques et de monuments commémoratifs, comme il en existe dans peu d'autres villes américaines.

Le premier artiste renommé à travailler en Floride fut l'Américain John James Audubon, grand peintre d'oiseaux, qui explora les Keys dans les années 1830. Mais c'est avec l'arrivée du chemin de fer, à la fin du XIXe siècle, et les booms fonciers du début du XXe siècle que la région de Miami se dota d'une classe aisée qui lui procura ses premiers mécènes. Ces familles donnèrent leur nom, leur argent, souvent leurs biens privés, pour subventionner des collections modestes mais raffinées, telle celle du Bass Museum of Art, un trésor de peintures de maîtres anciens, de sculptures, d'étoffes, de meubles d'époque, d'objets d'art et religieux réputés pour être les plus beaux du sud-est de la Floride. Comme nombre de grands pionniers, elles soutinrent la création d'écoles et de facultés, dont les missions allaient au-delà de l'enseignement, pour célébrer et nourrir la communauté elle-même. C'est pourquoi les éminentes institutions éducatives du Grand Miami – principalement l'University of Miami, le Wolfson Campus du Miami-Dade College et la Florida International University – abritent les collections d'art publiques les plus intéressantes de la région.

Les arrivées successives des groupes qui composent la métropole actuelle ont abouti à la création de musées, de bibliothèques et de monuments commémoratifs couvrant différents horizons culturels et ethniques, comme il en existe dans peu d'autres villes américaines. L'épanouissement de la communauté juive du Grand

Le peintre d'origine cubaine Xavier Cortada, dans son atelier de Miami

Miami, par exemple, est présenté au Jewish Museum of Florida de Miami Beach. L'exode continu des Cubains a fait de Miami une seconde Havane, où galeries d'art, bibliothèques, musées, restaurants et discothèques se concentrent sur la musique, la littérature, l'histoire, la cuisine et l'art cubains. L'arrivée d'autres émigrés des Caraïbes, notamment des Haïtiens, se révèle dans les boutiques de Little Haiti, dans la percée des compagnies de théâtre ethnique (souvent des troupes itinérantes dépourvues de salle) et dans la diffusion croissante de musique caribéenne sur les ondes miamiennes.

Le rôle politique et financier de Miami en qualité de capitale officieuse des Caraïbes (certains diraient de l'Amérique latine) a influencé le Miami Art Museum du Miami-Dade Cultural Center, au centre-ville, qui se consacre à l'art de l'hémisphère ouest depuis la Seconde Guerre mondiale. De même, le Wolfson Campus du Miami-Dade College, autrefois vitrine pour les artistes innovateurs de la région, conserve une remarquable collection d'œuvres internationales dans l'Interamerican Art Gallery. Ce phénomène reflète le statut de carrefour culturel de la ville.

Il suffit de consulter la rubrique « Tropical Life » du *Miami Herald* (qui édite une version en espagnol, *El Nuevo Herald*) pour trouver des articles couvrant les possibilités culturelles de la région : un débat entre survivants et spécialistes de la Shoah, une exposition d'artistes afro-américains travaillant à Miami, un symposium sur les problèmes de l'Europe de l'Est, des galeries présentant l'art populaire de nouveaux immigrés des Caraïbes... Il existe un thème commun à cette diversité : l'espoir et la foi en l'avenir. La célèbre architecture Art déco des hôtels de Miami Beach est bien plus qu'une simple vogue ornementale. Construits à l'origine pour accueillir les arrivants du Nord-Est, dont beaucoup avaient fui l'oppression en Europe, les édifices au style « guilleret » font fi du passé, prometteurs quant à l'avenir de la métropole et des gens ayant choisi d'y vivre.

Elizabeth Caballero

Miami peut se vanter d'avoir l'une des étoiles montantes de l'opéra. La soprano Elizabeth Caballero possède, selon le *New York Times*, « une voix nacrée, une technique implacable et une présence absolue ». D'origine cubaine, cette cantatrice a émigré à Miami lors de l'exode de Mariel en 1980, alors qu'elle n'avait que trois ans. Elle a chanté dans la chorale de son lycée, la Hialeah-Miami Lakes Senior High School, puis a suivi un cursus de chant au Miami-Dade College. Avant de percer, elle a travaillé à la billetterie du Florida Grand Opera. Bien qu'elle se produise aujourd'hui aux États-Unis et à l'étranger, elle revient régulièrement à Miami où elle interprète au moins un opéra par an au Florida Grand Opera.

Arts scéniques

En arrivant à Miami, le sentiment de se trouver devant un tremplin géographique – un endroit où l'embarquement pour des lieux éloignés semble imminent et évoque des destinations exotiques – a encouragé une tradition créative d'une rare exubérance au sein des meilleures troupes d'arts scéniques de la région. Au départ, la construction de salles de concert et de théâtre était motivée par la fierté des familles fondatrices de Miami, soucieuses que leurs cousins des villes anciennes du Nord-Est prennent au sérieux leur bastion du progrès à l'ombre des palmiers. Comme dans d'autres jeunes communautés de la fin du XIXe siècle, il était assez fréquent à Miami que des amis se distraient autour d'un piano en chantant des airs de Broadway, en récitant des poèmes et en jouant des scènes

Miami vit au rythme de la musique, des bars de South Beach en passant par les clubs de Little Havana jusqu'au récent New World Center.

de théâtre. Les ambitions dépassèrent vite la culture d'agrumes, le transport maritime, la pêche, la construction urbaine et le trafic ferroviaire, pour offrir à l'agglomération grandissante davantage que de modestes spectacles. Une fanfare officielle fut créée afin d'accueillir les voyageurs venant du Nord en train. Les riches vacanciers d'hiver invitaient parfois des musiciens pour donner des concerts privés dans des domaines, tel l'immense Vizcaya de Coconut Grove. Des artistes, séduits par la douceur du climat et l'exotisme de Miami au sable blanc, à la mer azurée, aux palmiers murmurant sous la brise, y trouvaient un délicieux confort et l'occasion d'oublier leur modeste rôle de musiciens d'orchestre pour se propulser sur le devant de la scène.

L'afflux d'Américains du Nord dans la région, dont beaucoup étaient des nouveaux arrivants de culture européenne aussi passionnés d'opéra et de musique classique que les Yankees miamiens l'étaient de ragtime et de variétés, forma un public qui n'était pas bien riche, mais avait une perception subtile des arts scéniques. Chanteurs d'opéra, quatuors à cordes et orateurs furent invités à descendre du Nord-Est pour s'y produire, encouragés par la perspective de quitter le froid hivernal pour le soleil tropical. Ces visiteurs talentueux finirent par rester, devenant des pionniers de la scène musicale ou théâtrale.

Le Grand Miami s'est révélé tout aussi favorable aux jeunes entreprises qu'à la culture des orchidées. Le Miami City Ballet y fit sa représentation inaugurale en 1986. C'est aujourd'hui l'une des dix troupes les mieux dotées des États-Unis (avec un budget de fonctionnement d'environ 14 millions de dollars), elle attire plus de 14000 abonnés chaque saison. En 2006, l'Opéra s'est installé à l'Adrienne Arsht

Center for the Performing Arts, une salle dotée d'une acoustique de pointe et d'un aménagement vraiment remarquable.

La grande odyssée des Cubains vers la Floride du Sud, de même que la proximité des civilisations du tropique du Cancer, se reflètent dans la variété et la qualité des troupes de Miami. La rubrique « Tropical Life » du *Miami Herald* présente chaque jour la remarquable diversité des spectacles, du ballet de flamenco aux danseurs interprétant la musique d'Europe de l'Est, des Caraïbes, d'Afrique de l'Ouest, d'Israël et d'Amérique centrale et du Sud. Le week-end, une demi-douzaine de discothèques de Little Havana reçoit les grands groupes populaires jouant du jazz cubain de l'époque précastriste et de jeunes musiciens cubano-américains dont la musique contemporaine fusionne les deux genres culturels.

La grande odyssée des Cubains vers la Floride du Sud, de même que la proximité des civilisations du tropique du Cancer, se reflètent dans la variété et la qualité des troupes de Miami.

En raison de leurs liens culturels bien établis avec le Nord-Est et en particulier avec la scène théâtrale de New York, les théâtres du Grand Miami s'appuient sur des acteurs bien formés et chevronnés, et un noyau très fécond de dramaturges. Ils peuvent ainsi offrir toute l'année des nouveautés majeures, des productions bien rodées de comédies musicales et de pièces populaires reflétant le kaléidoscope qu'est le multiculturalisme créatif de la région.

Un grand nombre d'organisations artistiques du Grand Miami possèdent un site Internet où vous pouvez consulter le calendrier des spectacles et acheter vos billets en ligne (voir Informations pratiques, p. 260-263).

Les autres grandes attractions culturelles

Le climat subtropical et l'influence caribéenne ont rempli le calendrier du Grand Miami de fêtes et d'événements culturels. Leur diversité est à l'image de celle de la région : concerts, opéras, ballets, parades fleuries, ainsi que des tournois de pêche et divers marathons. Le Miami Book Fair International, l'Art Basel Miami Beach et le South Beach Miami Wine and Food Festival sont les manifestations phares de la région.

Ne manquez pas d'explorer à pied les quartiers ethniques : l'exotisme vous frappera à chaque coin de rue. Les magasins de livres et de musique vous transportent en un clin d'œil au cœur des Caraïbes, en Afrique ou encore dans l'Europe d'avant-guerre.

Peu de villes américaines possèdent cette tradition d'expérimentation fantaisiste en architecture, un phénomène inspiré par l'espoir et l'optimisme qui prévaut chez beaucoup d'habitants de la région. Prenez tout votre temps pour explorer les faubourgs caractéristiques du Grand Miami comme le Wynwood Arts District, mais également les villes adjacentes comme Coral Gables et Opa-locka.

Procurez-vous l'un des quotidiens ou des hebdomadaires de Miami où vous trouverez une mine d'informations. Si les alizés assombrissent le ciel et arrosent votre fête sur la plage, vous ne manquerez pas d'endroits où aller ni de choses à faire.

La meilleure source d'informations sur les festivités est le *Travel Planner*, mis à jour annuellement et distribué gratuitement par le Greater Miami Convention and Visitors Bureau. Vous pouvez vous connecter au site Internet du service *(www.miamiandbeaches.com)* pour en obtenir un exemplaire par e-mail. ■

Miami fait partie des villes américaines les plus connues et les plus mal comprises. Comme New York et Los Angeles, elle évoque immédiatement des images, vraies ou fausses, d'un lieu qui n'a pas son pareil aux États-Unis.

Les quartiers centraux de Miami

Fernand Léger, détail de *Femmes au perroquet*, Miami Art Museum

Les quartiers centraux de Miami

Bien que la flamboyante Miami Beach attire plus l'attention que sa voisine du continent, c'est au centre de Miami que se trouve l'essence de cette métropole internationale, cœur marchand de la Floride du Sud. Vous y découvrirez des quartiers parmi les plus anciens de la région, qui jouxtent les nouvelles communautés d'immigrants et forment ainsi le patchwork culturel exotique de la ville.

Vue sur les gratte-ciel du centre-ville de Miami depuis Biscayne Bay

Base de la majorité des intérêts financiers opérant dans l'hémisphère ouest, Miami est aussi celle du pouvoir des dirigeants cubano-américains résolus et passionnément politisés.

Le joyau de la Floride du Sud

L'afflux incessant d'immigrants rend difficile le recensement de la population. Cependant, les estimations suggèrent que moins d'un quart des habitants du centre de Miami figure encore dans la catégorie des Blancs non latinos qui ont fondé la ville.

Les citoyens caribéens non cubains – Haïtiens, Portoricains, Jamaïcains, Bahamiens et Dominicains – vivant dans les quartiers centraux avoisinent le quart de million, dressant un tableau du centre urbain dans lequel un habitant sur trois est caribéen.

Les quartiers du centre recèlent les plus célèbres curiosités touristiques (Bayside Marketplace, Little Havana) et institutions culturelles (Miami-Dade Cultural Center, Adrienne Arsht Center for the Performing Arts), la plupart des sites archéologiques majeurs (Miami Circle), des exemples de l'extravagante architecture résidentielle « à thème » qui caractérise la région (Opa-locka, Morningside) et de vastes parcs (Bicentennial Park, Bayfront Park) et champs de courses (Hialeah) qui servent de lieu de rencontre à de nombreux Miamiens en quête de détente et de divertissement.

Le cœur de Miami révèle aussi les problèmes sociaux du comté : le chômage et le désespoir des minorités, ainsi que le manque de logement. Mais la ville a toujours su surmonter les difficultés, et son centre ne cesse de se construire et de se rénover, encouragé moins par la solide économie de la région que par la conviction des Miamiens que leur cité est destinée à devenir une capitale cosmopolite et influente de l'hémisphère ouest.

À NE PAS MANQUER

Se repérer

Une remarque pour se repérer dans les quartiers centraux : la numérotation des rues suit une orientation est-ouest et nord-sud. Bien qu'il existe des exceptions, la plupart des avenues, cours, places et routes sont orientées sur un axe nord-sud, tandis que la majorité des rues, allées, chemins et terrasses suivent l'axe est-ouest. Miami Avenue délimite la frontière entre l'est et l'ouest, tandis que Flagler Street sépare le nord du sud. Les préfixes des rues basés sur les points cardinaux – en anglais N, S, E, W (ouest), NW (nord-ouest), NE, SW (sud-ouest) et SE – sont attribués en fonction de la position de l'artère par rapport à l'intersection de Miami et de Flagler.

La numérotation des avenues se fait dans un sens croissant, en commençant par 1st Avenue (1re avenue), à mesure que l'on s'éloigne vers l'ouest et le sud-ouest depuis Miami Avenue. Les rues, dont la première est 1st Street (1re rue), sont numérotées de manière croissante en partant de Flagler Street. Le centre-ville forme un quadrillage de rues à angle droit, ce qui permet de retrouver facilement le bon chemin en faisant le tour du pâté d'immeubles lors des déplacements en voiture. Mais attention, beaucoup de rues, d'avenues ou de boulevards portent aussi un nom (à Miami, SW 13th Street s'appelle aussi Coral Way, et l'US1 prend le nom de Biscayne Boulevard au nord, Brickell Avenue au centre et South Dixie Highway au sud). ■

Miami en couleurs

Les gratte-ciel du centre-ville s'illuminent le soir pour célébrer une saison ou un jour férié, rendre hommage à un organisme caritatif ou une personnalité étrangère, soutenir un club de sports ou simplement émerveiller les passants. Quarante tours sont illuminées en permanence. Certaines d'entre elles, comme la Bank of America Tower, changent de couleur jusqu'à 100 fois par an. Le rouge et l'orange saluent les performances des Miami Heat en basket-ball. L'orange et le bleu sont les couleurs des footballeurs, les Miami Dolphins.

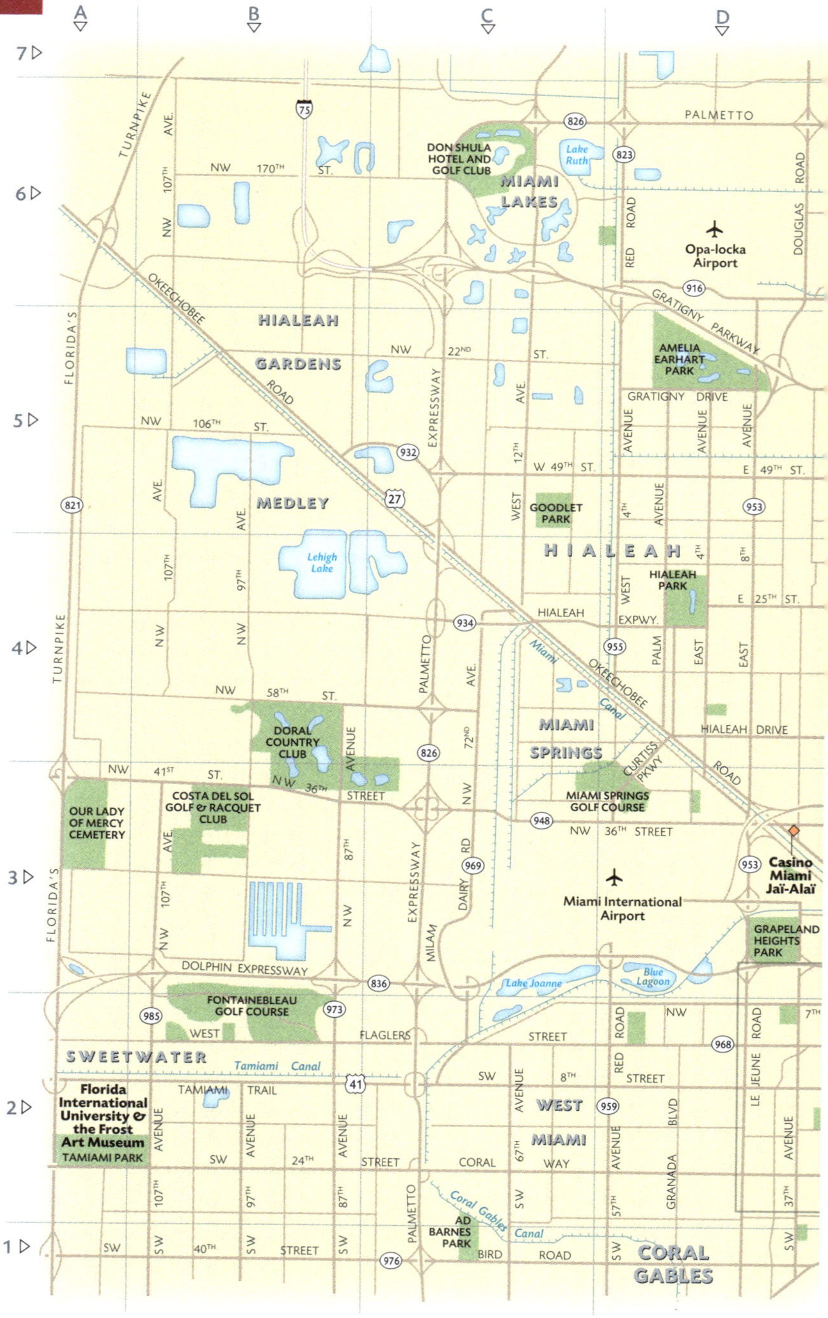
A
B
C
D
7
6
5
4
3
2
1
TURNPIKE
NW 107TH AVE.
NW 170TH ST.
75
826
PALMETTO
DON SHULA HOTEL AND GOLF CLUB
MIAMI LAKES
Lake Ruth
823
RED ROAD
DOUGLAS ROAD
Opa-locka Airport
916
GRATIGNY PARKWAY
OKEECHOBEE ROAD
FLORIDA'S TURNPIKE
HIALEAH GARDENS
NW 22ND ST.
AMELIA EARHART PARK
GRATIGNY DRIVE
EXPRESSWAY
WEST 12TH AVE.
NW 106TH ST.
932
AVENUE
W 49TH ST.
E 49TH ST.
821
MEDLEY
27
GOODLET PARK
WEST 4TH AVENUE
953
NW 97TH AVE.
Lehigh Lake
HIALEAH
EAST 4TH
EAST 8TH
WEST
HIALEAH PARK
E 25TH ST.
HIALEAH EXPWY.
934
955
PALMETTO
Miami Canal
PALM AVENUE
NW 72ND AVE.
NW 58TH ST.
OKEECHOBEE
MIAMI SPRINGS
HIALEAH DRIVE
DORAL COUNTRY CLUB
826
CURTISS PKWY
NW 87TH AVENUE
NW 41ST ST.
NW 36TH STREET
MIAMI SPRINGS GOLF COURSE
ROAD
OUR LADY OF MERCY CEMETERY
COSTA DEL SOL GOLF & RACQUET CLUB
948
NW 36TH STREET
DAIRY RD
969
953
Casino Miami Jaï-Alaï
Miami International Airport
MILAM
GRAPELAND HEIGHTS PARK
DOLPHIN EXPRESSWAY
836
Lake Joanne
Blue Lagoon
FONTAINEBLEAU GOLF COURSE
985
973
WEST
FLAGLER STREET
NW 7TH
968
SWEETWATER
Tamiami Canal
LE JEUNE ROAD
SW 8TH STREET
RED ROAD
41
Florida International University & the Frost Art Museum
TAMIAMI TRAIL
WEST MIAMI
959
SW 107TH AVENUE
SW 97TH AVENUE
SW 87TH AVENUE
SW 67TH AVENUE
SW 57TH AVENUE
GRANADA BLVD
SW 37TH AVENUE
TAMIAMI PARK
SW 24TH STREET
CORAL WAY
Coral Gables Canal
AD BARNES PARK
SW 40TH STREET
BIRD ROAD
976
CORAL GABLES

E
F
G
H
GREYNOLDS PARK
Vers Aventura, Golden Beach, Golden Shores
Glades Canal
Greynolds Park Rookery
Ancient Spanish Monastery
CAROL CITY
ULETA
EXPRESSWAY
NE 167TH ST.
NE 163RD STREET
SUNNY ISLES BLVD
Oleta River
BISCAYNE GARDENS
NORTH MIAMI BEACH
Biscayne Canal
OLETA RIVER STATE PARK
Opa-locka City Hall
Hurt Building
NORTH
HAULOVER BEACH PARK
ARCH CREEK PARK
OPA-LOCKA
NW 135TH STREET
WEST DIXIE HIGHWAY
MIAMI
BISCAYNE BOULEVARD
BAL HARBOUR
BAY HARBOR ISLANDS
WESTVIEW GOLF COURSE
NW 125TH STREET
BROAD CAUSEWAY
Museum of Contemporary Art
96TH STREET
GRATIGNY DRIVE
BISCAYNE PARK
NORTH MIAMI AVENUE
NORTH-SOUTH EXPRESSWAY
PINEWOOD
Silver Blue Lake
INDIAN CREEK GOLF & COUNTRY CLUB
INDIAN CREEK VILLAGE
SURFSIDE
MIAMI SHORES GOLF CLUB
NW 103RD STREET
NW 95TH STREET
Miami Theatre
NORMANDY SHORES
HARDING AVE.
COLLINS AVENUE
MIAMI SHORES
Little River Canal
EL PORTAL
NORTH BAY VILLAGE
NW 79TH STREET
J. F. KENNEDY CAUSEWAY
Biscayne Bay
LITTLE HAITI
Church of Notre Dame d'Haiti
NW 62ND STREET
NW 54TH STREET
MORNINGSIDE
BUENA VISTA EAST
MANOR PARK
AIRPORT EXPRESSWAY
Miami Design District
JULIA TUTTLE CAUSEWAY
NW 36TH STREET
Rubell Family Collection
Wynwood Arts District
MIAMI
N MIAMI AVE.
BISCAYNE BLVD
CURTIS PARK
NW 20TH STREET
0
4 kilomètres
Miami River
DOLPHIN EXPRESSWAY
Jungle Island
9 STREET
WEST FLAGLERS ST.
DOWNTOWN
LITTLE HAVANA
voir Downtown p. 43
SW 8TH ST. (CALLE OCHO)
BRICKELL AVE.
SHENANDOAH
SW 22ND ST.
voir Little Havana p. 57
SOUTH DIXIE HIGHWAY
Fort Lauderdale
Miami
Key West

Downtown Miami

Les opinions diffèrent au sujet de Downtown Miami. Imposantes de loin, les hautes tours du quartier financier se révèlent moins accueillantes de près. Les voyageurs peuvent être désorientés (et déçus) par l'absence de centre ou de mouvement cohésif. Il n'existe pas de grand boulevard où il fasse bon se promener le week-end et, le soir, les trottoirs déserts n'en font pas un endroit très sûr.

Le midi, les employés de Downtown viennent faire une pause dans Bayfront Park.

Le centre-ville s'étend entre NE 15th Street et SE 14th Street, et du front de mer de Biscayne Bay à l'I95. Ce secteur composé de 28 pâtés d'immeubles (blocs) peut séduire ceux qui l'explorent à pied. Vous y trouverez notamment les musées du Miami-Dade Cultural Center, l'effervescent Bayside Marketplace et le calme Bayfront Park.

Downtown

Des étals de rue y proposent café, pâtisseries, jus et boissons aux fruits caribéens. Des sonorités espagnoles s'échappent des bazars à bas prix qui ont investi les anciennes devantures – spécialisés dans l'électronique, la bagagerie, l'habillement et la bijouterie, et destinés essentiellement à une clientèle de Latino-Américains. Aventurez-vous quelques rues à l'ouest de Biscayne Boulevard (la grande artère nord-sud la plus proche du front de mer) pour vous immerger dans un melting-pot culturel où vivent des Haïtiens, des Jamaïcains, des Portoricains, ainsi que des

Sud-Américains d'origines diverses. Au cours de votre promenade, vous tomberez avec bonheur sur toutes sortes de boutiques animées, de snacks minuscules et de cafétérias cubaines servant un puissant *café cubano*.

Downtown Miami est très polyglotte : l'espagnol est omniprésent et d'autres langues comme le créole, l'hébreu et le brésilien sont aussi très répandues. Dans certaines rues,

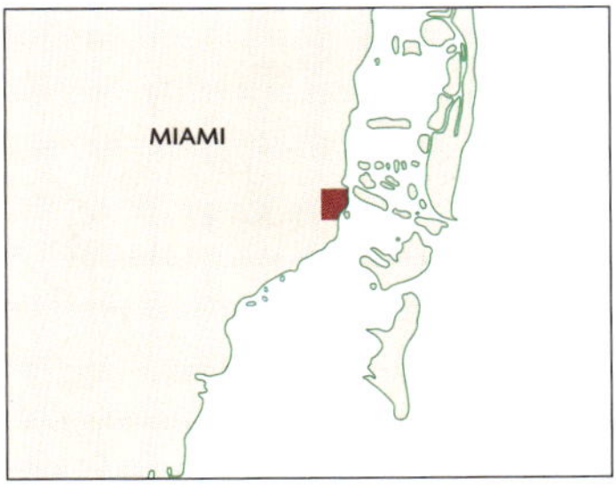

À DÉCOUVRIR La *cesta punta*

Jaï-alaï désigne le lieu où se joue la *cesta punta*, une forme de pelote basque. Dans ce jeu « le plus rapide du monde », la balle, très dure, atteint des vitesses bien supérieures aux lancers de base-ball. Les matchs (4 à 5 heures) sont une passion pour les nombreux aficionados de Miami et laisseront un souvenir mémorable aux non-initiés. Le principal terrain, le Casino Miami Jai-Alai ***(plan p. 40 D3, 3500 NW 37th Ave., tél. : 305-633-6400, www.fla-gaming.com, €)*****, se situe à 5 min à l'est du Miami International Airport, dans un charmant bâtiment de 1926 qui abrite une salle de 4 000 places (appelée fronton).**

Le jeu est né il y a plus de trois siècles au Pays basque espagnol. Il se joue sur un terrain entouré de trois murs en granit longs de 54 m et hauts de deux étages. Les joueurs *(pelotaris)* attachent à l'une de leur main une corbeille en forme de boomerang *(chistera)*, frappent la balle contre les murs et la rattrapent de manière spectaculaire. Les paris vont bon train pendant les 14 manches. Les spectateurs sont installés derrière une barrière protectrice.
Le fronton compte un bar, un magasin de souvenirs et une salle de poker (petites mises). Seuls les adultes peuvent assister au match, excepté le dimanche matin où ils peuvent venir avec leurs enfants.

Miami-Dade Cultural Center
Plan p. 43
101 W. Flagler St.

vous verrez les rastafaris venant de la Caraïbe côtoyer les juifs orthodoxes. La ville évolue vers un cosmopolitisme de plus en plus affirmé.

En vous dirigeant vers l'est dans Flagler Street depuis le carrefour avec North Miami Avenue, vous croiserez de charmants vestiges du passé de la ville. Parmi ces joyaux architecturaux figurent la structure aérodynamique du célèbre magasin de la chaîne Walgreen (aujourd'hui une enseigne La Epoca) dans NE 2nd Avenue et, juste à côté, la façade ornementée de style Renaissance florentine de l'Ingraham Building (1926), dont le hall est un modèle d'Art déco. Certains affirment que le profil moderne de l'Alfred I. DuPont Building, érigé pendant la dépression de 1939 au 169 E. Flagler Street, est la réponse de Miami au Rockefeller Center de New York (dans le hall richement décoré, les superbes fresques du plafond sont inspirées de l'histoire de la Floride et de la croyance tenace de l'époque en un avenir meilleur). Au 174 E. Flagler Street, vous découvrirez l'Olympia Theater at the Gusman Center for the Performing Arts qui occupe un cinéma construit en 1926 par les studios Paramount Pictures sur le modèle d'une cour méditerranéenne (voir encadré p. 47). Il s'agit aujourd'hui de l'un des principaux sites de projection de films pendant le festival annuel de cinéma de Miami.

Dans le centre-ville, la foule évolue au milieu d'une véritable cacophonie jusqu'au milieu de l'après-midi, puis se disperse rapidement dès que s'allonge l'ombre des immeubles. Le soir venu, les seules personnes que vous rencontrerez ici sont des touristes égarés.

Miami-Dade Cultural Center

Miami a remédié à l'absence de centre à Downtown dans les années 1970-1980 par un projet de réaménagement qui a abouti à la transformation de sa frange ouest. L'élément central (et la plus grande réussite) de cette entreprise ambitieuse est le complexe de 7 ha du Miami-Dade Cultural Center, conçu par Philip Johnson. Situé entre 1st et Flagler Streets, il abrite le Miami Art Museum, le Museum of HistoryMiami et le principal dépôt de livres et de documents historiques de la ville, la Miami-Dade Public Library. La création de Johnson, qualifiée de « néoméditerranéenne », possède une esplanade pavée qui rappelle les places publiques du sud de l'Europe. Des chaises et des bancs invitent à une pause tranquille, loin de l'agitation du centre-ville.

Miami Art Museum

Si l'imposante façade laisse entrevoir une approche généraliste, les collections du musée couvrent l'art international, vu des Amériques, de la Seconde Guerre mondiale à nos jours. Les expositions, régulièrement renouvelées, sont d'excellente qualité et gagnent en réputation. En parcourant les salles spacieuses et agréables, vous reconnaîtrez des œuvres vues dans des livres et sur des cartes postales, mais des surprises vous attendent – les chefs-d'œuvre originaux de maîtres modernes et d'artistes destinés sans aucun doute à le devenir. Le musée recèle

Miami Art Museum

- 101 W. Flagler St.
- 305-375-3000
- Fermé lun. et jours fériés
- €€ ; possibilité de billet combiné avec le Museum of HistoryMiami

www.miamiartmuseum.org

Le *Bol renversé*, sculpture fantaisiste, orne le parc du Government Center, au nord du Miami-Dade Cultural Center.

Les rayons de la Miami-Dade Public Library sont constitués de millions d'ouvrages.

Museum of HistoryMiami
- 101 W. Flagler St.
- 305-375-1492
- Fermé lun. et jours fériés
- €€; possibilité de billet combiné avec le Miami Art Museum

www.historymiami.org

une collection remarquable d'œuvres d'Amérique centrale et du Sud, des Caraïbes, d'Europe, d'Asie, du Moyen-Orient et de Floride du Sud.

À la fin de l'année 2013, le musée doit déménager dans de nouveaux locaux plus spacieux, au Museum Park. Ce complexe est en construction au Bicentennial Park, en face de l'Adrienne Arsht Center for the Performing Arts (voir p. 69).

Museum of HistoryMiami

Ce musée s'est attribué une tâche exceptionnelle : mettre à la portée de tous les dix millénaires de vie humaine sur le littoral de la région. Il y parvient brillamment, grâce à des expositions traditionnelles et à des installations interactives qui présentent, par exemple, un ancien tramway. Vous pouvez parcourir les salles à votre guise ou en suivant une visite guidée *(consultez les horaires dès votre arrivée sur les lieux)*. Le musée présente Miami et ses environs plusieurs siècles avant que l'Europe ne découvre le Nouveau Monde.

La **Folklike Collection** retrace les odyssées humaines qui ont mené tant de civilisations à venir vivre sur la péninsule floridienne, jusqu'aux communautés juive et cubaine d'aujourd'hui.

L'une des expositions les plus passionnantes évoque le rôle joué par le chemin de fer dans l'intégration de Miami et de la Floride du Sud dans la vie culturelle américaine. Le musée met particulièrement l'accent sur la présentation des forces sociales qui ont façonné l'histoire et le caractère tout à fait unique de la région.

Outre les expositions, vous pouvez visiter l'Archives and Research Center qui recèle une collection de plus d'un million

À SAVOIR

Le premier mercredi de chaque mois, rendez-vous aux concerts et aux dégustations de vins organisés au Museum of HistoryMiami (« Wine Down Wednesday », *17 h-20 h, €€*).

d'images de la Floride du Sud et de la région caribéenne – des cartes anciennes, des photographies, des illustrations et des cartes postales. Parmi les documents écrits accessibles au public figurent des lettres, des journaux intimes, des retranscriptions d'enregistrements historiques, de même que des ouvrages et magazines rares, d'anciens annuaires de la ville, de vieilles brochures touristiques et des coupures de journaux datant du début du XXe siècle jusqu'aux années 1960. Miami a débordé de la zone côtière en l'espace d'un siècle, et il est possible de suivre son processus d'urbanisation en consultant les archives des travaux de construction. Les Woodrow W. Wilkins Archives of Architectural Records sont également passionnantes.

Les expositions changent régulièrement et incluent des spectacles pour les jeunes visiteurs. N'hésitez pas à téléphoner pour réserver une visite en groupe dans une autre langue que l'anglais, ainsi que pour connaître les différents tarifs et les horaires.

Miami-Dade Public Library

Inutile d'être universitaire pour apprécier cette magnifique bibliothèque publique, qui abrite plus de quatre millions de livres et d'objets. Les chercheurs viennent souvent travailler sur ses collections spécialisées.

L'art est à l'honneur dans l'auditorium du rez-de-chaussée et le hall du premier étage. Lorsque vous êtes en bas, levez les yeux vers le plafond de la coupole pour observer deux œuvres de l'artiste

(suite p. 50)

Miami-Dade Public Library
101 W. Flagler St.
305-375-2665
Fermé dim. et juil.-sept.
www.mdpls.org

Olympia Theater

Les Miamiens se rendent à l'Olympia Theater depuis des décennies, d'abord pour le cinéma muet et les vaudevilles, puis pour les concerts d'Elvis Presley, de B. B. King et de Luciano Pavarotti ; aujourd'hui ils se déplacent pour les ballets, les opéras, les orchestres symphoniques et les films – parlants. L'intérieur de ce bâtiment de style mauresque, construit en 1926, arbore des tourelles majestueuses et des balcons dorés, de même qu'un plafond simulant un ciel crépusculaire étoilé.

Portant aujourd'hui le nom officiel d'Olympia Theater at the Gusman Center for the Performing Arts *(174 E. Flagler St., tél. : 305-374-2444, www.gusmancenter.org)*, la salle accueille des spectacles et est disponible à la location. Elle reçoit des subventions pour soutenir les productions de compagnies telles que le Miami Lyric Opera, le Florida Classical Ballet et le Miami Symphony Orchestra. C'est également le cinéma phare du Miami International Film Festival qui se tient au mois de mars. En dehors des spectacles, l'Olympia ouvre les portes de son hall d'entrée aux visiteurs *(fermé dim.)*. Consultez le site Internet pour plus d'informations sur les événements.

Downtown Miami en MetroMover

Deux trajets en boucle à bord des trains surélevés MetroMover permettent de survoler, gratuitement et en moins d'une heure, l'ensemble du centre-ville – la zone comprise entre la baie et NW 1st Avenue, et la frange nord-sud délimitée par NE 15th Street et SW 14th Street. Vous aurez ainsi un bon aperçu du quadrillage des rues du Central Business District, ce qui facilitera vos déplacements ultérieurs.

Les rames automatisées du MetroMover traversent le centre-ville de Miami.

À NE PAS MANQUER

Bayfront Park • Freedom Tower • Adrienne Arsht Center for the Performing Arts • Brickell Avenue

Les rames climatisées et automatisées rendent la découverte du centre-ville plus aisée et souvent plus agréable que la marche à pied. Pour organiser votre parcours, munissez-vous de la *Miami-Dade County Transit Map (disponible gratuitement dans la station Government Center du 138 NW 3rd Street, les offices du tourisme et sur www.miami-dade.gov/transit)*, un guide clair et indispensable du vaste réseau de transports du comté. Empruntez les deux boucles du MetroMover pour une visite complète.

Inner Loop

La « boucle intérieure » fait le tour du quartier d'affaires, avec une correspondance pour un prolongement vers le nord, de la baie à NW 15th Street. La ligne longe le **Bayfront Park** (voir p. 50-51). Au nord de la station College/Bayside (après avoir changé de train), la **Freedom Tower** s'élève au-dessus de Biscayne Boulevard ; achevée en 1924, elle abritait autrefois les bureaux du *Miami News* et le service chargé des demandes d'asile de la première vague de réfugiés cubains (voir p. 22-25). Le secteur s'emploie aujourd'hui à gommer la misère pour se donner une image moderne et dynamique. Le monument phare est l'**American Airlines Arena** (voir encadré p. 53), une construction de 14 étages et de 20 000 places dominant la baie, inauguré le 31 décembre 1999 par un concert de Gloria Estefan. Les basketteurs professionnels des Miami Heat s'entraînent sur ce terrain. Son architecture originale, une débauche de béton et d'acier, est l'œuvre du célèbre cabinet d'architecture de Miami, Arquitectonica.

Après la station Park West, la ligne contourne le **Bicentennial Park**. Au nord, l'immense **port de Miami** accueille une armada de navires de croisière, avec ses boutiques et ses restaurants. Alors que vous croisez l'Interstate 395, qui rejoint Miami Beach par la MacArthur Causeway, regardez de l'autre côté pour admirer le superbe **Adrienne Arsht Center for the Performing Arts** (voir p. 69), un énorme complexe accueillant opéras, ballets et concerts symphoniques, inauguré en 2006.

Voir aussi plan p. 43
➤ Government Center station (au Miami-Dade Cultural Center)
1 heure
7 km
➤ Government Center station

Devant vous se trouve également le **siège du *Miami Herald*** et de son alter ego en espagnol, *El Nuevo Herald*. Notez que le sort du Herald Building, construit en 1963, est incertain. Vendu il y a peu, il est destiné à être démoli pour laisser place à un casino, mais les défenseurs du patrimoine tentent de lui faire obtenir le statut de monument classé.

Brickell Avenue Outer Loop

La destination de la « boucle extérieure » est **Brickell Avenue** (voir p. 52-54), le centre du quartier d'affaires de Miami, près de Brickell et de SW 14th Street (depuis Financial District, prenez la correspondance à la station Third Street). Autrefois jalonné de très grandes propriétés, Brickell reste le secteur des magnats, aujourd'hui des financiers qui occupent les luxueuses tours d'appartements et de bureaux de la rue. Au sud de la station Riverwalk, vous aurez une belle vue sur la **Miami River**, où s'est installée la première communauté tequesta. Vous apercevrez alors **Miami Circle** (voir p. 54), un cercle herbeux de 12 m de diamètre qui couvre des vestiges indiens remontant à 2 000 ans et mis au jour en 1998. Les rares maisons en bois visibles en chemin sont des rescapées du premier faubourg de Miami. Le train repart en sens inverse depuis la station Financial District.

Si vous disposez d'une demi-heure pour une agréable promenade dans un quartier huppé de luxueuses copropriétés, marchez vers l'est de la station à Bayshore par 14th Street – appelée ici SE 14th Street, comme toutes les rues situées du côté baie de Brickell en aval du fleuve. Suivez la courbe de cette rue vers le sud jusqu'à SE 15th Street, qui revient vers Brickell par l'ouest, à quelques rues au sud de la station Financial District.

La Floride du Sud, star des polars

Dotée de l'une des populations migrantes les plus importantes du pays, de marécages boueux et d'un climat subtropical humide, sans compter les paillettes de la jet-set, Miami est une ville propice à l'essor du roman policier. Parmi les auteurs qui ont planté le décor de leurs récits dans le sud de la Floride figurent Edna Buchanan et Carl Hiaasen, anciens journalistes du *Miami Herald*, l'humoriste Dave Barry, ainsi que Elmore Leonard, James Grippando et Thomas Harris.

Ces dernières années, *Dexter*, sorti de l'imaginaire de Jeff Lindsay, fait frissonner à la fois les lecteurs et les téléspectateurs. À travers une demi-douzaine de romans et plusieurs saisons télévisées, le tueur en série, qui est aussi expert en médecine légale (spécialisé dans les projections sanguines), est apparu dans tous les quartiers de Miami. Quand vous serez à Biscayne Bay, essayez de ne pas l'imaginer en train de se débarrasser du corps de ses victimes !

Bayfront Park
Plan p. 43
Entre SE 2nd et NE 2nd Sts.

Bayside Marketplace
Plan p. 43
401 Biscayne Blvd
305-577-3344
www.baysidemarketplace.com

californien Edward Ruscha : les nuages en trompe l'œil, ainsi qu'une citation de Shakespeare tirée de *Hamlet* sur les mots et leur sens.

Les expositions temporaires de l'auditorium – des photographies et des peintures sur la ville d'hier et d'aujourd'hui – connaissent toujours un grand succès. Nombre de photographies proviennent de la **Romer Collection** (archivée dans l'Helen Muir Florida Collection), un fonds de 17 500 clichés et négatifs sur l'histoire de Miami (de belles images sont visibles en ligne sur le site *www.mdpls.org/databases/Romer_Site/search_romer.asp*).

N'hésitez pas à entrer lorsque vous serez en mal de climatisation. La bibliothèque dispose du Wi-Fi, vous pouvez demander à l'accueil comment y avoir accès.

Bayfront Park

Cet espace vert, vallonné et ombragé, a été aménagé en 1926 le long de Biscayne Boulevard avec de la terre tirée de la baie. C'est ici qu'en 1933 un homme tira sur Franklin Delano Roosevelt et le manqua, tuant le maire de Chicago, Anton Cermak. La **Claude and Mildred Pepper Fountain** rend hommage à un autre homme politique – Pepper, membre du Congrès décédé dans les années 1990, termina sa longue carrière comme défenseur des droits des personnes âgées.

La fontaine dégage une atmosphère romantique, notamment dans la douceur du soir. La **statue de Cristóbal Colón** (Christophe Colomb) garde la lisière est du parc. Elle fut offerte à Miami en 1953 par les Italiens, compatriotes de l'explorateur.

Le **Challenger Memorial**, une double hélice nue et triste, se dresse à l'extrémité sud-est. Créé par le sculpteur japonais Isamu Noguchi, le monument rend hommage aux sept astronautes de la Nasa décédés lors de l'explosion de la navette spatiale *Challenger* peu de temps après son décollage de cap Canaveral. Noguchi, artiste minimaliste inspiré, a dirigé la transformation du parc en 1987. L'ouvrage complexe en brique de Biscayne Boulevard, qui rappelle ostensiblement les promenades sur la plage de Rio de Janeiro, est l'œuvre de l'architecte paysagiste brésilien Robert Burle Marx.

Le parc offre un panorama caractéristique de la vie

miamienne : des familles autour d'un pique-nique, des joueurs de tambours caribéens, des amoureux en balade, des touristes, des retraités jouant aux échecs ou encore des promeneurs avec leur chien. L'amphithéâtre en plein air **Tina Hills Pavilion** résonne souvent de musique et, chaque soir, un spectacle laser envoie des faisceaux de couleurs électriques dans le ciel miamien. La vue sur la baie et le port depuis la promenade du front de mer est inoubliable.

L'univers impitoyable qui régnait sur le front de mer du vieux Miami a cédé la place aux enseignes scintillantes du Bayside Marketplace.

Bayside Marketplace

Principal pôle d'attraction touristique du Dade County, Bayside Marketplace s'étend sur plus de 8 ha au nord du Bayfront Park. Ses 150 boutiques, cafés et snacks surplombent un port qui paraît aussi animé que celui de Hong Kong. Un immense parking jouxte le marché, permettant de se garer près de lieux célèbres, comme le Hard Rock Café de Miami.

Le caractère accueillant et informel de la place commerçante séduit la foule qui vient ici flâner ou grignoter sur l'aire de restauration. Hissé sur un tabouret, vous pourrez savourer un daiquiri glacé ou un mélange de glace et de fruits arrosés de rhum, tout en regardant passer les bateaux et les promeneurs. Les acheteurs convergent vers les enseignes Victoria's Secret, Gap et Brookstone. Des concerts ont lieu généralement l'après-midi, et

Brickell Avenue
Plan p. 43

The Shops at Mary Brickell Village
Plan p. 43
901 S. Miami Ave.
305-381-6130
www.marybrickellvillage.com

plus rarement des feux d'artifice et des spectacles laser. Le complexe reste ouvert tard *(dim. jusqu'à 20 h, lun.-jeu. jusqu'à 22 h, ven.-sam. jusqu'à 23 h ; certains restaurants et bars ferment plus tard)* et dégage l'atmosphère sécurisante et chaleureuse d'une foire locale.

À SAVOIR

Le train aérien du MetroMover est l'une des curiosités de Miami. À la station Brickell *(1001 SW 1st Avenue)*, levez les yeux pour admirer le plafond à caissons.

Le port

Sur le port, des affréteurs proposent des visites nautiques de Biscayne Bay. L'un des meilleurs navigue avec la goélette à hunier ***Heritage of Miami II*** *(tél. : 786-663-1199, www.miamiaquatours.com, €€€€€, départs à 11 h 30, 13 h 30, 15 h 30 et 17 h 30 toute l'année et à 19 h 30 l'été)*, une reproduction à coque d'acier (25 m de long et 47 t) des cargos et des navires de passagers du XIXe siècle qui reliaient Miami à La Havane. L'*Heritage* hisse ses voiles rouille (lorsque le temps et le vent le permettent) pour des circuits de 1 h 15 au sud, vers les côtes de Coconut Grove. Le capitaine, également propriétaire du bateau, est un historien réputé. Il pimente ses récits de toutes sortes d'informations sur l'histoire de Miami.

Brickell Avenue

La rue, baptisée en l'honneur de William et Mary Brickell, qui ont fait de Miami une ville à part entière (voir p. 23), commence au sud de la Miami River et s'étire jusqu'à Coconut Grove (au nord du fleuve, elle devient SE 2nd Avenue ; en approchant de Coconut Grove, elle dévie vers l'intérieur pour rejoindre S. Miami Avenue et former avec elle S. Bayshore Drive).

Avant la Première Guerre mondiale, Brickell Avenue était une ancienne voie bucolique sur laquelle passaient les fiacres et où se rangaient des maisons en roche corallienne ensevelies sous la végétation du Grove. Les choses commencèrent à changer avec une nouvelle génération de passionnés, qui révéla activement au pays les vertus de Miami : le pouvoir du climat tropical, à la fois curatif en cas de maladie et bénéfique au quotidien, et l'enrichissement rapide par la spéculation immobilière. Cette campagne séduisit de nombreux Américains, notamment les plus aisés, qui construisirent d'immenses demeures et hôtels particuliers le long de Brickell Avenue.

Un emplacement de choix, proche de Biscayne Bay, mais suffisamment enfoncé dans les terres pour que la mangrove et la jungle entravent les vents et freinent les brusques montées d'eau provoquées, chaque année, par les ouragans. Brickell a été surnommée Millionaire's Row après l'achèvement, en 1916, de Vizcaya (voir p. 116-119), un Xanadu érigé sur le littoral de Coconut Grove par l'industriel James Deering.

American Airlines Arena

Inaugurée en 1999, à la veille du Jour de l'an, l'American Airlines Arena *(plan p. 43, 601 Biscayne Blvd, tél. : 786-777-1000, www.aaarena.com)* est la plus grande salle polyvalente de Miami. Située sur Biscayne Boulevard en face de Biscayne Bay, elle dispose de 19 600 places assises et accueille des artistes de renom tels que Gloria Estefan, Kanye West ou les Rolling Stones, de même que des spectacles de patinage et de cirque. C'est ici que joue l'équipe de basket-ball Miami Heat *(tél. : 786-777-1000, www.nba.com/heat)*. Il est possible de se garer facilement et les yachts peuvent s'amarrer à quai derrière l'édifice.

D'autres sites sportifs du Grand Miami accueillent des équipes professionnelles, dont les joueurs de base-ball des Miami Marlins *(tél. : 305-626-7378, http://miami.marlins.mlb.com)*, les footballeurs des Miami Dolphins *(tél. : 305-943-8000, www.miamidolphins.com)* et les hockeyeurs des Florida Panthers *(tél. : 954-835-7825, www.floridapanthers.com)*.

Seules quelques-unes de ces résidences subsistent, enserrées entre les copropriétés de luxe fantaisistes et les tours de bureaux massives de Bankers Row érigées pendant l'essor économique durant les années 1970 et 1980. Admirez l'immeuble Atlantis, au curieux escalier rouge en spirale, ou les nuances arc-en-ciel de la Villa Regina. Les blocs de bureaux accueillent aujourd'hui des banques internationales dont les actifs soutiennent les économies des Caraïbes et de l'hémisphère sud.

The Shops at Mary Brickell Village

Situés du côté ouest de Brickell Avenue, les Shops at Mary Brickell Village sont un récent ensemble de boutiques et de restaurants, parmi lesquels on trouve le bijoutier Sowinski, l'opticien Edward Biener, le chausseur Joanna Paige, ainsi que plusieurs magasins de vêtements de luxe. Après un long après-midi shopping, vous pourrez vous reposer dans l'un des nombreux restaurants, comme **Perricone's Marketplace and Café** *(tél. : 305-374-9449, www.perricones.com)*, qui propose, dans un décor luxuriant, une cuisine italienne raffinée en salle ou en terrasse. Vous pouvez aussi vous arrêter au **Fadó Irish Pub and Restaurant** *(tél. : 786-924-0972, www.fadoirishpub.com/miami)*, un établissement apprécié à la décoration directement importée de Dublin.

Le long de la Miami River

Les habitants désireux de se reposer au bord de l'*agua dulze* viennent généralement s'attabler à la terrasse du **Bijan's on the River** *(64 SE 4th St., entre SE 2nd Ave. et S. Miami Ave., tél. : 305-381-7778, www.bijans.biz)*, réputé pour ses fruits de mer, son atmosphère décontractée et ses prix modérés. Non loin, au 66 SE 4th Street, se trouve une chaumière construite en 1897, l'une des 14 maisons en pin du Dade County commandées alors par le constructeur ferroviaire Henry Flagler, qui les louait pour 15 à 22 dollars par mois. Celle-ci a

Miami Circle Park
Plan p. 43

été transférée ici en 1980 de son emplacement sur SW 2nd Street, désormais occupé par un parking.

Proche du quartier aisé des cols blancs de Financial District, le secteur du centre-ville bordant le fleuve ressemble au décor d'un film avec Humphrey Bogart sur les trafiquants de drogue ou au cadre d'un roman picaresque brossant le portrait de bandits à l'opposé de la bonne société des luxueuses copropriétés situées en aval. Mais la fiction dépasse parfois la réalité : il y a quelques années, alors que les officiels de Miami inauguraient le pont mobile de la nouvelle Brickell Avenue, des agents de la Federal Drug Enforcement Administration (administration fédérale de lutte contre la drogue) prenaient d'assaut un cargo qui passait en dessous.

À SAVOIR

Au Miami Circle Park, près de l'embouchure de la Miami River à Biscayne Bay, les visiteurs comprennent l'importance stratégique du lieu. C'est dans le Circle, aujourd'hui entouré de gratte-ciel, que vivaient les premiers habitants de Miami.

Miami Circle Park

En vous plaçant juste à côté de la statue de l'Indien tequesta sur le pont de Brickell Avenue, vous pourrez repérer au sud-est un espace dégagé encerclé de tours. C'est ici que se trouve le Miami Circle, un vestige indien d'environ 11 m de diamètre qui remonte à 2 000 ans.

Découvert en 1998 lors de la destruction d'un immeuble, le « cercle » compte 24 grands trous et de nombreux petits, creusés dans la roche calcaire, tandis qu'à l'est apparaît ce qui semble être un œil humain. Les archéologues supposent qu'il marque l'emplacement de la maison du chef ou le centre du village d'une tribu inconnue, remontant à des millénaires. Les 150 000 objets mis au jour sur le site, parmi lesquels des crânes de dauphins, des tessons de poteries, des outils en coquillage et des matériaux exotiques telles les haches en basalte de Géorgie, laissent penser que le lieu aurait été occupé sans interruption jusqu'à l'arrivée des Espagnols, il y a 400 ans, bien que son usage ait été progressivement réduit aux cérémonies. Avant la découverte du Circle, les spécialistes croyaient que les peuples natifs du sud de la Floride étaient nomades.

Le Brickell Point Site (autre nom du Circle) a été porté sur le Registre national des sites historiques en février 2002 et a rejoint la liste des plus grands sites nationaux en 2009. Même si le Circle reste protégé sous terre, des panneaux explicatifs fournissent des renseignements sur son importance. Inauguré en 2011, le Museum of HistoryMiami (voir p. 46-47) propose occasionnellement des visites guidées (*€€€€€*). Une visite audio-guidée gratuite est aussi disponible à l'adresse suivante : *www.historymiami.org/visit/miami-circle/audio--video-tours.* ■

Little Havana

Ce quartier de 30 blocs d'immeubles centré sur SW 8th Street (Calle Ocho) est à Miami ce que Little Italy est à New York : une tête de pont ethnique où les immigrants ont commencé le chapitre américain de leur saga, avec leurs traditions pour toile de fond.

Joueurs de dominos concentrés sur leur partie, devant une fresque des dirigeants d'Amérique latine

Little Havana commence près de la Banker's Row de Brickell Avenue et s'étire vers l'ouest, traversant la Miami River et s'évanouissant dans les faubourgs résidentiels entourant la Florida International University, près de Sweetwater. Nombre de curiosités réputées de Little Havana se trouvent dans ou près de SW 8th Street, entre S. Miami et SW 27th Avenues (Calle Ocho désigne à la fois SW 8th Street et tout le quartier de Little Havana, à l'instar de Wall Street qui, à Manhattan, est aussi le nom utilisé pour tout le quartier financier du bas de la ville). Les Cubains ont ouvert la voie aux immigrants d'Amérique

(suite p. 59)

Les nouveaux visages de Little Havana

Avec l'arrivée de nouveaux immigrants et l'assimilation de la population cubaine dans la société américaine, Little Havana devient plus cosmopolite. Ces dix dernières années, de nombreux Cubano-Américains ont déménagé vers les faubourgs du Grand Miami, tels Hialeah, Miami Gardens et Homestead. Ils ont été remplacés par d'autres hispanophones venus notamment de Colombie, du Guatemala, du Honduras, du Nicaragua et de Porto Rico. Si les visages changent, la population de Little Havana reste majoritairement hispanique (93 % selon le recensement de 2010).

Promenade dans Calle Ocho

Si vous vous concentrez sur l'évidente nostalgie de Little Havana pour un mode de vie que ses habitants ont perdu il y a 40 ans, vous pardonnerez à Calle Ocho ses ratés esthétiques – la décoration « caribéenne » parfois factice, les enseignes écrites à la main – et apprécierez son humanité optimiste.

Dans Woodlawn Park, le drapeau cubain orne la tombe de Carlos Prío Socarrás, président de Cuba de 1948 à 1952.

Commencez votre circuit pédestre au cœur de Little Havana, en prenant le Metrobus n° 8 depuis Miami Avenue et Flagler Street, près du Miami-Dade Cultural Center. Descendez à l'intersection de Calle Ocho et de 36th Avenue.

En remontant SW 8th Street vers l'est, vous apercevrez des terrasses de cafés et des snacks *(fondas)*, où les habitants sirotent un *café cubano*, un expresso servi dans des petits gobelets en carton. Vous pouvez réserver une table pour dîner au **Versailles** ❶ *(3555 SW 8th St., tél. : 305-444-0240, www.versaillesrestaurant.com; voir p. 245)*, renommé dans toute la ville. La cuisine traditionnelle (copieuse et à la fois épicée et sucrée) offre un vaste choix, de l'*arroz con pollo* (riz au poulet) au rôti de porc et au flan. Le restaurant le plus attachant de la communauté cubaine a souvent été le théâtre d'événements politiques, comme la controverse autour de l'affaire Elián González en 2000. Les clients apprécient l'ambiance festive de La Havane précastriste et les murs de miroirs et de verre poli qui permettent de surveiller discrètement les tables voisines.

À deux rues à l'est, le **Woodlawn Park Cemetery** ❷ abrite une plaque en marbre

À NE PAS MANQUER

Versailles • El Brazo Fuerte • Hoy Como Ayer • King's Ice Cream

noir en l'honneur du Combattant de la liberté cubain inconnu et les tombes de trois anciens présidents cubains. Ouvert en 1913, le cimetière gothique compte aussi un mémorial aux victimes du tragique ouragan de catégorie 5 qui balaya la Floride du Sud en 1935, le jour de la fête du Travail, ravageant les Keys et plusieurs sites au nord et faisant plus de 400 morts.

Le long de SW 32nd Avenue

Suivez SW 32nd Avenue vers le sud sur plusieurs centaines de mètres pour vous imprégner de l'atmosphère de Little Havana. Vous reconnaîtrez facilement les boîtes roses des pâtisseries *(dulcerías)*, que les femmes achètent pour leur famille. Parmi les meilleures boulangeries figure **El Brazo Fuerte** ❸ *(1697 SW 32nd Ave., tél. : 305-444-7720, www.ebfbakery.com)*, où, à l'exception du pain, tout est couvert de sucre, caramélisé ou meringué. Goûtez le *pastelito*, un chausson sucré fourré à la viande, à la goyave ou au fromage, l'un des millefeuilles au flan appelés *señoritas*, ou les *masareales*, des pâtisseries à la goyave.

Des carrioles appelées *fritangas*, généralement menées par des nouveaux venus du Nicaragua, vendent de la viande rôtie *(carne asada)* avec des tortillas, des haricots et du riz. La carte propose souvent du *baho*, un ragoût de viande et de légumes, et du *nacatamal*, un tamale garni de riz, de porc, de pommes de terre, d'olives vertes et de prunes enveloppés dans une feuille de bananier. Pour un en-cas froid, demandez un *guarapo*, assaisonné d'un épais jus de canne, ou un *cocofrio*, à base de lait de coco fouetté.

Pour la nouvelle cuisine cubaine, essayez **Renaissance at the Gables** ❹ *(2340 SW 32nd Ave., tél. : 305-445-1313, http://renaissancemiami.com)*, qui propose des animations en soirée, du vendredi au dimanche.

Voir plan p. 41
- Intersection de SW 8th St. et de 36th Ave.
- 3 heures
- 11 km
- Eighth St. station (MetroMover)

Le Calle Ocho musical et culinaire

De retour dans Calle Ocho, dirigez-vous vers l'est et repérez **Casino Records** ❺ *(2290 SW 8th St., tél. : 786-394-8899)*, qui

Musiciens dans Calle Ocho, pendant les Viernes Culturales, à Little Havana

classe les enregistrements en fonction du pays d'origine. Un peu plus loin, vous trouverez **Hoy Como Ayer** 6 *(2212 SW 8th St., tél. : 305-541-2631, www.hoycomoayer.us)*, où des groupes latinos jouent le soir de la musique d'antan (les jeudi, vendredi et samedi). Sombre, chaud et résonnant de rythmes latinos, ce bar est l'un des plus populaires de Little Havana – Mick Jagger et Bono eux-mêmes y seraient venus.

Lorsque vous trouverez **King's Ice Cream** 7 *(1831 SW 8th St., tél. : 305-643-1842)*, commandez une boule au parfum mystérieux (*guanabana* ou *mamey*) ou, si vous êtes un peu moins audacieux, à la noix de coco ou à la mangue. Au n° 1829, le **Do Re Mi Music Center** 8 *(tél. : 305-261-3364)* est un grand magasin de musique cubaine, avec des rééditions des années précastristes, lorsque les grands orchestres de jazz animaient les discothèques de La Havane. Calle Ocho est le meilleur endroit pour acheter de la musique latino et sud-américaine, mais aussi espagnole. Les danseurs de flamenco se produisent au minuscule **Casa Panza** 9 *(1620 SW 8th St., tél. : 305-644-3444, www.casapanzacafe.net)*, une salle tenue par un couple réputé pour son excellente cuisine espagnole. Les réjouissances se prolongent généralement jusqu'au petit matin, sept jours sur sept.

Un peu plus à l'est s'étend le **Máximo Gómez Park** (voir p. 62), surnommé Domino Park car beaucoup d'hommes âgés viennent y jouer aux dominos. Deux ou trois rues plus loin, vous atteindrez le **Brigade 2506 Memorial** (voir p. 59-60), un hommage sobre et poignant aux milliers d'exilés cubains morts dans la baie des Cochons en 1961.

Achevez votre promenade à la station Eighth Street du MetroMover *(59 SE 8th St.)*, à environ 2 km à l'est dans Calle Ocho (si vous êtes fatigué, prenez le bus n° 8 jusqu'à la station Brickell du Metrorail, puis le bus n° 48 jusqu'à la station Eighth Street).

Revenez sur vos pas pour dîner au Versailles. À l'ouest du restaurant, le **Teatro Bellas Artes** *(3713 SW 8th St., tél. : 305-325-0515)* est réputé pour sa revue du samedi à minuit, dans laquelle des travestis chantent en play-back et se trémoussent sur de la pop latino.

À SAVOIR

Ne manquez pas les Viernes Culturales à Little Havana, un étonnant festival culturel mensuel où vous pourrez danser la salsa dans la rue et écouter des musiciens ambulants.

centrale et du Sud, notamment aux Nicaraguayens, aux Salvadoriens et aux Dominicains, dont les restaurants se nichent au milieu des vieux bistrots cubains, des étals de fruits *(puestos de frutas)* et des cireurs de chaussures *(limpiabotas)*. Les comptoirs des cafés *(cafetines)* servent d'alléchants sandwichs *media noche* et de grands mojitos, ainsi que des *cafecitos* (une sorte d'expresso) qui vous requinqueront pour les *juegos de domino*, ces parties de dominos disputées sur le trottoir.

Certains trouvent la zone commerçante de Calle Ocho miteuse et ses charmes touristiques exagérés. Les visiteurs qui pensent découvrir un vieux Havane en version « féerique » ou une enclave affichant l'exotisme d'un Chinatown seront déçus.

La vitalité de Little Havana peut néanmoins se révéler captivante, surtout le week-end, quand ses discothèques attirent les amateurs de musique et de danse latinos et que ses meilleurs restaurants affichent complet. Et le quartier pourrait bien s'embourgeoiser depuis l'inauguration en 2012 du nouveau stade des Miami Marlins. La structure, qui a coûté 484 millions d'euros, est un joyau architectural décoré avec les œuvres de l'artiste local Romero Britto (voir encadré p. 94).

Brigade 2506 Memorial

Plus de 40 ans après, le modeste mémorial en pierre et la flamme éternelle situés au croisement de Calle Ocho et de SW 13th Avenue – appelés à Little Havana Memorial Boulevard –,

Brigade 2506 Memorial

Plan p. 57

SW 8th St. et SW 13th Ave.

Viernes Culturales

Dans le centre de SW 8th St., entre SW 12th et SW 16th Aves.

Dernier ven. de chaque mois

http://viernesculturales.org

La préparation du renversement de Castro

En 1960 et 1961, Manuel Artime a souvent fréquenté une petite maison discrète de Poinciana Avenue, entre Le Jeune et Douglas, à la lisière intérieure de Miami. Dissimulée par des arbres et une haute clôture, elle était louée par un homme de grande taille qui écrivait des romans d'espionnage. Il s'agissait de E. Howard Hunt, un agent de la CIA avec lequel Artime et ses compagnons, parmi lesquels d'anciens fonctionnaires cubains, préparaient un gouvernement pour remplacer le régime de Fidel Castro. Quelques années plus tard, Hunt s'est rappelé avec amusement une voisine qui, remarquant ces réunions tardives sans femme, avait émis des doutes quant à l'orientation sexuelle du locataire. « Elle m'avait donné rendez-vous avec sa fille divorcée », a déclaré l'agent, qui passera plus tard 32 mois en prison pour son rôle dans le cambriolage du Watergate sous Nixon. « Comme j'étais marié, ce que je ne pouvais pas lui révéler, je suppose que sa fille – à laquelle je n'ai fait aucune avance – a confirmé ses soupçons. C'était parfait : une couverture de plus. » La maison n'existe plus.

À DÉCOUVRIR La fête de quartier annuelle de Little Havana

Si vous venez fin février ou début mars, vous pourrez assister au Carnaval Miami International, le plus grand festival culturel hispanique du pays. Les neuf jours de concerts, de défilés et de concours, dont un tournoi de golf organisé sur le parcours verdoyant et ardu du Biltmore Hotel à Coral Gables, s'achèvent sur une fête de quartier *(block party)* parrainée par le Kiwanis Club de Little Havana. Ces festivités centrées sur l'art, la danse, la musique et la cuisine réunissent des milliers de personnes dans Calle Ocho, entre les 4ᵗʰ et 27ᵗʰ Avenues.

Pour rejoindre la fête, prenez le MetroMover jusqu'à la station Eighth Street. Vous devrez marcher assez longtemps vers l'ouest pour rejoindre le cœur de l'animation, mais éviterez ainsi les embouteillages et les problèmes de stationnement. Le Metrobus n° 8 part de l'angle de Miami Avenue et de Flagler Street (à l'est du Miami-Dade Cultural Center, voir p. 45) pour le centre de Little Havana. Descendez à l'intersection de Calle Ocho et de 36ᵗʰ Avenue, où vous apercevrez des clients attendant une table devant le célèbre restaurant Versailles *(3555 SW 8ᵗʰ St., tél. : 305-444-0240 ; voir p. 56).*

Pour plus de renseignements, composez le 305-644-8693 et suivez les instructions, ou consultez le site de Salsaweb Internet Company *(www.carnavalmiami.com).*

continuent de susciter une vive émotion. Si davantage de soldats avaient affiché la même détermination que la 2506ᵉ brigade, l'insurrection aurait sans doute connu une issue différente. Mais, durant trois jours, les 1 300 Cubains partis renverser Fidel Castro furent très seuls, surtout après leur débarquement près de la Bahia de Cochinos (baie des Cochons), sur la côte méridionale de Cuba, le 17 avril 1961. Les journaux ne tardèrent pas à qualifier la tentative de fiasco.

Tout a commencé à Miami, parmi les Cubains déterminés à libérer leur île de l'emprise exercée depuis deux ans par Castro. Encouragés, entraînés et financés par la CIA, et convaincus que le gouvernement américain les soutenait entièrement, ils pensaient bénéficier d'un appui aérien et d'autres moyens. Pendant la campagne présidentielle de 1960, John F. Kennedy avait proposé l'aide américaine aux exilés cubains en cas d'invasion.

La plupart des contre-révolutionnaires n'avaient que peu d'expérience, voire aucune, du combat et de l'entraînement. Beaucoup arrivèrent sur la plage en baskets, armés de vieux fusils. La population ne se souleva pas pour les soutenir et l'aide aérienne ne vint pas. Castro envoya son armée au combat : 94 membres de la brigade furent tués et les autres condamnés à 30 ans de prison. Deux ans plus tard, ils rentrèrent à Miami contre une rançon de 62 millions de dollars tirés de fonds publics et privés. Parmi les survivants figurait le père de la chanteuse pop Gloria Estefan. L'inscription sur le mémorial commémore « les martyrs de la brigade d'invasion du 17 avril 1961 ».

Trois galeries d'art cubaines

Ces dix dernières années, l'art et les artistes ont revigoré Little Havana. Bien qu'il n'existe pas de style « Miami » particulier, le mouvement naissant évoque souvent la nostalgie d'un Cuba ou d'un pays d'Amérique latine perdus. Chaque dernier vendredi du mois, les rues de Calle Ocho vibrent de l'énergie créative des **Viernes Culturales** (« vendredis culturels »). De 19 h à 23 h, cette exposition et fête en plein air réunit plus d'une centaine d'artistes, ainsi que des musiciens, des vendeurs de nourriture et 3 000 participants.

La **Xavier Cortada Art Gallery** est consacrée à l'artiste du même nom. Le style de Cortada mêle le modernisme cubain, une forme d'expressionnisme, à des contours noirs et à des couleurs tropicales chatoyantes. Il traite de nombreux sujets, du rêve américain au vieux Cuba, en passant par le sida et le sport. En dehors de son atelier et de sa galerie, ses œuvres ont été exposées à la Maison Blanche, dans les locaux de la Cour suprême de Floride, ainsi qu'au Miami Art Museum. Elles sont aussi reprises sur des fresques dans les rues de Little Havana.

La **Maxoly Gallery** est un autre lieu dédié à l'art sud-américain. Elle est spécialisée dans les tableaux de l'ère coloniale espagnole, de la jeune République, de l'avant-garde et de la période contemporaine. Les œuvres de jeunes artistes hispaniques sont exposées dans une première salle, tandis qu'une seconde galerie présente les grands peintres cubains.

La **Molina Fine Art Gallery** expose et vend les huiles très colorées et les estampes de Luis Molina. L'artiste cubain est réputé pour ses œuvres sur le folklore afro-cubain représentant des fermiers mulâtres, des perroquets, des coqs et autres animaux de ferme. La *santería*, une culture qui célèbre les dieux et les déesses africains et les saints catholiques, sous-tend nombre de ses tableaux. L'artiste participe aussi à « Voices for Freedom », qui soutient les dizaines d'intellectuels emprisonnés par Fidel Castro en 2003.

Un café version cubaine

Les amateurs ne peuvent repartir sans s'arrêter à la terrasse d'un café de Little Havana pour siroter un *café cubano*. Pour ce puissant breuvage, on ajoute du sucre à la mouture, puis des morceaux de sucre à l'épais expresso qui en résulte. Si vous demandez un « *coffee* » en anglais, on vous servira probablement un *colada*, un expresso dans une tasse à peine plus grande que le pouce. Pour quelque chose rappelant le « café américain » ordinaire, *Norteamericano*, commandez un *café con leche*, un tiers de café cubain avec deux tiers de lait.

Xavier Cortada Art Gallery

Plan p. 43
104 SW 9th St.
305-858-1323
Ouvert t.l.j., mais téléphonez pour vérifier les heures d'ouverture

www.cortada.com

Maxoly Gallery

Plan p. 57
1600 SW 8th St.
305-631-0025
Fermé dim.

www.maxoly.com

Molina Fine Art Gallery

Plan p. 57
1634 SW 8th St.
305-642-0444

www.molinaart gallery.com

Máximo Gómez Park
Plan p. 57
SW 8th St. et SW 15th Ave.

Tower Theater
1508 SW 8th St.
305-643-8706
www.mdc.edu/tower

Máximo Gómez Park

Si vous passez par Calle Ocho et SW 15th Avenue, vous entendrez sans doute parler du passé et de l'avenir de Cuba entre deux claquements de dominos, le passe-temps favori des Cubains. Plus célèbre qu'impressionnante, cette petite enceinte, surnommée Domino Park, demeure un symbole apprécié de la génération fondatrice de Little Havana.

Les joueurs sont pour la plupart des hommes âgés portant la traditionnelle *guayabera*, une chemise large et légère, sous le regard des dirigeants d'Amérique latine, rassemblés sur une fresque peinte après leur réunion à Miami pour le Sommet des Amériques, en 1994.

À l'angle sud-ouest de W. Flagler Street et de SW 17th Avenue, sur les pavés rouges de la **Plaza de la Cubanidad**, une fontaine porte l'inscription « *Las palmas son novias que esperan* » (Les palmiers sont comme des fiancées qui attendent). C'est ainsi que s'est exprimé José Martí, le poète cubain du XIXe siècle admiré pour sa résistance au régime colonial espagnol. Les palmiers symbolisent toujours le désir d'une île libérée du despotisme.

Tower Theater

Situé à l'intersection tout près du Máximo Gómez Park dans Little Havana, ce cinéma a joué un rôle important dans la vie de nombreux exilés cubains arrivés à Miami après 1959. Construit en 1926, puis transformé en 1931 et en 2000, ce bel édifice Art déco possède une marquise classique et une tour d'acier illuminée de 12 m de haut.

En 2002, la municipalité de Miami a autorisé le Miami-Dade College à reprendre l'établissement. Il a décidé de

Un employé des ateliers de cigares, comme ceux d'El Crédito, faisait autrefois la lecture à ses collègues pour les distraire.

Sachez fumer le cigare

• Coupez le bout le plus proche de la marque avec un coupe-cigare ou un couteau aiguisé.
• Évitez d'abîmer la feuille extérieure.
• Pour allumer le cigare, tenez-le à l'horizontale et tournez le bout au-dessus d'une flamme jusqu'à ce qu'il brûle uniformément.
• Mettez le cigare dans votre bouche et prenez une légère bouffée.
• N'inhalez pas la fumée : elle doit être savourée, puis relâchée.
• Tenez le cigare fermement dans la bouche, mais ne le serrez pas entre vos dents.
• Évitez de trop mouiller le « pied » avec votre salive.
• Fumez lentement, pas plus de deux bouffées à la minute, pour éviter que le cigare ne devienne trop chaud et aigre.
• Un cigare doit durer entre 30 et 90 minutes – soit une cinquantaine de bouffées – et passer plus de temps dans votre main que dans votre bouche. Selon Auguste Barthélemy, auteur de *L'Art de fumer la pipe et le cigare* (1849), « le vrai fumeur » s'abstient d'imiter le Vésuve.

poursuivre la riche tradition du Tower Theater, en promouvant les arts sous toutes leurs formes au sein de la communauté multiculturelle, multiethnique et internationale de la Floride du Sud.

El Crédito Cigar Factory

Le 3 février 1962, le président John F. Kennedy interdit tout commerce avec Cuba avec l'idée de priver l'économie exsangue de Fidel Castro de 35 millions de dollars de revenus annuels et d'entraver ses tentatives pour exporter la révolution dans les Amériques.

L'embargo paralysa l'industrie du cigare floridienne, alors dépendante du tabac cubain. Les entrepôts détenaient un stock de marchandise d'à peine 10 mois et 6000 personnes risquaient de perdre leur emploi. La veille de son annonce, le président Kennedy, grand amateur de cigares, avait envoyé l'un de ses proches de Washington acheter toutes les meilleures marques cubaines. Nombre de fabricants sud-floridiens firent progressivement faillite. Parmi les rescapés de renom figure l'usine de cigares El Crédito de Calle Ocho, où ces produits aromatiques sont toujours roulés à la main – coupés avec des lames arrondies, enveloppés, serrés et pressés dans des étaux – comme ils l'étaient en 1807, lorsque l'entreprise a vu le jour à La Havane.

C'est aujourd'hui la première manufacture de Miami, employant une vingtaine de personnes qui, à l'aide de presses en plastique, roulent du tabac dominicain (issu, paraît-il, de plants cubains) pour produire des havanes réputés comme La Gloria Cubana. Le magasin d'usine les vend à l'unité ou en gros. En 2008, El Crédito a fêté son 40e anniversaire à Little Havana.

Miami River

Les méandres de la Miami River à travers Little Havana offrent un spectacle pittoresque. Ses eaux paisibles voient passer

El Crédito Cigar Factory
Plan p. 57
1106 SW 8th St.
305-858-4162 ou 800-726-9481
Fermé dim.

Miami River
Plan p. 41 E3

Soirée de vernissage au Frost Art Museum, spécialisé dans l'art du XXe siècle

des remorqueurs, des petits cargos caribéens, des bateaux de pêche et de luxueux navires de croisière, tandis que les berges retentissent de l'activité des constructeurs de bateaux, des pêcheries, des entrepôts et des marinas. Une communauté bohème florissante vit ici sur des habitations flottantes.

L'assainissement du début du XXe siècle a coupé le Miami de sa source dans les Everglades, située près de l'actuel pont de 32nd Avenue ; il est aujourd'hui alimenté par des canaux. À l'est de 24th Avenue, le fleuve suit son cours d'autrefois. Les parcs publics aménagés sur ses rives séduisent promeneurs et cyclistes, qui viennent observer le manège parfois curieux des bateaux. L'un des plus attrayants, au cadre bucolique noyé sous la végétation, est le paisible **Sewell Park** qui descend en pente sur la berge sud, près du pont de 17th Avenue. Des tables de pique-nique et l'unique rampe de mise à l'eau publique de Miami vous attendent en amont dans le **Curtiss Park**, sur la rive nord *(prenez NW 20th St. vers l'ouest jusqu'à NW 22nd Ave.)*.

Si ce secteur vous plaît, vous pouvez loger au charmant Miami River Inn *(118 SW S. River Dr.*; voir p. 245), un bed and breakfast situé sur South River Drive. Il réunit des maisons en bois du début du XXe siècle, véritables joyaux architecturaux joliment restaurés et aménagés autour d'un jardin.

Frost Art Museum

À l'origine, en 1977, l'Art Museum était une galerie d'art estudiantine sur le campus de l'université publique Florida International University, proche de Sweetwater. Trois décennies plus tard, le nouvel édifice, réalisé par Yann Weymouth, abrite l'un des meilleurs lieux d'exposition du Sud-Est pour

À SAVOIR

Lors de la rentrée universitaire, on explique aux étudiants de première année que faire tourner le « Marty's Cube », une sculpture du parc du Frost Art Museum, porte chance. Tentez l'expérience !

les œuvres latino-américaines et américaines du xxe siècle (les lecteurs du *New Times* l'ont plusieurs fois classé parmi l'élite des musées miamiens). Sa collection consacrée aux artistes cubains et floridiens est l'une des plus intéressantes de tout l'État.

Offrez-vous une promenade dans le parc de sculptures de 13 ha, qui expose des œuvres monumentales de grands maîtres comme Jacques Lipchitz, Anthony Caro, Alexander Liberman et Tony Rosenthal. Une visite sur le site Internet du musée révèle la richesse exceptionnelle de ses collections, qu'il doit pour l'essentiel à la générosité de grands collectionneurs américains. Si vous prévoyez de visiter Little Havana, faites étape dans ce musée situé à 20 min de voiture à l'ouest dans SW 8th Street (ou Calle Ocho), le principal boulevard du quartier. ■

Frost Art Museum

Plan p. 40 A2

Campus universitaire de la FIU, SW 107th Ave. et 8th St.

305-348-2890

Fermé dim. matin et lun.

http://thefrost.fiu.edu

Plats et boissons cubains

Les plats et boissons cubains font aujourd'hui partie intégrante de l'alimentation de nombreux habitants de la Floride du Sud. Ne passez pas à côté de ces classiques miamiens aux saveurs de La Havane :

Adobo – marinade de jus d'orange amère, ail, cumin et origan.

Arroz con pollo – riz au poulet épicé. Les restaurants déclinent ce grand classique cubain à l'envi.

Boliche – rôti en cocotte avec, entre autres, du chorizo, des olives vertes et beaucoup d'ail.

Café con leche – la version cubaine du « café au lait » est un expresso accompagné de lait bouillant ou simplement chaud.

Cuba libre – cocktail classique mariant le rhum brun ou blanc au jus de citron et au Coca-Cola.

Cuban sandwich – pain cubain légèrement beurré garni de porc rôti, de jambon Serrano, de fromage suisse, de cornichons à l'aneth et de moutarde. Le sandwich est grillé et servi chaud.

Empanada – chausson frit au bœuf, poulet ou fromage.

Enchilado – fruits de mer à la sauce créole.

Flan Cubano – flan cubain. Ce dessert à la crème est réalisé avec du caramel et parfois de la noix de coco.

Mariquitas – chips de plantain.

Mojito – cocktail sucré au rhum blanc et feuilles de menthe pilées.

Mojo – excellente sauce à l'ail et jus d'orange amère ou de citron vert.

Pastel de tres leches – biscuit très sucré réalisé à partir de trois types de lait.

Pastelito de guayaba – la goyave est l'ingrédient principal de ce dessert typiquement cubain qui ressemble à un chausson aux pommes.

Vaca frita – littéralement « vache frite ». Bœuf haché mariné dans du jus d'orange et du citron vert frais et servi avec des oignons sautés. On peut remplacer le bœuf par du poulet.

Fantaisies architecturales

Au début des années 1920, la Floride trouve son premier grand style architectural dans le « renouveau méditerranéen » *(Mediterranean revival)*. À l'image de la région méditerranéenne, il reflète une grande diversité de cultures : toscane, vénitienne, espagnole, andalouse, mauresque, et même romaine, tout en empruntant à la Grèce antique et à la Renaissance française, pour créer des villas aux allures de petits palais.

La cour du Biltmore Hotel (1926), inspirée de l'architecture andalouse, à Coral Gables

Miami, ville fière de s'être imposée sur un terrain inhospitalier de marécages et de dunes, rêvait d'une architecture enracinée dans l'imaginaire.

Le renouveau méditerranéen

Le mot d'ordre du renouveau méditerranéen était de viser à l'« ancienneté ». Les façades furent teintes dans un style romain, les toits et les sols dallés imitèrent ceux de la Sicile. Pour les architectes, c'était l'occasion rêvée d'une débauche de bois et de stuc. Le but ultime était de séduire par des artifices, qui faisaient qu'une demeure de millionnaire pouvait ressembler à un monastère espagnol en ruine. Les poutres furent immergées dans l'eau salée, brûlées à l'acide et entaillées au ciseau. Les ferronneries furent bosselées, le béton trempé dans du bicarbonate de soude. La quête miamienne d'une antiquité factice écrivit les pages des techniques de peinture et de plâtrerie encore en usage aujourd'hui. Des usines ouvrirent pour fournir aux décorateurs meubles « d'époque », ferronneries, carreaux et même vitraux. Des ateliers tissèrent des tapis « orientaux » et des tapisseries « médiévales ». De nombreuses demeures huppées de Miami furent meublées avec des biens récupérés dans les couvents espagnols.

Les meilleurs marchands de rêve de Miami étaient capables de créer des décors dignes des théâtres. L'intérieur d'un cabinet d'avocat devenait une suite de la noblesse vénitienne du XVIe siècle, un salon de banquier celui d'un *ranchero* espagnol.

Le mouvement prospéra durant les Années folles et s'éteignit sous la Grande Dépression, lorsque les architectes se tournèrent vers les lignes modernes et aérodynamiques, qui symbolisaient les nouvelles technologies susceptibles de sortir les États-Unis du gouffre économique.

L'inspiration orientale

Tandis que le renouveau méditerranéen s'épanouissait, la vue de l'autre architecture indigène de Miami sollicita l'imagination du concepteur d'avions et futur promoteur Glenn Curtiss (inventeur du biplan Curtiss Jennie). Sacré guerrier des airs pour avoir rallié, en 1910, la ville d'Albany (dans le nord de l'État de New York) à celle de New York à bord d'un engin aux allures de cerf-volant cellulaire équipé d'un moteur de tondeuse, il usa de sa renommée pour séduire les investisseurs. L'aviateur et son architecte, Bernhardt Muller, avaient un faible pour les contes arabes, popularisés par *Les Mille et Une Nuits*. À Hollywood, l'engouement pour les nuits orientales conduisit à la production de grands classiques : *Une princesse de Bagdad* en 1916, *Aladin et la lampe merveilleuse* en 1917 et *Ali Baba et les quarante voleurs* l'année suivante. Les femmes s'évanouissaient lorsque Rudolph Valentino laissait entrevoir ses yeux noirs dans *Le Cheik*, en 1921. Les hommes eux-mêmes étaient sous le charme lorsque Douglas Fairbanks bondissait de toit en toit dans *Le Voleur de Bagdad*, en 1924. En Russie, Diaghilev créa *Shéhérazade* et aux États-Unis, Rimski-Korsakov composa une suite symphonique du même nom. L'intérêt de ce phénomène international n'échappa pas à Curtiss.

Envisageant avec Muller un parc à thème habité par des résidents permanents, ils choisirent un site au nord-ouest de Miami, que les Indiens séminoles appelaient Opatishawocka-locka (« monticule boisé »), et retirèrent la partie difficile à prononcer, « tishawocka », pour créer le nom « arabo-perse » d'Opa-locka. Leur siège, l'actuel hôtel de ville d'Opa-locka, ressemblait trait pour trait au palais d'un prince saoudien. Chaque édifice devait avoir du « charme ». La banque se fit temple égyptien en ruine, la station-service se dota de coupoles et de minarets. Ali Baba Avenue, Sharazad Boulevard et Aladdin Street furent jalonnés de petites résidences basses surmontées d'une coupole. Les acquéreurs arrivèrent alors en masse, tout comme les passionnés d'architecture, pour admirer les vestiges de cette époque imprégnée de romanesque.

La Plymouth Church (1917), à Coconut Grove, a été construite dans le style des missions espagnoles.

North Miami

Dans Downtown Miami, les noms des rues au nord de Flagler Street comportent le préfixe « North » (nord). Celles situées du côté baie de North Miami Avenue sont précédées de « Northeast » (nord-est) et celles du côté des Everglades de « Northwest » (nord-ouest). Dans la réalité, les limites entre les divers secteurs désignés par les points cardinaux sont imprécises, ce qui ne constitue pas un problème en soi (hormis pour lire les cartes).

Des immeubles d'habitations dominent le nord de Biscayne Bay au-delà de l'Oleta River State Park.

Pour tracer les limites septentrionales de North Miami, on suit habituellement une ligne vers l'ouest depuis Biscayne Bay, au niveau d'Aventura, de Golden Beach et de Golden Shores, le long de la limite du Dade-Broward County jusqu'à la Florida's Turnpike, puis le long de cette autoroute vers le sud-ouest, passant entre Hialeah et les Everglades, et continuant vers le sud jusqu'à Sweetwater. Ce quart de cercle couvre Northwest Miami. Le secteur commence à l'I95 et s'étend vers l'ouest sur environ 15 km, où les lotissements et les franges industrielles abandonnent le terrain aux cultures gagnées sur les Everglades (les défenseurs de l'environnement diront « volées »).

Hialeah et Opa-locka sont les communautés les plus connues du Northwest. La première est un patchwork industriel et résidentiel, dont le nom est généralement associé à l'ancien champ de courses de Hialeah. Au nord se trouve Opa-locka, dont l'architecture mauresque complètement extravagante est née de la fascination d'un promoteur pour *Les Mille et Une Nuits*, les fables du Moyen-Orient contées par Richard F. Burton, qui y mêle vie quotidienne et monde imaginaire romantique. En partant vers l'ouest de l'aéroport d'Opa-locka, vous atteindrez les Miami Lakes, où la retraite forcée des Everglades a laissé une plaine d'étangs au milieu de somptueux parcours de golf et de propriétés résidentielles.

Le quadrant nord-est de Miami, plus restreint, est aussi plus résidentiel, depuis les modestes bungalows du boom foncier aux immenses copropriétés dominant d'autres terrains de golf et les eaux plaisancières au nord de Biscayne Bay et de l'Atlantique. Vous aurez besoin d'une voiture pour rejoindre les parcs, musées, faubourgs et sites éloignés de North Miami, mais vous y trouverez d'autres centres d'intérêt que le golf et le hors-bord.

Adrienne Arsht Center for the Performing Arts

En 2006, l'Arsht Center est devenu le fleuron de la scène artistique miamienne. L'édifice, qui a coûté 361 millions d'euros, occupe deux pâtés de maisons et est la pièce maîtresse du célèbre architecte César Pelli.

Ce bâtiment, le plus spectaculaire de Miami, est aussi le plus grand centre d'arts scéniques de l'État. Ses locaux abritent la Sanford and Dolores Ziff Ballet Opera House (2400 places), le John S. and James L. Knight Concert Hall (2200 places), le Peacock Studio Theater et le Carnival Studio Theater.

La Ballet Opera House et le Concert Hall sont deux salles immenses habillées de granit sarde de couleur claire et ponctuées de grandes parois en acier et en verre qui renforcent l'esthétique cristalline et contemporaine du lieu. Dans la Ballet Opera House, une coupole acoustique de 12 m est suspendue au-dessus du public, tandis que la scène du Concert Hall est coiffée d'un plafond acoustique en spirale.

Le Florida Grand Opera, le Miami City Ballet et la New World Symphony sont en résidence au centre, qui accueille également les représentations de compagnies plus petites. Broadway Across America et le Cleveland Orchestra s'y produisent chaque année.

Le centre propose des visites gratuites d'une heure à midi (les lundi et samedi). Les visiteurs peuvent découvrir les salles, y compris les coulisses et les loges, bénéficier d'explications sur l'architecture et l'histoire du lieu et se régaler d'anecdotes concernant des artistes tels que Bernadette Peters et Gloria Estefan.

À SAVOIR

À Wynwood, des entrepôts autrefois recouverts de graffitis arborent aujourd'hui des fresques aux couleurs vives.
Le quartier héberge les plus grandes collections et galeries d'art contemporain de Miami.

Wynwood Arts District

Ces dernières années, les galeries d'art se sont multipliées dans le centre de Miami, de même que les cafés, restaurants et bars qui débordent d'énergie créative, particulièrement dans les quartiers

Adrienne Arsht Center for the Performing Arts

Plan p. 49
1300 Biscayne Blvd
305-949-6722
www.arshtcenter.org

Wynwood Arts District

Plan p. 41 E3
Entre Biscayne Blvd et l'I95, et entre NW 20th St. et NW 36th St.

www.wynwoodmiami.com

www.artcircuits.com

Rubell Family Collection
Plan p. 41 F3
95 NW 29th St.
305-573-6090
Fermé lun.
€€

www.rfc.museum

de Miami Design District et de Wynwood. Auparavant occupé par des usines et entrepôts abandonnés, Wynwood a été adopté par des artistes ambitieux qui peinaient à percer.

La réussite de ces derniers est allée de paire avec la renaissance du quartier. Nombreux sont ceux qui ont transformé leurs vastes lofts bon marché en ateliers et espaces d'exposition, si bien qu'aujourd'hui Wynwood héberge 60 galeries ouvertes au public, dont la majeure partie présente des œuvres contemporaines. Vous y trouverez des sculptures, des créations numériques et d'autres supports artistiques, mais la peinture y est prédominante.

Parmi les objets exposés à la Rubell Family Collection figurent des œuvres d'artistes confirmés ou émergeants.

Vous verrez également une abondance de graffitis et autres formes d'art urbain, œuvres des jeunes artistes du quartier. Certains ont même fait l'objet d'expositions dans des musées.

NW 2nd Avenue, où sont regroupées la plupart des galeries, est un lieu de promenade agréable pour ceux qui souhaitent acheter ou admirer des objets d'art. Arrêtez-vous à la **Fredric Snitzer Gallery** *(2247 NW 1st Pl.)*, qui présente de jeunes artistes locaux, tels que Hernan Bas, dont les œuvres ont aussi été exposées dans la Rubell Family Collection (voir ci-après). Parmi les autres galeries notables, citons l'**Alejandra Von Hartz Gallery** (*2630 NW 2nd Ave.*, peinture latino-américaine) et l'**Alberto Linero Gallery** (*2294 NW 2nd Ave.*, sculptures et tableaux d'Amérique latine et autres régions).

L'Art Walk a lieu tous les deuxièmes samedis du mois. Les vendeurs ouvrent leurs stands, galeries et ateliers aux visiteurs et des musiciens et danseurs offrent des représentations en plein air. Chaque année, le quartier accueille également une demi-douzaine de foires, dont la plupart se tiennent en hiver, qui est aussi la saison touristique.

Rubell Family Collection

L'extraordinaire collection de chefs-d'œuvre réunis par Don et Mera Rubell est souvent considérée comme la plus importante du monde consacrée aux beaux-arts contemporains. Les Rubell, originaires de New York, possèdent également l'Albion Hotel, établissement très chic de Miami Beach.

La collection se présente comme une exposition d'« œuvres provocantes des années 1960 à aujourd'hui », d'artistes tels que Jeff Koons, Keith Haring, Cindy Sherman, Jean-Michel Basquiat, Paul McCarthy, Charles Ray et de jeunes créateurs réputés.

Il s'agit sans doute de la collection privée la plus audacieuse ouverte au public à Miami : les œuvres sont disposées dans un immense espace industriel, sur plusieurs niveaux du Wynwood Arts District. Le musée expose presque tous les artistes ayant acquis une véritable renommée durant les vingt dernières années.

Comme l'indique l'écrivain Tom Wolfe dans *Le Mot peint*, l'art moderne génère une agitation intellectuelle par son extraordinaire capacité à susciter l'émotion et à provoquer un débat sur ce qu'est l'art – dont témoigne, dans le musée des Rubell, une remarquable bibliothèque.

Arch Creek Park

Au nord de Miami, l'Arch Creek Park *(plan p. 41 G6, 1855 NE 135th St., tél. : 305-944-6111, fermé lun.-mar.)* regorge d'histoire et de superbes paysages naturels. Un petit musée sensibilise les visiteurs à la principale attraction du parc, un pont naturel en roche calcaire qui fait partie d'un sentier important parcouru autrefois par les Indiens tequesta et séminoles. Pendant les guerres séminoles, il fut emprunté par l'armée américaine, puis, plus tard, par les pionniers et leurs diligences. Le musée présente également un large éventail d'objets ayant appartenu aux Indiens et aux colons.

Un sentier de 800 m en forme de boucle serpente à travers le parc. Vous pourrez apercevoir des animaux sauvages et des *hammocks* (îlots immergés) tropicaux. Vous y trouverez aussi un jardin aux papillons et des aires de pique-nique.

Miami Design District

Comme dans nombre de villes américaines, les artistes en quête d'ateliers à petits prix ont impulsé le renouveau du secteur de North Miami, situé approximativement entre NE 2nd et N. Miami Avenues et entre 36th et 41st Streets. Au cours des dix dernières années, ces rues fleuries ont perdu leur réputation de coupe-gorge nocturne et, à l'image de l'East Village new-yorkais, conquis une armée de peintres, de sculpteurs, d'artistes multimédia et de photographes qui les prémunissent contre la poursuite du délabrement.

Dans les années 1910-1920, ce quartier était appelé Decorators Row et regroupait des espaces d'exposition pour l'architecture et la décoration intérieures. 14th Street, entre NE 2nd et N. Miami Avenues, était réputée pour son exotisme élégant et sa fantaisie. Suivez vos goûts et vos intérêts. Si vous aimez les antiquités, visitez la **Susan R Lifestyle Boutique** *(93 NE 40th St., tél. : 305-573-8483, www.susaner.com)* ou **Artisan Antiques Art Deco** *(110 NE 40th St., tél. : 305-573-5619, www.artisanartdeco.com)*. Entre les différents exposants se nichent de petits cafés où les décorateurs viennent régulièrement discuter, entre autres sujets, des mérites de Le Corbusier ou du célèbre groupe du Bauhaus. La cour joliment fleurie du **Michael's Genuine Food and Drink** *(130 NE 40th St., tél. : 305-573-5550, http://michaelsgenuine.com)* permet d'échapper temporairement au bruit de la circulation.

La plupart des galeries d'art et des espaces d'exposition ferment au crépuscule. Cependant, le deuxième samedi de chaque mois, les galeries, boutiques,

Miami Design District

Plan p. 41 F3

Entre NE 2nd Ave. et N. Miami Ave., et entre NW 36th St. et 41st St.

www.miamidesigndistrict.net

Morningside
Plan p. 41 F4

Museum of Contemporary Art
Plan p. 41 F5
770 NE 125th St.
305-893-6211
Fermé lun., mer. mat. et dim. mat.
€
www.mocanomi.org

ateliers et bistrots du quartier, ainsi que ceux de Wynwood (voir p. 69-70), proposent une soirée portes ouvertes de 19 h à 22 h, qui coïncide souvent avec les vernissages des artistes.

À SAVOIR
Visitez l'ancien monastère espagnol qui fut déplacé à Miami. Datant de plusieurs siècles, ce vestige du Vieux Continent arbore des jardins et une architecture superbes.

Morningside

La renaissance du Design District a coïncidé avec un regain d'intérêt pour les faubourgs résidentiels de Miami, notamment ceux qui furent construits pendant le boom des années 1920 et au début de la Grande Dépression. Les enclaves de bungalows de Morningside qui bordaient Biscayne Boulevard étaient alors pratiquement tombées dans l'oubli.

Les Années folles (années 1920) avaient une prédilection pour les fantaisies architecturales. Il ne suffisait pas de construire une maison, il fallait aussi lui donner une thématique. Les deux styles majeurs de cette période étaient le *mission revival* (« renouveau des missions »), qui reprenait l'architecture des églises coloniales espagnoles de la lointaine Californie, et le *mediterranean revival* (« renouveau méditerranéen »), une expression passe-partout pour désigner les imitations de demeures de la Méditerranée. Ces styles se répandaient en Amérique quand l'aménagement de Morningside a débuté.

Les maisons à thème de Morningside ont échappé aux maladresses du renouveau urbain et sont aujourd'hui choyées par des propriétaires sensibles à l'architecture. Il y a quelques années, des passionnés de restauration ont réussi à faire classer Morningside secteur historique. Parmi ses demeures notables figurent deux résidences privées : celle de style renouveau méditerranéen du 5731 NE 6th Avenue, et l'un des premiers exemples du style des missions au 5940 NE 6th Court.

Vous pouvez aisément traverser Morningside en voiture, bien que des barrières installées sur Biscayne Boulevard empêchent les véhicules d'entrer dans certaines des jolies rues. Mieux vaut se garer sur Biscayne Boulevard. Le lotissement n'est pas très étendu, de la baie à l'ouest vers Biscayne Boulevard, et dans le sens nord-sud, de NE 60th Street à NE 50th Street. Le Museum of Contemporary Art – voir ci-après – propose des circuits guidés pour découvrir l'architecture de Miami, dont celle de Morningside.

Museum of Contemporary Art

Les habitants de la région désignent cet espace d'exposition de 2 000 m^2 par ses initiales, « MoCA », et les Miamiens apprécient particulièrement ce musée réputé, créé en 1996.

La galerie principale offre un agréable décor d'atelier-entrepôt, le genre d'espace que prisent les artistes. L'immense salle présente les grands courants, avec des œuvres du monde entier ; une salle plus modeste expose les dernières nouveautés, souvent des travaux d'artistes locaux. Ses pièces d'art contemporain renvoient aux mouvements avant-gardistes du monde entier, avec des installations multimédia et des photographies qui élargissent la définition de l'art. L'essentiel de la collection se concentre toutefois sur les peintures et les sculptures. Mark Handforth fait partie des symboles de l'art moderne les mieux représentés.

Les grandes rétrospectives du MoCA explorent l'œuvre de plusieurs légendes du monde artistique tels Frida Kahlo, Diego Rivera et Frank Stella. Les fils conducteurs du musée sont incontestablement la qualité et la conviction. Il cherche aussi à faire connaître les travaux d'artistes et de réalisateurs latinos dont les œuvres sont projetées, comme d'autres films d'avant-garde, dans la ravissante cour du MoCA.

L'excellente boutique de souvenirs du musée propose une vaste sélection très intéressante de livres d'art, de catalogues d'expositions et de cartes postales sur la collection permanente. Consultez également le programme des visites guidées sur l'architecture des faubourgs de North Miami. Les circuits explorent certaines des plus belles rues résidentielles du Grand Miami, notamment celles de Morningside (voir ci-contre).

Ancien monastère espagnol

Érigé au XIIe siècle, c'est le plus ancien édifice d'Amérique du Nord, bien qu'il provienne à l'origine d'Espagne.

Après avoir fait partie pendant 700 ans d'un monastère cistercien, le cloître du monastère de Saint-Bernard-de-Clairvaux a connu des revers de fortune et servi

Ancient Spanish monastery

- Plan p. 41 G6
- 16711 W. Dixie Hwy entre NE 167th et 171st Sts.
- 305-945-1461
- €€
- Fermé dim. mat. et lors d'événements particuliers, appelez pour confirmer les horaires.

www.spanishmonastery.com

Ce lieu de culte a survécu au démantèlement et à un transfert vers l'autre rive de l'Atlantique.

Oleta River State Park

Plan p. 41 G6

3400 NE 163rd St./Sunny Isles Blvd, à l'est de Biscayne Blvd

305-919-1846

€€

www.floridastateparks.org/oletariver

de grenier et d'étable. William Randolph Hearst, le magnat de la presse, acheta l'édifice pour 500 000 dollars en 1925, avec l'idée de l'envoyer dans sa résidence californienne, le Xanadu. Il le fit démonter et acheminer par bateau à New York dans 11 000 caisses numérotées et remplies de paille. Les agents des douanes, croyant qu'il transportait des germes susceptibles de provoquer une épidémie de fièvre aphteuse, sortirent les pierres, brûlèrent la paille et mélangèrent les caisses, décourageant Hearst. Les caisses restèrent dans un entrepôt de Brooklyn pendant 26 ans, jusqu'en 1952. Les nouveaux propriétaires firent remonter l'ensemble sur place, moyennant 1,5 million de dollars, dans un but touristique. Dix ans plus tard, l'Église épiscopalienne acquit le monastère, qui devint un lieu de culte, un musée consacré à l'architecture romane et au gothique primitif, ainsi que le dépositaire d'objets religieux autant qu'un havre de paix et de recueillement. Dans le magasin de souvenirs trône *La Gracia*, tableau du maître espagnol Julio Romero de Torres.

Le monastère étant un lieu de mariage réputé, il est souvent envahi d'invités en grande tenue les samedi et dimanche après-midi.

Oleta River State Park

Bien qu'il soit entouré de zones résidentielles denses, telle la communauté huppée de Bal Harbour à North Miami Beach, ce parc offre l'occasion d'une retraite momentanée ou d'une promenade en voiture, à pied ou à bicyclette dans la mangrove, entre les lagunes sinueuses.

La communauté russe de Miami

Parmi les citoyens venant d'Union soviétique figuraient des bureaucrates de Moscou, des chamans sibériens, des musulmans d'Asie centrale, des moines bouddhistes, des femmes au foyer parlant le perse et une myriade d'autres groupes, que reflète la communauté « russe » du nord de Miami. La championne de tennis et mannequin sud-floridienne Anna Kournikova est la plus connue, et Philip Kirkorov, célèbre chanteur pop de Russie, vit ici la majeure partie de l'année.

Le **Tatiana Night Club/Restaurant** *(1710 E. Hallandale Beach Blvd, tél. : 954-454-1222, www.fltatianarestaurant.com)*, un cabaret animé par des avaleurs d'épée, des jongleurs et des danseuses en Bikini, est le centre des divertissements de la communauté russe. Ses savoureux repas constituent une véritable métaphore de la mère patrie : légumes marinés, viandes du Caucase, caviar d'Azerbaïdjan, poulet de Kiev et *pelmeni* (raviolis) sibériens. On y boit de la vodka russe, du cognac arménien et du vin géorgien.

Pour un autre aperçu de l'Eurasie, visitez le « Russian plaza », un centre commercial du bord de mer qui regroupe des établissements tenus par des Russes : librairies, agences de voyages et le traiteur **Kalinka** *(18090 Collins Ave., tél. : 305-705-9333)*. Si vous ne connaissez pas les spécialités russes, demandez au personnel de vous conseiller et méfiez-vous du café (similaire au café turc).

Roulez vers le nord sur Collins Avenue et tournez à gauche dans Hollywood Boulevard pour trouver le **Chocolada Bakery and Café** *(1923 Hollywood Blvd, tél. : 954-920-6400, http://hollywoodchocolada.com)*, une autre adresse russe très réputée qui propose de la musique live tous les soirs.

Principal lieu de divertissement de la communauté russe, le Tatiana Night Club/Restaurant associe les dîners à des danses et des spectacles de cabaret originaux.

À pied, vous croiserez des oiseaux barbotant dans l'eau et verrez peut-être pointer (surtout en début et en fin de journée) le museau d'un marsouin. Il y a peu de chances d'observer le plus étrange des mammifères aquatiques de Floride, le lamantin, à la démarche pesante. Ces créatures douces en voie d'extinction fuient souvent l'estuaire encombré et se réfugient dans les criques paisibles du parc.

Vous pouvez louer une bicyclette sur place et parcourir les 2,5 km de pistes cyclables et les 16 km de pistes pour VTT, ou bien louer un canoë ou un pédalo pour explorer 1,2 km d'itinéraires balisés. Les habitants viennent déjeuner et lire à l'ombre des neuf pavillons de pique-nique *(disponibles en fonction de l'ordre d'arrivée ou sur réservation)*, patauger dans les eaux chaudes qui lèchent les 400 m de plage de sable, et lancer les leurres depuis une solide jetée de pêche qui s'étire sur presque 30 m au large.

Essayez d'imaginer, face à l'horizon lointain des hautes copropriétés, qu'il y a 150 ans cette petite péninsule regorgeait d'ours, de chevreuils, de panthères, de lynx, de loups et d'alligators, outre son importante population de lamantins. Dans les années 1980, on y trouvait des cultures d'ananas et de légumes, près d'un village dénommé Ojus. Il n'en reste rien désormais.

Greynolds Park

Miami doit au Civilian Conservation Corps (CCC) de Franklin Roosevelt la transformation du site d'une exploitation minière (propriété de A. O. Greynolds) en l'un de ses plus célèbres espaces publics. La société a abandonné un amas de machines usagées (dont des traverses de voie ferrée et une locomotive à vapeur) aux hommes du CCC, qui les ont enterrées sous la roche et le sable, créant une butte haute de 12 m. Ils ont transformé la carrière en lac, où l'on peut louer des pédalos. Un poste marchand séminole existait ici à la fin des années 1800, mais il a disparu, remplacé par des installations en plein

Greynolds Park

- Plan p. 41 G7
- 17530 W. Dixie Hwy, N. Miami Beach
- 305-945-3425
- Entrée libre en semaine, € le week-end uniquement pour les personnes motorisées

En avant les paris !

Les jeux d'argent sont présents dans le Grand Miami depuis des décennies, sous une forme ou une autre. Le pari mutuel y a été légalisé en 1932 et, trois ans plus tard, les machines à sous faisaient leur entrée, avant d'être interdites après seulement deux ans.

Une course au Gulfstream Park

À leur apogée, les jeux d'argent étaient représentés dans plus de 300 établissements, de Fort Lauderdale à Key West. Les paris sportifs étaient appréciés des marins et des populations locales, la *bolita* (sorte de loto) était prisée des immigrants cubains, et l'on trouvait même des casinos, même si la plupart étaient illégaux. Les machines à rouleaux vidéo furent légalisées en 1992, et les jeux de table firent leur apparition en 2008, quand les Indiens séminoles du Broward County voisin signèrent une convention avec l'État de Floride. Avec le développement des jeux sur la terre ferme, les bateaux de croisière-casino, qui transportaient leurs passagers hors des eaux territoriales de Floride pour ne pas enfreindre la loi, ont aujourd'hui disparu du port de Miami.

Ces dernières années, les jeux de hasard ont libre cours à Miami-Dade, les électeurs ayant approuvé par référendum, en 2008, une loi autorisant les machines à sous au fronton jaï-alaï du comté, ainsi que sur les hippodromes et les cynodromes. Le Broward County et les Séminoles les ont légalisées en 2005. En 2012, les hommes politiques se disputèrent quant à la construction d'hôtels-casinos haut de gamme, ce qui augmenterait considérablement l'offre des jeux à Miami.

Voici quelques-uns des plus grands casinos et champs de courses de Miami :

Le **Magic City Casino** *(450 NW 37th Ave., tél. : 305-649-3000, www.magiccitycasino.com)* a ouvert ses portes en octobre 2009. Il dispose d'un champ de course de lévriers et d'une scène en plein air qui accueille des artistes renommés.

Le **Casino Miami Jai-Alai** (voir p. 44) propose de parier sur des sports diffusés sur écran géant dans la Crystal Card Room.

Le **Calder Casino and Race Course** *(21001 NW 27th Ave., tél. : 305-625-1311, www.calderracecourse.com)* programme des courses hippiques de janvier à avril.

Le **Gulfstream Park Racing and Casino** *(901 S. Federal Hwy, Hallandale Beach, tél. : 954-454-7000, www.gulfstreampark.com)*, un casino/champ de courses situé dans le comté de Broward, à la frontière de Miami-Dade County, propose les meilleures courses hippiques de Floride du Sud. Son Florida Derby annuel, doté d'un million de dollars, est l'ancêtre du Kentucky Derby.

L'historique **Hialeah Park** *(2200 E. 4th Ave., Hialeah, tél. : 305-885-8000, www.hialeahparkcasino.com)*, construit par Glenn Curtiss (voir p. 67) en 1925, est un champ de course hippique de style ornemental ancien qui s'étend sur plus de 90 ha.

Le **Seminole Hard Rock Hotel and Casino** *(1 Seminole Way, Hollywood, tél. : 866-502-7529, www.seminolehardrockhollywood.com)* domine le monde du jeu dans le Grand Miami. L'énorme complexe, situé dans la réserve Hollywood des Séminoles, comprend un espace de loisirs, des bars et des boutiques.

À 30 min à l'ouest du centre de Miami, le **Miccosukee Resort and Gaming** *(500 SW 177th Ave., tél. : 877-242-6464, www.miccosukee.com)* est réputé pour sa salle de bingo à mises élevées. Le complexe, géré par des Indiens, possède un terrain de golf.

À SAVOIR
Empruntez les bus Express Circulator pour circuler dans Opa-locka. Ils sont gratuits, et leurs deux itinéraires passent par de nombreuses perles architecturales, dont le City Hall.

air – parcours de golf, terrain d'échauffement pour les joggeurs et tables de pique-nique. Le parc abrite les nids d'une vaste population d'oiseaux, dont des hiboux, une rareté dans le Grand Miami qui attirait les ornithologues vers l'ancien **Greynolds Park Rookery**. Les cyclistes à VTT parcourent à toute allure la piste cyclable de 2,5 km, qui s'avère aussi agréable pour une promenade tranquille.

Opa-locka
Dans un sens, cet invraisemblable phénomène de fantaisie mauresque est un triste mémorial aux visions merveilleusement extravagantes de Glenn Curtiss (voir p. 67), désireux de s'imposer comme le calife des entrepreneurs floridiens. Il rêvait de vivre parmi les riches, mais la ville qui l'a fait connaître est très pauvre – un ghetto économique peuplé pour l'essentiel de familles africano-américaines et d'immigrants caribéens et latino-américains arrivés récemment. Curtiss avait baptisé ce monde imaginaire le « Bagdad de Dade County ».

Au nord du Miami International Airport et à l'ouest de l'échangeur 13 de l'I95, les coupoles, minarets et créneaux, les voûtes en fer à cheval et les croissants s'élèvent au-dessus des bâtiments sans charme construits depuis les débuts optimistes de la ville, il y a 85 ans.

Avant tout, visitez l'**Opa-locka City Hall**, l'hôtel de ville d'où Curtiss dirigeait ses opérations, et dont les coupoles bleu et blanc ont été repeintes en mauve et or. Dans ce simili palais-mosquée (classé comme ressource thématique au Registre national des sites historiques), l'architecte Bernhardt Muller a fait les croquis de ce qu'il concevait comme la « plus belle ville de la côte est », plantée de flamboyants, de bambous, d'eucalyptus et de plus de 2 500 cocotiers. Le monument

(suite p. 80)

Opa-locka
Plan p. 41 E6

Opa-locka City Hall
Plan p. 41 E6
777 Sharazad Blvd
305-688-4611
Fermé sam.-dim.

OPA-LOCKA EXPRESS CIRCULATOR
Les bus Opa-locka Express Circulator (*www.opalockafl.gov*) circulent du lundi au vendredi, de 6 h à 19 h. Les deux itinéraires ont un arrêt commun, la station Tri-Rail Opa-locka.

À DÉCOUVRIR Prendre un cours intensif d'espagnol
Vous désirez améliorer votre niveau d'espagnol ou au moins en apprendre les bases ? Même s'il vous faudra plus que des vacances à Miami pour maîtriser cette langue, Berlitz *(1200 Brickell Ave., tél. : 866-423-7548, www.berlitz.us/miami)*, **Inlingua** *(1101 Brickell Ave., tél. : 305-579-0096, www.inlingua-if.com/inlingua/locations-miami-florida/miami-brickell.aspx)* **et CCLS Miami** *(3191 Coral Way, Coral Gables, tél. : 305-529-2257, www.cclscorp.com/locations)* **vous proposent des cours intensifs, collectifs ou individuels. Ils s'adapteront à votre emploi du temps, que vous soyez disponible une heure par jour ou que vous souhaitiez deux semaines d'immersion totale. Les tarifs vont de 250 dollars (190 euros) par mois pour des cours collectifs classiques à 3 990 dollars (3 000 euros) par semaine pour une immersion totale.**

Little Haiti

Cette enclave peuplée d'environ 29 000 immigrants, principalement haïtiens, à 5 km au nord du Central Business District, était jadis un quartier commerçant appelé Lemon City, entouré de champs d'agrumes. Aujourd'hui, ce faubourg offre un patchwork de magasins à petits prix, autant pour répondre aux besoins des habitants démunis que pour séduire les touristes qui, effrayés par une mauvaise réputation exagérée, fuient le quartier.

Étal de fruits tropicaux sur le marché en plein air de Little Haiti, qui se tient le week-end.

Situé à l'est de l'I95, Little Haiti regroupe quelques blocs à la lisière intérieure de Biscayne Bay. Son principal boulevard est NE 2nd Avenue et l'enclave s'étend du Miami Design District vers NE 36th Street aux alentours du quartier d'El Portal, près de NE 85th Street. C'est un quartier fascinant, avec ses enseignes peintes à la main en créole français, ses femmes vêtues de chapeaux de paille et de belles blouses en coton, le parfum fumé du porc et de l'ail grillés dans les minuscules échoppes, et les vieilles maisons en bois aux couleurs vives remontant à l'ère maritime de Lemon City.

Des milliers d'Haïtiens ont tenté la traversée du Gulf Stream à bord de simples radeaux à voile pour échapper aux cruautés et aux privations des régimes despotiques de leur terre natale. Pourtant, contrairement au portrait trompeur parfois dressé par les médias, les nouveaux arrivants sont rarement illettrés ou sans qualification. Comme la plupart des immigrants, ils possèdent de meilleurs CV que leurs compatriotes restés au pays et font souvent partie des classes moyennes et supérieures. La majorité des Haïtiens de Miami sont en effet des émigrés secondaires, venus dans le Sud après plusieurs années passées dans des enclaves haïtiennes du Nord-Est. Ils ont en général fait des études supérieures et parlent couramment anglais. C'est parmi eux que Little Haiti trouve ses hommes d'affaires et ses dirigeants, et c'est aussi sur eux que repose son espoir d'avenir.

Le centre de Little Haiti

Partez explorer le cœur de Little Haiti dans NE 54th Street, entre NE 2nd et Miami Avenues. Vous pouvez passer la journée à flâner entre les magasins kitsch, exotiques ou alimentaires, annoncés par des enseignes illustrées à la main comme de vrais objets de collection. Arrêtez-vous chez un disquaire pour découvrir le *compas*, une musique caribéenne entraînante et rythmée, très populaire dans les discothèques de Little Havana et de Little Haiti.

Vers l'intersection de NE 54th Street et de Miami Avenue, repérez le **Veye Yo (Regarde-les)**, qui organise le soir des conférences sur la politique haïtienne et les préoccupations des immigrants (si c'est en créole, on vous traduira les propos tenus).

Le week-end, au carrefour de NE 54th Street et de NE 2nd Avenue, se tient un marché en plein air qui propose une bonne partie des produits des Caraïbes. Le marché caribéen permanent à l'angle de NE 2nd Avenue et de NE 60th Street a malheureusement disparu, même si sa reproduction du Marché en Fer centenaire de Port-au-Prince lui a valu, en 1991, de gagner un prix de l'American Institute of Architects pour sa conception innovante et ses superbes couleurs. À l'heure actuelle, le bâtiment est quasi vide. Derrière le marché se trouve le nouveau **Little Haiti Cultural Center** *(212-260 NE 59th Terr., tél. : 305-960-2969, www.miamigov.com/lhculturalcenter)*, un espace afro-caribéen qui abrite un théâtre, des studios de danse, des galeries d'art et des ateliers.

Près du marché, sur NE 2nd Avenue, se tient également la **Church of Notre-Dame d'Haïti**, ancienne cantine d'une école catholique de filles. Si la chapelle est ouverte, n'hésitez pas à entrer pour admirer ses panneaux en vitrail coloré illustrant l'histoire de Toussaint Louverture (1746-1803). Ce très pieux Haïtien a pu échapper à l'esclavage pour devenir consul d'Haïti, chef spirituel et « candidat » à la sainteté catholique. Sur un autre mur se trouve une fresque dépeignant l'odyssée des réfugiés haïtiens vers les États-Unis.

L'église est proche du **Mapou Cultural Center** *(5919 NE 2nd Ave., tél. : 305-757-9922, www.librerimapou.com/cultural.html)*. Jan Mapou, le propriétaire, a créé ce lieu de rencontre pour les Haïtiens de Miami afin de préserver leur langue, leur danse, leur théâtre, leur littérature et leurs arts. Vous pouvez y trouver de nombreux souvenirs, des peintures et des livres traduits du créole.

La cuisine haïtienne

Prenez le temps de goûter à l'un des points forts de Little Haiti : sa cuisine, d'une très grande simplicité mais savoureuse à l'image du reste de la gastronomie caribéenne. Pas de cuisine « nouvelle » ou du « Nouveau Monde » ici : le poisson et le porc grillés sont des recettes vraiment authentiques de l'île d'Haïti. Le quartier compte plusieurs bonnes adresses pour se restaurer, notamment les maisonnettes colorées qui proposent des tables dans leur arrière-cour. La nourriture est simple, bon marché et délicieuse. La plupart des clients sont des habitants du quartier qui viennent s'y restaurer tous les jours. Le créole donne une dimension mystérieuse aux plats : les *lambi* sont des conques et le *griot* du porc frit. Le reste de la carte vous sera sans doute un peu plus familier : poisson et poulet frits, légumes marinés et les incontournables plats caribéens de riz, de haricots et de plantains frits.

Buena Vista East

Ce secteur de Little Haiti est un autre faubourg de Miami où l'ancien donne le ton. Les styles architecturaux sont éclectiques, extravagants et familiers, car ils dérivent pour la plupart de la fièvre méditerranéenne des années 1920.

Les *botanicas*

Ces boutiques odorantes vendent la pharmacopée et les objets du vaudou et de la *santería*, deux cultes issus des croyances des Yorubas d'Afrique occidentale et introduits dans les Caraïbes par les esclaves. Les boutiques proposent des herbes médicinales, des cierges, des effigies et divers accessoires indispensables aux rituels. Si vous entrez, n'oubliez pas que les *botanicas* ne sont pas des magasins de curiosités pour les touristes. Comportez-vous comme dans un lieu religieux. Certains objets vous étonneront : crucifix en os ou poupées vaudoues hérissées d'épingles. Pour beaucoup d'habitants de Little Haiti, ils sont sacrés.

Hurt Building
Plan p. 41 E6
490 Opa-locka Blvd

Tri-Rail Opa-locka Station
480 Ali Baba Ave.

Miami Springs
Plan p. 40 C4

compte une étagère réservée à sa collection de livres sur les contes des *Mille et Une Nuits.*

Deux autres bâtiments sont incontournables : le **Hurt Building**, une fantaisie plus modeste décorée d'arches, de coupoles et de minarets, et la **station Tri-Rail Opa-locka**, bel édifice de 1927 à la façade carrelée et au toit crénelé.

En raison de difficultés économiques, la criminalité est devenue endémique dans la ville. Mieux vaut la parcourir en journée.

The Miami Theater

Parmi les ultimes grands édifices Art déco érigés en Floride du Sud figure le Miami Theater (ex-Playground Theatre ; *plan p. 41 F5, 9806 NE 2nd Ave., tél. : 305-751-9550, www.mtcmiami.org*). C'est l'un des derniers cinémas de Paramount Pictures, autrefois détenteurs de l'exclusivité des productions Paramount, qui étaient construits dans la plupart des grandes villes américaines. Les studios engagèrent l'architecte miamien Harold Steward à la fin des années 1930 pour concevoir le bâtiment, mais la guerre repoussa son achèvement à 1946. Il abrite aujourd'hui un centre d'arts scéniques, mais son extérieur évoque toujours l'époque révolue des palais cinématographiques américains.

Miami Springs

Le passé de Miami est dominé par les projets d'entrepreneurs dont les noms ornent les plaques des rues : Flagler, Brickell, Tuttle et Curtiss, qui possède à la fois une rue et une route verte à son nom. Mais, hormis les propriétaires férus d'histoire des maisons de style *pueblo revival* que Curtiss a construites à Miami Springs, la plupart des habitants ne savent pas que leur communauté à la lisière nord du Miami International Airport est née de l'imagination d'un aviateur au début du XXe siècle.

Le style *pueblo*, caractérisé par des toits aux tuiles rouges, d'épais murs en pisé et de grands porches ombragés, s'est emparé du pays à la vitesse de l'éclair. Pour Glenn Curtiss, le bien-fondé d'un style relevait de sa popularité, et c'est pourquoi il a fait de Miami Springs le Santa Fe des zones subtropicales.

L'idéal est de découvrir Miami Springs en voiture et armé d'un appareil photo, car la majorité des demeures de style mission sont privées. Commencez par le centre-ville, dans Curtiss Parkway, qui s'étire en diagonale entre Okeechobee Road et NW 36th St. et scinde le Miami Springs Golf Course. Les maisons en pisé proches de la route sont en réalité construites en stuc appliqué sur du bois et du papier goudronné, et les potences du toit dépassant des murs ne supportent rien, mais l'ensemble donne une agréable impression d'authenticité.

Au centre-ville, arrêtez-vous à la **Miami Springs Pharmacy** *(45 Curtiss Pkwy)*, aménagée dans un charmant édifice de style *pueblo*. À l'intérieur se tiennent une petite exposition historique et d'étranges archives pharmaceutiques. Un peu plus haut se trouve la **Fairhavens Retirement Home** *(201 Curtiss Pkwy)*, ancien Country Club Hotel de Curtiss, autre joyau du même style. Les quelques cafés qui jalonnent la route invitent à une pause réflexive sur l'atmosphère d'une colonie espagnole du XVIIIe siècle. ■

Les quartiers et les lotissements qui composent la mosaïque sociale de Miami Beach confèrent à cette barrière insulaire une personnalité composite. Son tempérament et son style diffèrent de ceux de l'agglomération, aussi diversifiée, située de l'autre côté de la baie.

Miami Beach

Ocean Drive, à South Beach, est le lieu où il faut se montrer.

Miami Beach

Si vous venez à Miami Beach – qui s'étend sur plusieurs îles-barrières naturelles et artificielles à l'est de Miami – pour une ou deux semaines, c'est South Beach qui offre probablement la plus grande diversité. Si vous restez plus longtemps, vous pouvez choisir l'un des cinq quartiers suivants, qui occupent la majeure partie des 11 km de côte au sud de la limite du Dade-Broward County. Tous ont leur charme, mais Surfside et Sunny Isles séduisent les visiteurs attentifs à leurs dépenses.

Des kilomètres de plages de sable blanc longent Miami Beach, face à l'océan Atlantique.

Cinq routes relient Miami à l'île, conduisant chaque fois à un quartier différent. La MacArthur Causeway, qui franchit la baie depuis Downtown Miami et mène à South Beach, offre le panorama et les curiosités les plus intéressants. Elle permet également d'observer la petite Watson Island.

South Beach

Le quartier auquel Miami Beach est le plus souvent associé s'étend entre 5th et 41st Streets. Vous y trouverez la plupart des 800 édifices Art déco de l'île, des lieux de divertissement pour la jeunesse et de célèbres plages.

Sud de South Beach

La zone située au sud de 5th Street a été réaménagée autour de bâtiments neufs et restaurés, en conservant son originalié multiraciale, bohème et branchée.

Nord de Miami Beach

Au nord de la Julia Tuttle Causeway, qui relie l'île à Miami, s'étendent des constructions résidentielles et commerciales. Ces quartiers ne font pas fureur, mais ils donnent sur une mer chaude et azurée, près de plages agréables. C'est dans le quartier plus ancien de Surfside que l'on découvre une architecture aussi attrayante que celle de l'Art Deco District de SoBe. Le centre commercial de Bal Harbour enchantera des amateurs de shopping.

Trois enclaves d'abondance

Regardez à gauche (vers le nord) en approchant de Miami Beach par la MacArthur Causeway pour voir les ponts

À NE PAS MANQUER

Un dîner en plein air à la terrasse d'un café d'Ocean Drive 85-86

Une baignade au Lummus Park, le lieu de farniente le plus célèbre de South Miami Beach 86, 90

Une promenade dans l'Art Deco District 88-89

Les œuvres pop art de Romero Britto à la Britto Central Art Gallery 94

Un concert à l'éblouissant New World Center 94-95

Le Bass Museum of Art, dédié aux beaux-arts 96-97

Le témoignage poignant de l'Holocaust Memorial 98

qui desservent les îles Palm, Hibiscus et Star, dont les côtes rectilignes sont hérissées de mâts de voiliers et parsemées de demeures luxueuses. Il s'agit de propriétés privées qui ont le privilège de pouvoir limiter leur accès uniquement aux habitants et à leurs invités. La route s'achève au niveau de la Miami Beach Marina *(300 Alton Rd, tél. : 305-673-6000, www.miamibeachmarina.com)*, un port public dont les 400 mouillages peuvent accueillir des bateaux de 76 m.

Port de Miami

Les deux grandes îles au sud (Dodge et Lummus Islands) forment le port de Miami, le plus grand port de croisière du monde, où les palaces flottants dédiés voient affluer chaque année plus de trois millions de passagers. Vous pouvez visiter le port par une route séparée *(NE 6th St./Port Blvd)* partant de Biscayne Boulevard, près du Bayside Marketplace. La nuit, les navires scintillent comme des casinos. ■

South Beach

Bien que Miami Beach ne se résume pas à South Beach, c'est cet endroit qui reflète le mieux son image de Côte d'Azur américaine. Ce secteur de 40 pâtés d'immeubles s'étire vers le nord de 5th à 41st Street. C'est ici que se trouvent les cafés, les hôtels et résidences modernes et de style *streamline*, les restaurants, les magasins, les boutiques, les musées, les plages et que l'on croise les habitués au look photogénique cher aux magazines de voyage.

La terrasse du Clevelander permet d'apprécier la splendide vue sur South Beach.

South Beach

Plan p. 87

Informations touristiques

www.visitsouthbeachonline.com

Souvent surnommé SoBe, ce quartier remarquable est habité par une population très hétéroclite dont de nombreux artistes, écrivains, musiciens et comédiens. Cette communauté très agréable, où tout est prévu pour les piétons, est nantie de l'une des plus belles plages de la côte atlantique sud-floridienne.

Ocean Drive

Ocean Drive, la rue la plus photographiée de SoBe, est un front de mer jalonné de palmiers et d'hôtels peints de couleurs vives. Entre 5th et 14th Streets, Ocean Drive est souvent pris d'assaut par les *beautiful people* cultivant l'art de s'amuser. Mais derrière l'indolence languissante affichée aux terrasses des cafés se cache une économie florissante, quoique relativement instable, orchestrée par des restaurateurs, des hôteliers et des promoteurs.

Les soirs de week-end, lorsque 30000 personnes franchissent la baie pour profiter des plaisirs nocturnes de SoBe, il est quasi impossible de circuler. Si vous choisissez la voiture, vous devrez vous garer tôt ; un petit parking

À SAVOIR
Il est fascinant d'observer le ballet des voitures et des piétons sur Ocean Drive, mais attention : se garer peut être un vrai cauchemar. Heureusement, les hôtels et les restaurants proposent un service de voiturier.

public bien commode, avec des horodateurs autorisant 10 h de stationnement, se situe à l'angle de 10th Street et de Washington Avenue.

Si vous avez peu de temps, visitez Ocean Drive en prenant un en-cas rapide à l'une des nombreuses terrasses de café ou de restaurant et traversez la rue jusqu'à la plage du Lummus Park pour plonger vos pieds dans l'eau, ne serait-ce que pour goûter à la chaleur du Gulf Stream. Il faut moins d'une heure pour parcourir l'alignement de constructions Art déco (sur 10 pâtés d'immeubles), en commençant par le **Bentley Luxury Suites Hotel** de 1939, à l'angle de 5th Street et d'Ocean Drive.

Les cafés d'Ocean Drive

Dire que n'importe quel café d'Ocean Drive vous offrira un aperçu des archétypes de SoBe serait prétentieux. Mais, en savourant un thé glacé et un sandwich devant le **Colony Hotel** *(736 Ocean Dr., tél. : 305-673-0088, www.colonymiami.com)*, vous verrez probablement l'une de ces icônes élancées de la mode, heureuse de se montrer. Le **News Café** *(800 Ocean Dr.* ; voir p. 249*)* est annoncé comme le lieu de prédilection des célébrités ; aussi ses tables sont-elles prises d'assaut par les touristes désireux de les voir. Le News est aussi l'une des meilleures adresses de SoBe pour se restaurer. **Larios on the Beach** *(820 Ocean Dr.* ;

À DÉCOUVRIR South Beach Boot Camp

Au South Beach Boot Camp, Viktoria Telek offre des séances d'entraînement typiques de South Beach *(www.thesouthbeachbootcamp.com)*. Ce mannequin « fitness », qui a remporté l'édition 2009 du Wilhelmina Fitness Model, a figuré dans d'innombrables magazines et émissions télévisées. Elle mène ses séances, ouvertes à la fois aux habitués et aux débutants, à différents endroits de la plage, le matin et parfois en fin d'après-midi. Elle se concentre sur des exercices visant à améliorer la souplesse et l'équilibre et à renforcer l'activité cardiovasculaire et les muscles. Les cours comprennent des échauffements, de la course de vitesse, de la gymnastique abdominale et autres exercices de fitness.

Selon Viktoria, s'entraîner sur la plage augmente de 60 % la difficulté par rapport à une salle de gym, car les participants s'exercent sur du sable et non sur une surface plane. En outre, l'air frais et les paysages sont une récompense en eux-mêmes.

Consultez le site Internet pour vous renseigner sur les horaires et lieux des séances *(le tarif dépend du lieu)*. Si Viktoria n'est pas disponible, son associé Keith Darby prend la relève.

Les volleyeurs peuvent s'entraîner sur de nombreuses plages de Miami Beach, dont celle du Lummus Park.

voir p. 249), situé entre 8th et 9th Streets, est un restaurant cubain bariolé appartenant à la chanteuse miamienne Gloria Estefan. Le **Mango's Tropical Café** *(900 Ocean Dr.*; voir p. 249), autre bistrot de style cubain, à l'angle d'Ocean Drive et de 9th Street, résonne de musique caribéenne en soirée et attire les célibataires en quête de partenaires pour danser la salsa.

Les discothèques de SoBe

Le soir, la jeunesse afflue vers les discothèques de SoBe. Les videurs ne laissent entrer que la clientèle belle et branchée. Rassurez-vous, on ne trouve souvent à l'intérieur qu'un assemblage d'attitudes creuses et de postures affectées, une musique assourdissante et un service aléatoire (et hors de prix). SoBe compte néanmoins des endroits très élégants, notamment l'**Escopazzo** *(1311 Washington Ave.*; voir p. 248). Pour affronter l'implacable darwinisme social de la scène nocturne, faites un petit détour jusqu'au **Mynt** *(1921 Collins Ave., tél. : 305-532-0727, www.myntlounge.com)*, l'une des meilleures discothèques pour adultes où l'on danse jusqu'à l'aube. Le jazz et l'alcool donnent le rythme au **Jazid** *(1342 Washington Ave., tél. : 305-673-9372, www.jazid.net)*, un bar accueillant apprécié des habitants et des touristes. Animé chaque soir par des concerts, c'est l'un des lieux les plus sympathiques et les plus décontractés de South Beach. Pour une élégance discrète, le bar du charmant **Hotel Astor** *(956 Washington Ave.*; voir p. 247), de style *streamline*, est imbattable dans le quartier.

Les plages de Miami Beach

Avant Miami Beach, c'était à Ocean Beach que venaient les Miamiens pour pique-niquer dans la fraîcheur des alizés et plonger dans le courant chaud du Gulf Stream. Les plages, qui s'étirent sur 25 km, de la limite du Dade County à la pointe de Miami Beach, ont engendré sa réputation de Côte d'Azur de l'Est américain.

(suite p. 90)

Pourquoi l'eau est-elle si bleue ?

Sous des climats plus frais, où l'eau de mer retient plus d'oxygène et de dioxyde de carbone, les nutriments engendrent des floraisons de plantes minuscules (phytoplancton) qui nourrissent une faune microscopique (zooplancton). Ce bouillon confère aux eaux fraîches un aspect verdâtre. La plus faible concentration en gaz dissout les courants chauds de la Floride du Sud et les rend inhospitaliers au plancton. En l'absence de matières en suspension, rien ne vient filtrer la lumière bleue intense née du reflet du soleil sur l'eau cristalline.

0
500 mètres
Vers Fontainebleau & Eden Roc
Bass Museum of Art
Miami City Ballet
MIAMI BEACH GOLF COURSE
ALTON ROAD
DADE BOULEVARD
Holocaust Memorial
21ST STREET
Plymouth
WASHINGTON
AVENUE
Mynt
19TH STREET
18TH STREET
JEFFERSON
New World Center
17TH STREET
Lincoln Theatre
Books & Books
LINCOLN ROAD MALL
Britto Central Art Gallery
COLLINS
Ritz-Carlton Hotel
OCÉAN ATLANTIQUE
WEST
ALTON
MERIDIAN
EUCLID
PENNSYLVANIA
16TH STREET
A1A
15TH STREET
LENOX
MICHIGAN
ESPAÑOLA WAY
Clay Hotel
Cameo Theater
14TH STREET
Jazid
Escopazzo
FLAMINGO PARK
13TH STREET
DRIVE
907
12TH STREET
LUMMUS PARK
11TH STREET
Wolfsonian-FIU Museum
10TH STREET
Hotel Astor
Art Deco Welcome Center
Biscayne Bay
9TH STREET
Mango's Tropical Café
Larios on the Beach
8TH STREET
News Café
Colony Hotel
7TH STREET
ROAD
6TH STREET
Bentley Hotel
5TH STREET
« The Paper Boy »
41
4TH STREET
Jewish Museum of Florida
3RD STREET
2ND STREET
Miami Beach Marina
1ST STREET
OCEAN
NIKKI BEACH
BISCAYNE ST.
SOUTH POINTE PARK

Promenade dans l'Art Deco District

Sans la Miami Design Preservation League, groupe de défense des richesses architecturales du Grand Miami, il n'y aurait pas de « quartier Art déco » (officiellement le Miami Beach Art Deco National Historic District – de 6th à 23rd Street), ni autant d'édifices préservés.

De nombreux hôtels Art déco, comme le Cavalier, sont situés le long du front de mer d'Ocean Drive.

Pour découvrir certains édifices remarquables – au nombre de 800 environ –, vous pouvez rejoindre l'Art Deco Welcome Center *(1001 Ocean Dr., tél. : 305-672-2014, www.mdpl.org, visites guidées mar.-mer. et ven.-dim. à 10 h 30 et jeu. à 18 h 30)*, quand les bénévoles de la ligue proposent des circuits pédestres de 90 min *(€€€€)*. Pour faire le même circuit seul, louez un iPod au centre pour vous guider sur le parcours *(€€€€, tous les jours entre 9 h 30 et 17 h)*, ou aidez-vous de l'application sur votre téléphone portable *(€€€)*. Vous pouvez aussi suivre le circuit proposé ci-après.

À NE PAS MANQUER

Park Central Hotel • Miami Beach Main Post Office • Hotel Astor • The Hotel

Ocean Drive

L'idéal est de démarrer vers l'extrémité sud d'Ocean Drive, entre 6th et 7th Streets, et de partir vers le nord. Les plus beaux bâtiments du secteur comprennent le **Park Central Hotel** ❶ *(630 Ocean Dr.)*, achevé en 1937. Les sols et l'escalier en terrazzo, le hall spacieux et les ornements en verre gravé rappellent l'atmosphère luxueuse des anciennes comédies musicales hollywoodiennes ; ce n'est pas une coïncidence, puisque les architectes se sont inspirés des films de cette époque.

Aventurez-vous dans le hall somptueux du petit **Colony Hotel** ❷ *(736 Ocean Dr.)* :

- Voir aussi plan p. 87
- Park Central Hotel, 630 Ocean Dr.
- 1-2 heures
- 3,2 km
- The Hotel, 801 Collins Ave.

il abrite une cheminée revêtue de Vitrolite vert et une fresque de Ramon Chatov idéalisant la vie champêtre en Amérique du Sud. Ne manquez pas le charmant sol en terrazzo, les moulures du plafond et les beaux luminaires ornant le hall du **Waldorf Towers Hotel** ❸, plus loin au 860 Ocean Drive.

Au n° 940 du bloc suivant, la façade du **Breakwater Hotel** ❹, érigé en 1939, est inspirée des temples mayas du Mexique et d'Amérique centrale. Le soir, les néons de sa flèche en béton écrivent son nom en bleu vif. Il partage une piscine avec l'**Edison Hotel**, son voisin de style « renouveau méditerranéen », inauguré en 1935. Vous arrivez alors à l'**Art Deco Welcome Center** ❺, qui fournit cartes et renseignements. Contournez-le : l'arrière reproduit le pont d'un transatlantique.

En 1937, le cubisme a inspiré le **Victor Hotel** ❻ *(1144 Ocean Dr.)*. Les puristes apprécieront la structure à trois étages du **Leslie Hotel** ❼ *(1244 Ocean Dr.)* pour sa simplicité classique.

Le **Carlyle** *(1250 Ocean Dr.)* a vu le jour en 1941, l'architecte ayant tiré profit de la largeur du terrain pour déployer le style Art déco à l'horizontale. Côte à côte dans le secteur des n° 1400, vous trouverez deux des structures les plus exubérantes de Miami Beach : le **Crescent Hotel** ❽, édifié en 1932, et le **MacAlpin Hotel**, achevé en 1940.

Collins and Washington Avenues

Continuez jusqu'au croisement avec 15th Street et prenez à gauche. De l'autre côté de Collins Avenue se dressent les trois étages du **Haddon Hall** ❾ *(1500 Collins Ave.)*, le plus bel édifice *streamline* de l'île.

Suivez Collins Avenue vers le sud et tournez ensuite à droite dans 13th Street. En face,

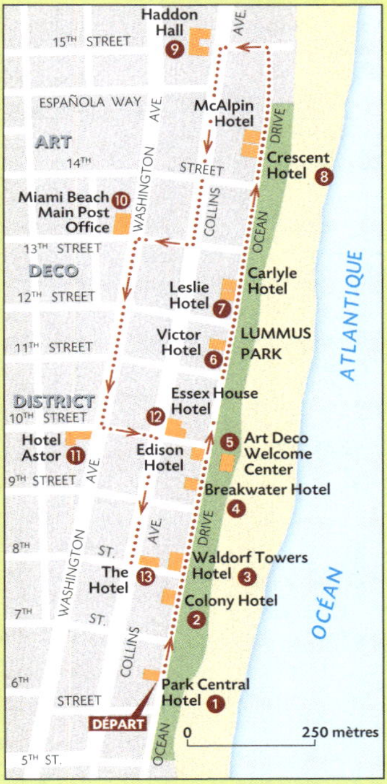

au 1300 Washington Avenue, se trouve le **Miami Beach Main Post Office** ❿ (poste principale), un exemple rare d'architecture Art déco fédérale. Bifurquez à gauche et descendez Washington Avenue. Autre beauté *streamline*, l'**Hotel Astor** ⓫ *(956 Washington Ave.)* est plus sobre. Empruntez 10th Street pour revenir vers Collins Avenue. La conception nautique moderne de l'**Essex House** ⓬ *(1001 Collins Ave.)*, construit en 1938, incarne l'engouement de l'Art déco pour le voyage océanique sur les grands navires de l'époque.

Descendez Collins Avenue vers le sud pour admirer le charmant **The Hotel** ⓭ *(801 Collins Ave.)*. Sa flèche et son éclairage en font l'un des plus beaux témoignages de l'esprit Art déco sur l'île. Il a récemment rouvert sous l'enseigne d'une petite auberge de luxe.

South Pointe Park
Plan p. 87

Española Way
Plan p. 87

THE SOUTH BEACH LOCAL
Ce service de transports du Miami-Dade Transit, fonctionnant dans les deux sens, dessert tout le secteur de South Beach *(www.miamidade.gov/transit/routes_detail.asp?route=123)*.

De 5th à 15th Street, le vaste littoral atlantique de South Beach abrite une zone publique de loisirs, **Lummus Park**, étendue de sable blanc qui s'avance en pente douce dans une mer paisible. Près d'Ocean Drive, Lummus dispose de bancs confortables pour assister aux matchs de volley-ball improvisés, écouter le bruissement des palmiers ou se détendre à l'ombre d'une paillote. Une allée goudronnée appréciée des patineurs à roulettes longe presque tout le parc. Il existe peu d'activités de plage organisées, mais vous pouvez contacter le bureau du parc pour des informations sur les événements *(tél. : 305-579-6934)*.

À SAVOIR

Allez vous balader sur Española Way. Son centre commercial en plein air possède une atmosphère bohème, avec des cafés, des boutiques originales et des galeries d'art.

South Pointe Park

Ce parc tire son nom de sa situation, à la pointe sud de l'île, juste au pied de Washington Avenue. Son parc de 8,5 ha, conçu pour les familles, reste un havre agréable. Après d'importants travaux de rénovation, le parc a rouvert ses portes en 2009. Il arbore une nouvelle installation artistique saisissante baptisée *Obstinate Lighthouse* (« phare obstiné »), créée par l'artiste allemand Tobias Rehberger. En outre, son aire de jeux est appréciée des enfants et ses fontaines à jets d'eau vous rafraîchiront pendant les jours de grande chaleur. Les visiteurs affectionnent ses pelouses spacieuses, sa grande diversité d'arbres et d'arbustes subtropicaux et les dunes naturelles de la plage qui offrent une vue fantastique sur l'océan. La jetée du parc a fermé pour travaux (réouverture prévue au printemps 2014). En semaine, quand la plage de Lummus Park est bondée, South Pointe s'avère plus paisible. Le week-end, en revanche, le site est souvent envahi par les familles.

En marchant vers ou depuis le parc, allez vers l'ouest, vers la Miami Beach Marina, pour voir certains des plus extraordinaires yachts et méga-yachts qui existent. Vous y trouverez aussi des bateaux pour la pêche et la plongée.

Española Way

L'architecte Robert Taylor a qualifié son grand complexe de style renouveau méditerranéen, érigé en 1925, de « havre pour les artistes et les canailles ». Les habitants de cette Alhambra fantaisiste, raffinée jusque dans ses allées et cours privées, ses ateliers d'artistes et ses ruelles étroites, étaient néanmoins bien comme il faut.

Vous découvrirez les auvents et les balcons du « village espagnol » de Taylor entre Washington et Drexel Avenues, enserrés entre 14th et 15th Streets. Le dessein de l'architecte continue d'imprégner les lieux, dont les lofts des étages sont occupés par des artistes. Au niveau de la rue se succèdent des cafés, des boutiques intéressantes et de belles galeries d'art.

La Miami Beach Preservation League (voir p. 102) organise parfois des visites de 45 min dans le quartier le samedi, avec un départ à 14 h du **Clay Hotel** *(1438 Washington Ave., tél. : 305-534-2988;* voir p. 247*)*. Cette bâtisse de 1925 a abrité le cercle de jeux d'Al Capone et vu naître la fureur de la rumba sous l'impulsion de Desi Arnaz. Récemment, Sylvester Stallone et Elton John y ont tourné des films et des vidéos. Pour explorer le secteur, admirez le séduisant hall du Clay (situé au 406 Española Way) avant de parcourir les rues.

À ses débuts, en 1938, le **Cameo Theater** *(1445 Washington Ave., tél. : 786-235-5800, www.cameomiami.com)* voisin projetait des films étrangers. La façade courbe du bâtiment, avec ses moulures sculptées encadrant un mur en brique de verre, relève du pur modernisme. Il sert depuis peu de dancing et de scène rock, et attire une clientèle jeune et branchée.

Lincoln Road Mall

Son histoire est un récit classique de réussite entrepreneuriale miamienne : une piste de terre à travers une mangrove, transformée par un promoteur visionnaire en une promenade huppée, aujourd'hui jalonnée par plus de 300 restaurants, cafés, galeries d'art, magasins spécialisés, boutiques de vêtements et ateliers d'artistes.

Lorsque Carl Fisher – le créateur du Speedway, à Indianapolis – annonça son projet

(suite p. 94)

Lincoln Road Mall

Plan p. 87

www.lincolnroadmall.com

Des artistes de rue donnent fréquemment des représentations sur Lincoln Road Mall.

Art déco

Le style tire son nom de l'Exposition internationale des arts décoratifs et industriels modernes de Paris, en 1925, dont les œuvres incarnaient la modernité de l'ère industrielle. Un groupe brillant de designers, d'architectes et d'industriels américains appliqua rapidement les ornements du modernisme aux automobiles (la Chrysler Airflow, un vrai fiasco), aux avions (le DC-3, une belle réussite) et même aux appareils électroménagers.

L'élégant train express Manhattan-Chicago de New York Central, baptisé « *20th-Century Limited* », sembla incarner la foi nationale dans le progrès. Les designers qualifièrent leurs créations de modernes, *streamline* (aérodynamique), *skyscraper* (gratte-ciel) et *Jazz Age* (époque jazz), un terme forgé par F. Scott Fitzgerald. L'expression « Art déco » reste une dénomination française qui s'applique le plus souvent aux motifs géométriques des bas-reliefs : lignes droites parallèles, zigzags, chevrons et motifs floraux stylisés.

Ironiquement, c'est la Grande Dépression qui donna sa plus forte impulsion au mouvement Art déco. Les faillites bancaires, la pauvreté et les fermetures d'usines ébranlèrent la foi des Américains envers leurs institutions. Ils voulurent une architecture, et notamment une architecture publique – édifices de bureaux, guichets de poste, gares ferroviaires –, tonique et encourageante. C'est le défi que dut relever Howard Cheney, l'architecte chargé de construire le nouveau bureau de poste de Miami Beach au 1300 Washington Avenue, à la fin des années 1930. Il y parvint brillamment.

Terrazzo

Composé d'éclats de pierre enrobés de mortier et polis, le terrazzo a été employé par les architectes qui ont œuvré dans le style Art déco pour créer des sols et des escaliers à motifs (ailleurs, des incrustations en linoléum permettent d'en imiter l'effet). Des historiens estiment que le quartier recèle la plus riche collection au monde de cet art décoratif.

Qu'est-ce qui explique l'immense popularité du style Art déco dans cette ville ? Certains affirment que son apparente décontraction séduisit les vacanciers fuyant l'hiver à Miami. D'autres prétendent que les bases classiques du style plurent aux Européens, visiteurs ou habitants de Miami Beach, tandis que son air profondément américain leur fit oublier les lointaines horreurs du fascisme.

L'Art déco possède une beauté affirmée que beaucoup associent au brio et à la confiance.

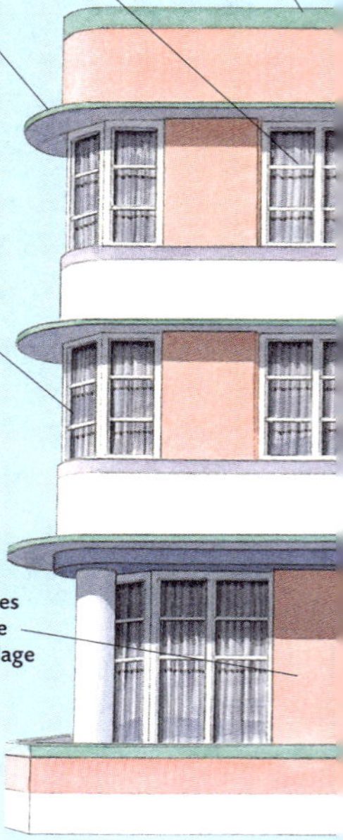

La théâtralité des plus petits hôtels, comme le bâtiment maritime de l'Essex *(1001 Collins Ave.)* et la structure maya du Breakwater *(940 Ocean Dr.)*, tous deux surmontés d'une flèche illuminée, affiche une gaieté de jeunesse séduisante et distrayante. En 1940, alors que l'ingénierie sociale de Franklin Roosevelt semblait porter ses fruits, l'architecte Anton Skislewicz adopta pour son élégant hôtel résidentiel, le Plymouth *(336 21st St.)*, le style futuriste des expositions internationales de la décennie. Quelle importance de ne pas être une star quand on peut vivre dans un superbe appartement comme ceux de l'immeuble Helen Mar *(2421 Lake Pancoast Dr.)*, conçu par l'architecte Robert Collins ? Ces logements, qui n'ont rien à envier à Hollywood, donnent sur Lake Pancoast, avec vue sur un océan bien plus bleu et chaud que les vagues froides du Pacifique balayant les côtes californiennes.

En dépit de toutes ses fantaisies, l'Art déco reste pratique face à l'humidité qui fait pourrir les boiseries et au soleil qui écaille les peintures. L'emploi de béton, de pierre polie et de métal comme couvertures architecturales extérieures permet en effet aux édifices Art déco de mieux résister au climat subtropical de la Floride du Sud. Ses éléments – des décorations en terre cuite colorée, miroirs roses, acier inoxydable, verre à vitre, Bakélite, Vitrolite, vernis, aluminium et acier tubulaire – étaient également durables. Les constructeurs de Miami avaient une large palette à leur disposition, qu'ils ont utilisée pour bâtir un millier d'inestimables exemples de ce style.

Le style Art déco

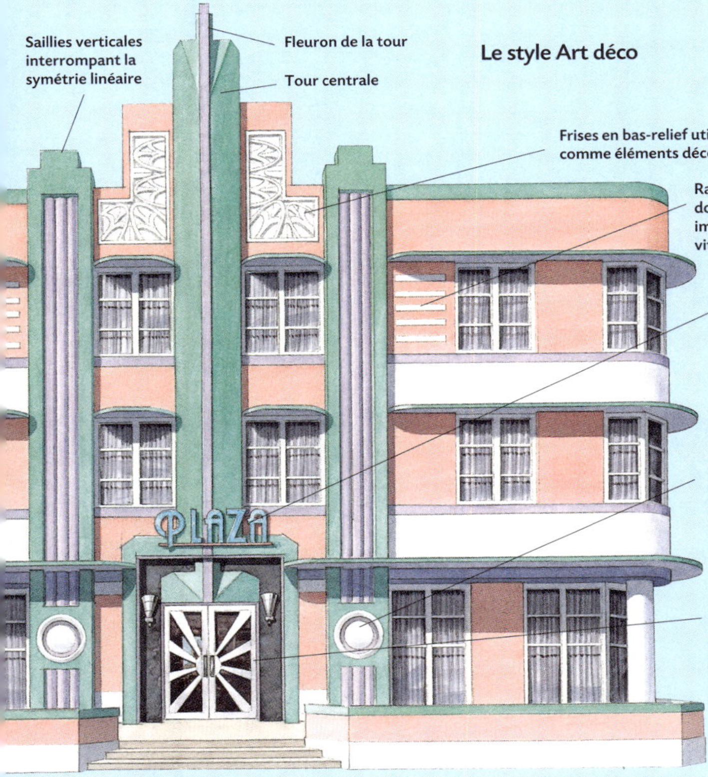

Romero Britto

Ses œuvres aux couleurs vibrantes, de style pop art et néocubiste, sont un miroir du multiculturalisme miamien. L'artiste visuel le plus célèbre de la ville a quitté le Brésil pour s'installer ici en 1988. L'année suivante, il a été choisi, avec, entre autres artistes, Andy Warhol, pour réinventer les bouteilles de vodka Absolut. Depuis, ses sculptures et tableaux ont été exposés partout dans le monde, y compris au Louvre. En ville, on peut voir ses œuvres dans des lieux publics comme le Miami Children's Museum (voir p. 102) ou sur la façade d'un gratte-ciel visible depuis l'I95, de même que dans les galeries d'art et chez les habitants.

Britto Central Art Gallery
Plan p. 87
818 Lincoln Rd
305-531-8821
www.britto.com

New World Center
Plan p. 87
500 17th St.
305-673-3331
www.newworldcenter.com

de créer une « Cinquième Avenue du Sud », Miami Beach ne comptait aucun secteur commerçant. Les habitants devaient alors traverser le vieux pont mobile pour faire leurs achats à Downtown Miami. Le site choisi par Fisher pour son nouveau temple commercial se situait sous le niveau de la mer. Imperturbable, il le fit surélever avec du sable remonté de Biscayne Bay, élargit et goudronna la route, avant de la baptiser du nom de son héros, Abraham Lincoln. Il remplaça les cocotiers (dont les fruits tombaient parfois sur les passants) par des palmiers royaux. Il vendit des emplacements à des enseignes prestigieuses comme Saks Fifth Avenue, Bonwit Teller, Packard et Chrysler. Ainsi, Lincoln Road acquit une réputation d'artère huppée.

Elle l'est toujours, dans l'ensemble, avec ses commerces qui se succèdent d'Alton Road au littoral atlantique (la zone piétonnière s'étend entre Washington et Lenox Avenues). Laissez votre voiture au parking de 17th Street et continuez à pied. Aux heures de projection, la foule se rassemble devant le **Regal South Beach 18** *(1120 Lincoln Rd, tél. : 305-674-6766)*, un gigantesque cinéma vitré. Le **Lincoln Theatre** *(541 Lincoln Rd)*, inauguré en 1936 comme cinéma par Wometco, accueille aujourd'hui tout type de spectacles. Il est souvent fermé en dehors des représentations, mais sa façade est remarquable.

Pour un plaisir plus intellectuel, rendez-vous chez **Books and Books** *(927 Lincoln Rd, tél. : 305-532-3222, www.booksandbooks.com)*. Cette librairie très populaire propose des débats d'écrivains, des dédicaces presque tous les soirs et un charmant café, le Russian Bear.

Pour les arts visuels, rejoignez la **Britto Central Art Gallery**. L'œuvre joyeuse de Romero Britto (voir encadré ci-contre), artiste pop contemporain du Brésil, a fait le tour du monde, depuis la Maison Blanche jusqu'aux étiquettes d'Absolut Vodka.

Une petite foire aux antiquités a lieu chaque samedi et un marché fermier de fruits et légumes s'installe le dimanche matin.

New World Center

Ouvert en 2011, le New World Center est la résidence du New World Symphony (NWS), surnommé l'« America's Orchestral Academy ».
Ce bâtiment impressionnant, le seul conçu par l'architecte Frank Gehry en Floride, dispose d'une salle de 756 places et de plusieurs studios pour les représentations et les répétitions.

À son ouverture, le *Miami Herald* écrivit : « Vues de l'extérieur, à travers une fenêtre immense haute de 24 m et réalisée avec le verre le plus transparent qui soit, les formes tortueuses caractéristiques des réalisations de Gehry, entassées les unes sur les autres sur six niveaux, étaient baignées dans la lumière artificielle et ressemblaient à des danseurs géants cabriolant sur une scène tout droit sortis d'un tableau de Picasso. »

Tous les soirs, du coucher du soleil à minuit, des vidéos sont projetées sur sa façade de 650 m². Il peut s'agir d'un concert ayant lieu à l'intérieur du bâtiment, d'un film ou d'une vidéo artistique. Les projections des concerts du New World Symphony attirent jusqu'à 2000 amateurs qui s'installent dans le **SoundScape Park** voisin, souvent sur des couvertures ou dans des chaises longues, avec nourriture et boissons.

Le New World Center propose des visites guidées de 30 min *(réservation obligatoire, €)* les mardi et jeudi à 16 h, et les vendredi et samedi à midi.

La tête d'affiche du centre est le New World Symphony *(www.nws.edu)*, qui s'est produit pour la première fois en 1987. L'ensemble, qui donne plus de 60 représentations chaque année, amène à Miami des solistes, des compositeurs et des chefs d'orchestre de renom.

Fondé par le directeur artistique Michael Tilson Thomas, qui est aussi chef d'orchestre, compositeur et pianiste, le NWS s'est produit à New York au Carnegie Hall, à Londres au Barbican Centre et en Argentine au Teatro Colón. L'orchestre a collaboré avec les célèbres maestros Leonard Bernstein, Sir Georg Solti et Marek Janowski, les violonistes Anne-Sophie Mutter et Gil Shaham, et les musiciens Yo-Yo Ma et Gloria Estefan.

The Wolfsonian-FIU Museum

Ce musée original suscite souvent une indescriptible fascination. Officiellement, le Wolfsonian étudie les « arts décoratifs et de propagande » et la « culture matérielle », ce qui ne dévoile guère son contenu. Le musée occupe un imposant édifice de sept étages de style hispano-mauresque, ancienne propriété

Le *Lutteur* en aluminium de Dudley Vaill Talcott (1929), au Wolfsonian-FIU Museum

Wolfsonian-FIU Museum

Plan p. 87
Washington Ave. et 10th St.
305-531-1001
Fermé matin et mer.
€€

www.wolfsonian.org

Bass Museum of Art
Plan p. 83 C3
2100 Collins Ave.
305-673-7530
Fermé lun.-mar.
€€

www.bassmuseum.org

d'une société d'entreposage. Il regroupe plus de 70 000 objets, essentiellement d'Amérique du Nord et d'Europe, « reflétant les changements culturels, politiques et technologiques qui ont balayé le monde durant le siècle précédant la Seconde Guerre mondiale ».

Mitchell Wolfson Jr, héritier de la fortune des cinémas Wometco Theater, a passé des années à amasser ce trésor de meubles, de peintures, de sculptures, de maquettes architecturales, d'affiches, de livres, de céramiques, d'ouvrages en métal et d'articles éphémères – véritable diaporama de la psyché moderne. Les collections sont éclectiques : appareils électroménagers du *Jazz Age* d'un aérodynamisme héroïque ; un buste en bronze flatteur de Mussolini ; un flipper exhortant les petits Américains à tuer les chefs militaires de l'Axe ; et une version en braille réalisée à la main du *Mein Kampf* hitlérien.

L'édifice de 4830 m² a été érigé en 1927 pour accueillir les biens des aristocrates de Miami Beach. L'intérieur, aujourd'hui moderne, conserve des centaines d'ouvrages rares et de documents fragiles, avec un contrôle de l'humidité et de la température.

À SAVOIR

Le Bass Museum of Art possède la seule momie et l'unique sarcophage égyptien de l'État de Floride.

Bass Museum of Art

À l'instar du bâtiment peu commun du Wolfsonian (voir p. 95), la structure d'inspiration maya qui abrite la collection d'art européen de la famille Bass (les mécènes du musée) était à l'origine vouée à un autre usage : abriter la bibliothèque et le centre des arts de Miami Beach. Elle est bâtie en *keystone*, une roche grise, rugueuse et marbrée, créée par des milliards d'années de construction corallienne.

Le Bass est le seul lieu dédié aux beaux-arts sur l'île. Ses collections incluent des **maîtres anciens** et une bonne sélection d'**objets religieux** considérés comme les plus beaux du sud-est de la Floride. Vous ne verrez pas de tableaux mondialement connus, mais de belles œuvres, notamment de Rubens, Dürer et Toulouse-Lautrec. Les deux **tapisseries flamandes** des années 1500 sont particulièrement rares et originales.

Cette institution savamment organisée fait un usage habile de ses espaces restreints, en montant des expositions temporaires complétées de projections de films et de documentaires sur le sujet dans son auditorium. Le Bass se situe sur une parcelle de terrain cédée autrefois à Miami Beach par le père de la ville, John Collins (d'où le nom de Collins Avenue). Le petit-fils de Collins, l'architecte Russel Pancoast, a conçu l'édifice, achevé en 1930.

Observez de près le trio de **bas-reliefs en *keystone*** creusés en profondeur au-dessus des portails du musée, tous de Gustav Bohland, membre d'un grand groupe d'architectes locaux dont les travaux reflètent souvent les modes fantaisistes des années prospères de la Floride au début du siècle. Le relief central, le plus remarquable, représente un pélican stylisé sur un beau fond Art déco de palmiers, de mangrove et d'océan. Regardez aussi de près la façade du bâtiment et vous apercevrez dans le *keystone* les fossiles d'anciennes créatures marines.

Jewish Museum of Florida

Installé dans deux édifices Art déco classés au Registre national des sites historiques en 1980, le Musée juif de Floride est un remarquable fonds d'archives consacré à l'histoire de la population juive en Floride, dont l'épopée remonte à plus de 250 ans.

Le musée principal, ouvert en 1936, était à l'origine une synagogue orthodoxe de la première congrégation juive de Miami Beach, Beth Jacob, déplacée à cet endroit et consacrée une seconde fois en 1995. Il a conservé son sol en pente, qui améliorait l'acoustique et permettait aux rabbins d'être mieux entendus. Quatre-vingts vitraux inondent l'intérieur d'une lumière rougeâtre. La seconde synagogue, érigée en 1928-1929 et restaurée, était le siège originel (rapidement trop petit) de la congrégation Beth Jacob. L'ancien sanctuaire abrite désormais une deuxième salle d'exposition où se tiennent des programmes publics.

La principale exposition permanente du musée, intitulée **« Mosaïque : la vie juive en Floride »**, est le clou de son documentaire culturel. Ses révélations intéressantes évoquent la saga méconnue du peuple juif de Cuba, dont l'existence s'est brisée avec le communisme castriste. Nul besoin d'être juif ou de comprendre les traditions juives pour être séduit par l'approche personnelle du musée, qui inclut des photographies familiales (tel le bébé « Felix Glickstein sur un alligator empaillé à Jacksonville » ou « Miss Florida, Mena Williams, à Tallahassee, 1885 »); des objets domestiques comme cet ensemble de porcelaine pascale du XIXe siècle; des documents poignants tels que le passeport cubain d'Elisa Gerkes, qui émigra enfant de la Pologne à La Havane, en 1917; ou des bizarreries floridiennes, comme la robe couverte de coquillages confectionnée par Fannie Moss pour une fête de Purim en 1916.

Entrez dans l'Histoire

Le Jewish Museum of Florida ne cesse de réunir des matériaux sur l'expérience juive en Floride pour le transmettre aux générations futures et s'en sert pour créer des expositions renouvelées trois fois par an. Les habitants juifs de Floride qui souhaitent faire archiver et conserver au musée leurs objets et/ou photographies de famille peuvent contacter le conservateur *(tél. : 305-672-5044, ext. 3167)*.

D'autres souvenirs sont plus tristes. Les photographies des pancartes d'hôtels de Miami Beach indiquant *« Gentiles Only »* (« Réservé aux Gentils », terme désignant les non-juifs) sont ironiques, puisque l'île deviendra la plus importante communauté juive du Sud-Est américain. Ne manquez pas les trois projections vidéo.

Jewish Museum of Florida

Plan p. 83 C2

301 Washington Ave.

305-672-5044

Fermé lun. et pendant les fêtes juives

€€

www.jmof.fiu.edu

Holocaust Memorial

Plan p. 83 C3

1933-1945 Meridian Ave., entre 19th St. et Dade Blvd

305-538-1663

www.holocaustmmb.org

Holocaust Memorial

Miami Beach, qui compte l'une des plus grandes enclaves américaines de survivants de la Shoah, abrite un mémorial en hommage aux plus de cinq millions de juifs morts en Europe sous la terreur nazie. Consacré en 1990 par une cérémonie en compagnie du prix Nobel Elie Wiesel, il est chargé de symboles et porte un triple fardeau : immortaliser les victimes, consoler les survivants et œuvrer pour que les générations futures gardent la mémoire du passé.

Situé près du carrefour de Dade Boulevard et de Meridian Avenue, le mémorial est composé de pierre rose de Jérusalem et entouré d'un vaste bassin. Lorsque l'on s'en approche, les détails conçus par l'architecte et sculpteur Kenneth Treister se précisent pour révéler un monument interprétatif. Trois panneaux ciselés et intégrés dans un mur de granit noir en demi-cercle retracent le cours des événements, de l'ascension d'Hitler au pouvoir, en 1933, à son suicide dans les ruines de Berlin 12 ans plus tard.

En suivant cette description historique, on arrive à un espace fermé aux allures de tombeau qui mène à un tunnel dont les murs portent les noms des camps de la mort. Le plafond s'abaisse au fur et à mesure de la progression. Le but, selon Treister, est de symboliser l'impression d'avilissement des victimes. Le visiteur émerge à l'air libre de cette enceinte sinistre, sur une place où un **bras en bronze** de 13 m de haut tente d'attraper le ciel. De près, on peut observer qu'une frise représentant une centaine de personnes tourmentées et regroupées en familles enveloppe l'avant-bras. En examinant la main, vous remarquerez le matricule tatoué à l'encre bleue. Continuez jusqu'au mur du souvenir avec les noms des victimes. Ces noms sont ajoutés à mesure que ceux et celles qui s'en souviennent et qui souhaitent leur rendre hommage les proposent. ■

Des statues de bronze sont éparpillées sur la place qui entoure l'Holocaust Memorial.

L'héritage juif de Miami

Miami abrite la deuxième communauté juive des États-Unis (après New York). Les juifs sont venus en Floride pour les mêmes raisons que d'autres migrants : un climat agréable et la possibilité de trouver sa place dans une économie jeune. Certains s'installèrent sur Key West au XIXe siècle, profitant des opportunités du commerce de récupération maritime florissant de l'île; d'autres fuirent les pogroms européens à Cuba, avant d'établir une communauté très unie à Miami.

Bêma en marbre, au Jewish Museum of Florida

Parmi les premiers arrivants figuraient des marchands juifs déjà établis dans le Nord-Est, qui virent dans le chemin de fer construit sur la côte du golfe de Floride par Henry Flagler et ses concurrents le signe d'une économie prometteuse. En 1912, Miami possédait une enclave juive suffisamment importante pour inaugurer sa première synagogue, Beth David (originellement B'nai Zion).

La migration du Nord-Est qui fonda la réputation de Miami Beach comme communauté de retraités juifs fut à son apogée pendant l'entre-deux-guerres. La flambée des prix de l'immobilier attira de nombreuses personnes, tandis que la croissance économique créa des emplois. À cela s'ajouta l'attrait d'une ville « tropicale » qui jouissait d'un climat particulièrement sain.

Le froid hivernal du reste de l'Est américain assura le succès du commerce touristique de Miami. Parmi la population qui descendait des trains se trouvaient des juifs de la grande métropole de New York-New Jersey et de l'agglomération de Chicago. Ils établirent la tradition des séjours hivernaux et déclenchèrent le boom de construction des petits hôtels résidentiels à Miami Beach. En 1927, le Reform Temple Israel, l'un des plus beaux du pays, y ouvrit ses portes, suivi en 1929 par la congrégation Beth Jacob, première synagogue de Miami Beach, devenue le Jewish Museum of Florida (voir p. 97).

La croissance entraîna l'antisémitisme dans son sillage : des conventions restrictives interdirent aux juifs de louer des chambres d'hôtels ou d'acheter des maisons dans certains quartiers (conventions abolies par la Cour suprême dans les années 1950). Des pancartes de restaurant annonçaient « Interdit aux chiens, aux Noirs et aux Juifs ». Les lieux de la haute société comme le Nautilus Club firent savoir que les juifs n'avaient pas besoin de se donner la peine de postuler. Néanmoins, les familles juives arrivèrent par milliers et descendirent dans les nouveaux hôtels Art déco de Miami.

La conversion de Miami en centre d'entraînement militaire pendant la Seconde Guerre mondiale amena des milliers de soldats de tout le pays. Ils furent invités dans les foyers juifs les jours de fête et le souvenir de cette communauté inattendue conduisit nombre d'entre eux à revenir définitivement après la guerre.

Pendant ce temps, la réputation de villégiature hivernale de Miami Beach continua de croître et, dans les années 1950, les familles juives s'aventurèrent dans les faubourgs de Miami et plus haut sur la côte. Après l'accession au pouvoir de Fidel Castro, environ 10000 juifs de Cuba prirent la décision amère de quitter leur île. La plupart s'installèrent alors à Miami et à Miami Beach.

En ce début du XXIe siècle, la communauté juive partage le Grand Miami avec les Cubains et les autres immigrants des Caraïbes. Les générations se succèdent, mais les personnes âgées sont conscientes d'avoir survécu à un passé où beaucoup ont succombé et d'avoir accompli une longue et difficile odyssée vers un lieu offrant soleil et sécurité.

Résidences et tours hôtelières

Se détachant des tours hôtelières des années 1950 et 1960 qui jalonnent Collins Avenue au nord de 23rd Street, au centre de Miami Beach, vous apercevrez les séduisants Fontainebleau et Eden Roc. Ces symboles de l'ère des résidences hôtelières ont créé et défini un style d'architecture américaine impossible à décrire avec le lexique usuel. Rivalisant avec ces vedettes d'autrefois, le nouveau et clinquant Ritz-Carlton Hotel se dresse à environ 1,5 km au sud.

L'immense hall de l'Eden Roc reflète le style caractéristique de son architecte, Morris Lapidus.

Fontainebleau

Plan p. 83 C3
4441 Collins Ave.
305-538-2000 ou 800-548-8886

www.fontainebleau.com

Fontainebleau

Les courbes et les chambres de cet hôtel ont été photographiées par les spécialistes les plus avertis des États-Unis. Les écrivains ont tenté d'expliquer ce qu'il représente : une culture décadente en déclin ? une époque de l'Amérique dont il faudrait pleurer la disparition ? le summum du kitsch ? Érigé en 1954, et récemment rénové et agrandi, le Fontainebleau se porte toujours à merveille.

Onéreuse, bien gérée et entretenue, la grande dame continue d'impressionner, symbole d'une Amérique d'après-guerre confiante et déterminée. Pour d'autres, ce mastodonte orné de deux tours, qui regroupe 1 504 chambres sur 17 étages et 9 ha, est juste un grand hôtel sujet aux excès. Cette création du promoteur Ben Novak et de l'architecte Morris Lapidus, qui a débuté en dessinant l'intérieur de grands magasins,

À SAVOIR

Le Fontainebleau et l'Eden Roc se situent à plusieurs kilomètres au nord de SoBe et de sa vie nocturne, mais leurs excellents bars et clubs valent le déplacement.

est probablement tout cela à la fois – sensationnelle, splendide et audacieuse. Très dénigré, Morris Lapidus a néanmoins été qualifié d'« architecte du rêve américain ».

En approchant du Fontainebleau, vous passez devant les golfs et les demeures huppées du « milieu » de Miami Beach, qui bordent l'Indian Creek de l'autre côté de Collins Avenue, où sont amarrés des yachts et des voiliers colorés. Si vous n'arrivez pas à stationner dans la rue, utilisez le parking de l'hôtel et promenez-vous à l'intérieur. Le hall porte la signature de Lapidus – ces éléments décoratifs biscornus qu'il appelait « *woggles* ». L'intérêt visuel se trouve dans ces endroits, où la mode de la culture rétro américaine attire une clientèle jeune vers un hôtel traditionnellement associé aux vacanciers plus âgés. La fausse lagune tropicale apparaît dans la première scène de *Goldfinger*, un célèbre James Bond (1964).

Eden Roc Renaissance Beach Resort and Spa

Autre création de Morris Lapidus, contemporaine et rivale du Fontainebleau, l'Eden Roc de 18 étages a toujours souffert d'être un peu moins populaire, moins prospère et moins « tout » que son exubérant voisin de Collins Avenue. Les courbes plongeantes du Roc attestent son origine du milieu du siècle, mais son décor de couleurs vives, résultat d'une rénovation de plusieurs millions de dollars destinée à attirer une nouvelle génération d'habitués, lui confère un charme qui va au-delà de la simple opulence. Au Fontainebleau, les trous découpés dans le plafond par Lapidus et les colonnes retiennent l'attention du visiteur ; à l'Eden Roc, c'est la palette caribéenne que l'on remarque immédiatement en entrant dans l'immense hall. Dans l'établissement de 535 chambres, vous découvrirez des touches, des couches et des explosions de couleurs.

Ritz-Carlton, South Beach

La vénérable chaîne Ritz-Carlton possède désormais trois hôtels à Miami. Aucun n'est plus sélect que celui du 1 Lincoln Road, à South Beach. Ce majestueux édifice de 375 chambres a pris son essor après une rénovation majeure du DiLido, un hôtel conçu par Lapidus. Mais, au lieu de l'incontournable Art déco, il affiche un style moderniste, avec des lignes épurées et une décoration minimaliste. Il possède un sol en terrazzo noir, un « mur de bulles » dans le hall et des mains courantes en aluminium le long des escaliers. ■

Eden Roc Renaissance Beach Resort and Spa

Plan p. 83 C4
4525 Collins Ave.
305-531-0000

www.edenrocmiami.com

Ritz-Carlton, South Beach

Plan p. 87
1 Lincoln Rd
786-276-4000

www.ritzcarlton.com

Autres sites à visiter

Bal Harbour

Enclave d'abondance de 125 ha, Bal Harbour est principalement réservé à ses habitants. Goûtez au mode de vie local en parcourant les Bal Harbour Shops *(9700 Collins Ave.)*, un centre commercial chic et rutilant. Érigé sur le site de casernes de la Seconde Guerre mondiale, il est aujourd'hui le temple de la mode internationale et de la bijouterie, représentées par Hermès, Prada, Jimmy Choo et Tiffany and Co. Outre ces marques synonymes de luxe, il abrite aussi de nombreux restaurants.
www.balharbourshops.com
Plan p. 83 D5 ☎ 305-866-0311

Haulover Beach Park

Vous ne débourserez pas un sou pour profiter du sable fin, des eaux chaudes et du panorama côtier de South Miami Beach, au Haulover Beach Park, au nord de Bal Harbour. La végétation dissimule les immeubles résidentiels de l'intérieur, donnant une sensation d'évasion. Vous pouvez louer des kayaks pour remonter l'Oleta River voisine.

Depuis 1991, le nudisme est autorisé à la lisière nord du parc. La plupart des gens se comportent de façon décente, même si l'endroit attire parfois des curieux.
Plan p. 83 D5 ✉ 10800 Collins Ave.
☎ 305-947-3525

À DÉCOUVRIR Autres circuits architecturaux

La Miami Design Preservation League organise des excursions dans des quartiers uniques comme Surfside. Des circuits en bus s'attachent aux détails des intérieurs et aux sous-genres de l'Art déco, comme le « *Tropical Deco* », un clin d'œil saugrenu aux somptueux transatlantiques modernes. Certaines visites vous conduisent dans des demeures privées, d'autres dans le monde caché des jardins tropicaux luxuriants. Pour plus d'informations, consultez le site Internet *www.mdpl.org*.

North Shore State Recreation Area

Près de Surfside, entre 79th et 87th Streets, la North Shore State Recreation Area est un site bucolique protégé de 20 ha couvert de dunes et de raisiniers natifs. Des allées de planches desservent les cabines, les tables de pique-nique, les barbecues et les pistes cyclables. Des sauveteurs surveillent la baignade.
Plan p. 83 D5 ☎ 305-993-2032

Surfside and Sunny Isles

Dans le quartier désuet de Surfside se trouve le **Harding Townsite Historic District**, qui a hébergé feu Isaac Bashevis Singer. L'auteur, qui écrivait en yiddish, a appris sa nomination au prix Nobel de littérature, en 1978, alors qu'il prenait son petit déjeuner au Sheldon's Drugstore, aujourd'hui fermé.

L'atmosphère d'antan flotte aussi agréablement à Sunny Isles Beach, dont les vieux hôtels du front de mer sont appréciés des habitués d'un certain âge et de la communauté russe de Miami (voir p. 74).
Plan p. 83 D5

Watson Island

Le parc **Jungle Island** *(1111 Parrot Jungle Trail, tél. : 305-400-7000, www.jungleisland.com, €€€€€)* possède une volière remplie d'oiseaux venant des jungles du monde entier et héberge une grande variété de mammifères, de primates, de reptiles et de poissons. Tous les jours, des spectacles présentent les pensionnaires. En face de Jungle Island, le **Miami Children's Museum** *(980 MacArthur Causeway, tél. : 305-373-5437, www.miamichildrensmuseum.org, €€€)* abrite 12 galeries, des salles de classe et un auditorium de 200 places.
Plan p. 83 A2.

Plages parsemées de coquillages, parcs luxuriants et quartiers résidentiels : ces deux îles-barrières, près de Downtown Miami par la Rickenbacker Causeway, donnent l'impression d'être au bout du monde.

Key Biscayne et Virginia Key

Drapeaux et catamarans, à Hobie Beach

Key Biscayne et Virginia Key

Rickenbacker Causeway offre l'une des plus belles vues sur Miami, mais vous devrez attendre de poser le pied sur Virginia Key pour en profiter pleinement. En descendant du pont, faites un crochet sur la gauche, depuis la route, pour admirer la ville sur l'autre rive. Le long chapelet des Keys dans Biscayne Bay est encore plus impressionnant. Malgré le développement de leurs côtes, les îles demeurent un magnifique berceau de vie sauvage. Franchir la chaussée en direction du large vous coûtera un peu plus d'un euro (retour inclus).

La plage de Crandon Park, à Key Biscayne, figure parmi les plus prisées d'Amérique.

À NE PAS MANQUER

Les expositions sur la baie du Marjory Stoneman Douglas Biscayne Nature Center, à Crandon Park **107**

Une journée de pêche au départ de la Crandon Park Marina **107**

La visite du phare de Bill Baggs Cape Florida State Park **109**

Une journée de planche à voile dans Biscayne Bay, à Hobie Beach **110**

Le spectacle des orques du Miami Seaquarium **111**

Goûter le saumon fumé de Jimbo's Shrimp **112**

Cette travée de 9 km porte le nom de son constructeur, l'as de l'aviation américaine de la Première Guerre mondiale Eddie Rickenbacker, revenu des combats en héros national avec 26 victoires. Faisant profiter Miami de ses compétences dans l'aviation, il fonda la Florida Airways Corporation en 1926, puis lança Eastern Airlines, l'une des principales compagnies aériennes américaines des 60 années suivantes.
Il percevait également le péage, toujours d'actualité, une somme dérisoire qui donne accès aux meilleures plages du Grand Miami et aux grands parcs du littoral océanique.

Virginia Key

La route qui dessert le nord de Virginia Key depuis la chaussée est sans charme. Peu de panneaux permettent de savoir où l'on est, donnant l'impression de traverser une propriété privée ou gouvernementale. Arrivé à Virginia Key, vous remarquerez la longue Hobie Beach, d'après le nom du fabricant du Hobie Cat – le petit catamaran rapide. La plage est appréciée des véliplanchistes. Vous pouvez y stationner et vous installer à une table sous un palmier, mais ce littoral est essentiellement artificiel et son « sable » de corail graveleux.

En 1992, l'ouragan Andrew a dévasté le littoral sud-est de Virginia Key, du côté atlantique. Sa restauration a entraîné un renouveau. La partie sud de la caye abrite l'ancien Virginia Key Beach Park, créé en 1945 et autrefois la seule plage miamienne ouverte aux Afro-Américains. Fermée depuis les années 1980, elle a rouvert au début de 2008 après une importante rénovation.

Key Biscayne

Continuez vers le sud pour découvrir les plages publiques et les parcs boisés de Key Biscayne. En arrivant sur l'île, vous apercevrez le complexe de loisirs et de plages abritées de Crandon Park, une ancienne cocoteraie qui accueille désormais un centre de tennis et un stade. Vient ensuite Key Biscayne à proprement parler, une villégiature résidentielle. Enfin, l'extrême sud champêtre de l'île s'ouvre sur le Bill Baggs Cape Florida State Recreation Park. Ses 200 ha de côte couverte de dunes et de fourrés forment la retraite la plus reculée du Grand Miami accessible par voie terrestre. ■

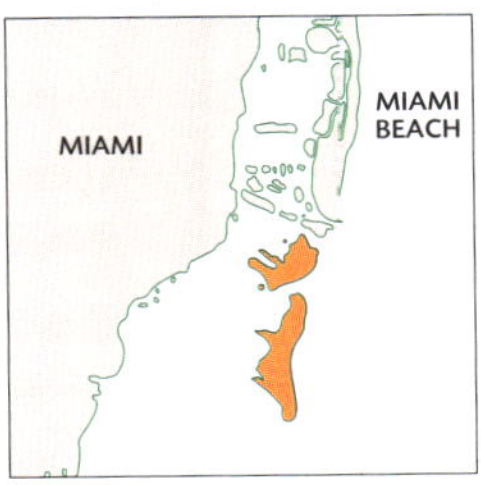

Biscayne Bay

Diverses furent les populations qui se succédèrent sur ces îles. Les Espagnols de Juan Ponce de León furent les premiers Européens à les visiter, leurs bateaux venant se réapprovisionner en eau potable en 1513. Les derniers Indiens tequesta de la région furent emportés par les maladies du Vieux Continent vers 1700. Les pirates s'y installèrent ensuite jusqu'à ce que la marine américaine les déloge, dans les années 1820. Enfin, les chasseurs de tortues et les pêcheurs d'éponges travaillèrent dans la baie jusqu'à la fin du siècle, tandis que les fermiers cultivèrent péniblement l'ananas, le citron vert, la tomate et le pamplemousse parmi les acajous natifs.

En 1906, un ouragan dévastateur condamna l'agriculture, les îlots du large furent abandonnés aux plaisanciers de Miami et, durant la Prohibition, aux contrebandiers de rhum cubain. Après la Seconde Guerre mondiale, certains virent dans l'aménagement des Keys une menace pour les récifs coralliens de la baie, sa faune marine et ses oiseaux, et pour la végétation côtière indispensable à leur survie. La situation devint incontrôlable et une décharge haute de 45 m (le lieu le plus élevé du Dade County) envahit le littoral. Peu d'habitants comprirent que la baie était un écosystème dont la beauté dissimulait une constitution fragile. Et rares furent ceux qui remarquèrent la diminution de ses 175 espèces d'oiseaux, en particulier les cormorans et les pélicans.

Des enfants observent un coquillage avec une naturaliste du Marjory Stoneman Douglas Biscayne Nature Center.

Mais Marjory Stoneman Douglas, journaliste et écrivain, qui consacra sa vie à la lutte pour la préservation des Everglades, se lança dans la bataille en 1947 avec *The Everglades: River of Grass*, un ouvrage qui dénonçait les ravages du développement et des projets de contrôle des crues mal conçus. Le livre rassembla les défenseurs des « *glades* ». À sa mort en 1998, à l'âge de 108 ans, les journaux portèrent aux nues la protectrice des Everglades.

Crandon Park

Les inquiétudes de Douglas s'étendaient au-delà de la plaine marécageuse. Le nord de Biscayne Bay est, disait-elle, « l'une des plus importantes réserves d'habitats naturels du pays ». C'est pourquoi le **Marjory Stoneman Douglas**

À DÉCOUVRIR La pirogue à balancier

Si vous aimez l'exercice, les nouvelles expériences et l'aventure, le Kana Lui Miami Outrigger Canoe Club *(www.kanaluimiami.com)* est fait pour vous. Cette association de Virginia Key invite les visiteurs à pagayer avec ses membres gratuitement. Non seulement vous ferez travailler le haut de votre corps et apprécierez la proximité des embruns marins, mais vous pourrez également apercevoir des paysages naturels et le centre de Miami. S'il n'est pas rare de voir des requins, des dauphins ou des lamantins, les oiseaux et poissons sont toujours au rendez-vous.

En cours de route, vous rencontrerez un groupe hétéroclite de Miamiens des deux sexes – médecins et cuisiniers, jeunes et moins jeunes – qui apprécient tous ce sport nautique venu d'Hawaï. Les habitués du club participent à des courses dans toute la Floride.

Kanui Lui propose des excursions de 2 h (vous ne pagaierez pas en permanence), deux soirs par semaine et le samedi matin. Les horaires sont disponibles sur le site. Si vous êtes intéressé, portez des vêtements et chaussures qui ne craignent pas l'eau et rendez-vous au Kana Lui Club, sur le terrain situé à proximité du Miami Rowing and Watersports Center *(3601 Rickenbacker Causeway)*.

Biscayne Nature Center du Crandon Park porte son nom. Il présente aux visiteurs l'univers naturel de la baie. L'une de ses meilleures attractions est sans conteste le Seagrass Adventure *(€€€)*, une promenade guidée par un naturaliste sur la côte atlantique de Key Biscayne. Les participants tirent des filets dans des lits d'herbiers et capturent une myriade de créatures marines telles que des crevettes, des crabes, des concombres de mer et même des hippocampes, qu'ils examinent et rejettent à l'eau.

À côté se trouve la **Crandon Park Marina** *(tél. : 305-361-1281)*, un port pour les bateaux de pêche et les spécialistes de la plongée. En descendant la route, on arrive au 18 trous par 72 du **Crandon Golf Key Biscayne** *(6700 Crandon Blvd, tél. : 305-361-9129, www.crandongolfclub.com, green €€€€€)*. La difficulté du parcours – sept lacs marins, de nombreuses fosses de sable, des fourrés de mangrove, un trou coudé par 5 sur l'eau et un autre flanqué d'eau – le classe parmi les meilleurs terrains publics de Floride et au programme du Senior PGA Tour. Des têtes de série viennent aussi jouer sur les 27 courts du **Crandon Park Tennis Center**, un stade de 7 500 places.

La principale curiosité de Crandon est une plage de 3 km, systématiquement classée parmi les 10 meilleures d'Amérique *(tél. : 305-361-5421)*. Ici, le sable est très fin, l'eau calme et les aménagements nombreux (promenade sinueuse, aires de pique-nique et très vaste parking). C'est une plage de style lagune, abritée des vagues, avec un fond qui descend jusqu'à 4 m, selon la marée : 13 postes de surveillance veillent sur les baigneurs. Un manège restauré de 1949 vous distraira au **Crandon Family Amusement Center**. Vous y trouverez aussi une patinoire à l'ancienne, à côté d'autres divertissements d'époque. ■

Crandon Park

Plan p. 105
Key Biscayne

Marjory Stoneman Douglas Biscayne Nature Center

Plan p. 105
6767 Crandon Blvd, Key Biscayne
305-361-6767
Parking €

www.biscaynenaturecenter.org

Bill Baggs Cape Florida State Recreation Park

On ignore le nombre de bateaux qui reposent sur les bas-fonds du cap de Floride, le nom donné par Ponce de León à la partie sud de Key Biscayne. Basse, sableuse et paisible, elle ne révèle rien des dangers du large, responsables de centaines de naufrages : récifs et barres de sable immergés, courants rapides, vents changeants, bourrasques soudaines et ouragans. En 1825, un phare fut construit à cet endroit. Même si les marins affirmaient qu'ils allaient s'échouer en cherchant le faisceau trop faible, le phare marqua le début du changement pour la Floride du Sud, jusqu'alors frontière contestée et dangereuse.

Le phare du cap de Floride, construit en 1825, a survécu à la guerre, à un incendie et aux ouragans.

Le phare apparaît et disparaît derrière les arbres à mesure que l'on approche du parc. Celui-ci porte le nom d'un journaliste du *Miami Herald* qui s'est battu pour faire du cap un espace protégé de l'État. L'entrée dans cette étendue sauvage, à peine apprivoisée mais douce malgré tout, est d'autant plus séduisante qu'elle se démarque complètement de la culture de Key Biscayne pour les copropriétés. L'État a décidé de gérer les réserves publiques de Floride de sorte qu'elles apparaissent telles qu'elles étaient à l'arrivée des premiers Européens. Aujourd'hui, des promenades en planches s'insinuent dans la végétation vers de longues plages et un sentier nature sillonnant les hautes broussailles.

À voir

La route principale – qui traverse le parc jusqu'au phare et à l'extrémité sud de l'île – est plus proche de la côte atlantique que du rivage de la baie, si bien que l'on peut facilement par mégarde tourner le dos aux buissons champêtres entre les parkings et la digue de la baie. Un **chemin nature** pédestre/cyclable fait une boucle à travers cette forêt. En partant de l'aire de stationnement la plus au nord, il serpente vers l'ouest et suit la digue vers le sud, effectuant un circuit qui s'achève près d'un parking et d'un port de pêche, non loin du phare. C'est une agréable promenade que vous réaliserez en moins de 30 min.

À SAVOIR

Au Lighthouse Café, commandez des *majuas*. Ces petits poissons, légèrement panés et frits, sont servis avec du citron vert et du Tabasco. Ils ne figurent pas au menu – il faut les demander au serveur.

Cette balade fut sans doute moins plaisante durant l'été 1836, deuxième année de la seconde guerre séminole – un soulèvement contre les intrusions des colons et le déplacement des Indiens dans des réserves de l'Ouest. Key Biscayne était devenue une enclave pour les colons qui abandonnaient leurs terres du continent. Les Séminoles attaquèrent en commandos, arrivant en canoë et assiégeant le **phare**, qu'ils voulurent incendier. Remise en service en 1842, puis fermée par les confédérés pendant la guerre civile jusqu'en 1866, cette tour en briques chaulées haute de 29 m fonctionne toujours, éloignant les navigateurs du cimetière marin au large. Des visites guidées – limitées aux 10 premières personnes (de plus de 8 ans) – sont organisées deux fois par jour *(à 10 h et 13 h)*, du jeudi au lundi. Arrivez 30 min à l'avance pour grimper en haut du phare.

La **plage** s'achève près du vieux pilier en briques. À l'est, au-delà du clapotement des vagues, se trouve l'Afrique ; au sud, les îles de mangrove généralement inhabitées du Biscayne National Park dessinent des ombres basses sur l'horizon. À l'instar du littoral du Crandon Park (voir p. 106), à 3 km au nord, cette grève figure dans le palmarès touristique des plus belles plages américaines. De nombreux amateurs pratiquent le snorkeling sous l'œil vigilant des sauveteurs, tandis que les plongeurs équipés de bouteilles s'aventurent plus loin. Les familles se retrouvent pour un barbecue sous les 18 pavillons de pique-nique. Pour plus de confort, essayez le Lighthouse Café du parc, un restaurant doté d'une terrasse. Il jouxte un loueur de bicyclettes, de rollers, de pédalos, de kayaks et de bateaux à voile, qui propose aussi des chaises longues et des parasols.

Si vous arrivez en bateau, vous pouvez jeter l'ancre au **No Name Harbor** et y mouiller jusqu'au lendemain *(€€€€)*, en faisant une visite jusqu'au phare. ■

Bill Baggs Cape Florida State Park

- Plan p. 105
- 1200 S. Crandon Blvd
- 305-361-5811
- €€

www.floridastateparks.org/capeflorida

De Hobie Beach à Key Biscayne

Bien que cette plage ne soit ni retirée ni vraiment belle, sa commodité en fait une destination appréciée des familles, qui convergent par centaines vers ses tables de pique-nique. Aussi, le secteur situé entre la Rickenbacker Causeway et la partie résidentielle de Key Biscayne a des allures de foire à la location. Vous y trouverez de nombreux concessionnaires désireux de louer une bicyclette, une planche à voile, un Jet-Ski et même, en remontant la route de la Key Biscayne Marina, un voilier assez spacieux pour emmener un groupe d'amis en excursion.

Lorsque le vent se lève, faire de la voile dans Biscayne Bay devient un véritable bonheur.

Hobie Beach

Plan p. 105

Ses vents constants font de Hobie Beach un excellent site pour la planche à voile, ce qui ne signifie pas que ce loisir soit aisé. L'avantage du véliplanchisme est qu'il n'est pas dangereux et, que même en cas de chutes (fréquentes), vous aurez toujours une planche à laquelle vous raccrocher. Emportez votre combinaison ou gilet néoprène.

À cet endroit, le fond maritime abrite un cimetière de bateaux, et ses eaux chaudes et peu profondes rendent la plongée sur épave confortable et sûre. À Key Biscayne, ces plongées sont au programme des excursions de Diver's Paradise *(4000 Crandon Blvd, tél. : 305-361-3483, www.keydivers.com)*, le centre de plongée de la Crandon Park Marina (voir p. 107).

Biscayne Bay est idéale pour les marins en herbe. Prenez un cours de voile : une leçon de découverte d'une heure vous mettra immédiatement à la barre. Shake-A-Leg Miami *(2620 S.Bayshore Dr., tél. : 305-858-5550, www.shakealegmiami.org)*, installée à Coconut Grove

À SAVOIR

Rendez-vous à vélo jusqu'à Key Biscayne par la Rickenbacker Causeway et arrêtez-vous à Hobie Beach pour manger une glace et observer les passants.

de l'autre côté de la baie, est une excellente école, y compris pour les visiteurs handicapés. Elle enseigne les techniques et les règles de base de la voile, notamment la dynamique des bateaux, la sécurité, le louvoyage et l'empannage, les conditions météorologiques et l'environnement. Des cours individuels sont proposés sur réservation et adaptés aux besoins spécifiques et aux disponibilités des participants.

Miami Seaquarium

Quand les orques – ces carnivores noir et blanc – sautent des vastes bassins marins du Seaquarium sur l'ordre des jeunes dresseurs, décrivent un arc dans les airs avec une grâce pesante et retombent à plat dans leur univers bleu, vous réalisez immédiatement qu'elles sont redoutables, puissantes et très intelligentes. Ce sont les vedettes de ce spectacle de longue date, aux côtés d'une troupe de lions de mer et de marsouins, et d'un groupe de lamantins. Le complexe de 16 ha comprend quelques expositions intéressantes sur la vie marine, dont un habitat récifal. Pendant la touffeur de la basse saison miamienne, préférez une séance en soirée.

Virginia Key Beach Park

Miami étant l'une des villes les plus hétérogènes des États-Unis, il est difficile de croire qu'il y a une cinquantaine d'années à peine la ségrégation raciale y avait cours. Virginia Key Beach a ouvert en 1945 comme seule plage de Miami pour « l'usage exclusif des nègres ». Au début des années 1960, les Noirs purent se rendre sur n'importe quelle plage miamienne et, dans les années 1980, celle que l'on surnommait la « plage de couleur » ferma.

Pendant des décennies, peu des habitants et des touristes qui traversaient la Rickenbacker Causeway vers Key Biscayne avaient conscience que Virginia Key était un lieu vraiment inestimable. En 2002, il a été porté au Registre national des sites historiques, un honneur plus que mérité pour cet endroit où les Afro-Américains pouvaient se baigner et s'amuser à une époque troublée.

Virginia Key Beach a rouvert en 2008. Les visiteurs peuvent s'y détendre en faisant une promenade vers l'une des plus anciennes réserves de mangrove côtière. Le week-end et pendant les vacances, un petit train sillonne le parc et un manège ancien est installé pour les plus jeunes.

Jimbo's Shrimp

Les pêcheurs figurent parmi les habitants les plus affairés de l'île.

Miami Seaquarium

Plan p. 105
4400 Rickenbacker Causeway, Virginia Key
305-361-5705
€€€

www.miamiseaquarium.com

Virginia Key Beach Park

Plan p. 105
4020 Virginia Beach Dr., Virginia Key
305-960-4600
€ (week-ends et vacances)

www.virginiakeybeachpark.net

De nombreuses scènes de cinéma et de télévision ont été tournées au Jimbo's Shrimp.

Jimbo's Shrimp
Plan p. 105
Duck Lake Rd, Virginia Key
305-361-7026
www.jimbosplace.com

Et, parmi eux, personne ne travaille autant que ceux qui sondent les eaux floridiennes pour attraper le *Crago vulgaris*, variété comestible du décapode marin qui nage en arrière et que l'on appelle crevette. Les pêcheurs de crevettes sont à la Floride du Sud ce que les ramasseurs de truffes sont à la France. L'un des crevettiers les plus réputés de Miami est James Luznar (alias Jimbo), qui fut pendant plus de 50 ans le propriétaire de Jimbo's Shrimp, niché dans un chenal envahi de mangrove de Virginia Key.

Ouvert comme base de déchargement pour les pêcheurs, Jimbo's Shrimp est devenu un bar à bières doté d'une piste de boules et d'un fumoir à saumon, qui prépare les filets à la perfection pour les restaurants et tous ceux qui parviennent à dénicher l'endroit. Malgré son allure de campement improvisé, c'est un endroit reculé pittoresque. Achetez une tranche de saumon et une bière, installez-vous à une table à l'extérieur et entamez la conversation avec James et ses copains. Si Jimbo vous convie à une partie de boules, ne misez pas gros, car il perd rarement. ■

Faire du VTT sur Virginia Key

Les **Virginia Key North Point Trails** *(4201 Rickenbacker Causeway, www.virginiakeybicycleclub.com, €€)* sont des circuits VTT situés sur un terrain à l'extrémité nord de Virginia Key. Ouverts en 2011, ils sont rapidement devenus un lieu apprécié du Grand Miami pour les sorties sportives.

Long de 11 km, le réseau de 10 pistes a été conçu pour accueillir des cyclistes de niveau débutant, intermédiaire et avancé. Sur beaucoup de parcours, la végétation dense donne l'impression d'être dans un autre univers. À certains endroits, des clairières offrent une vue sur la jungle urbaine de l'autre côté de la baie. La végétation protège également de la chaleur intense du soleil et des averses. Les vététistes apprécient aussi le fait que les pistes soient tortueuses et vallonnées, ce qui est rare dans cette ville au relief plat.

Même si vous ne vous y arrêtez pas, vous verrez probablement des cyclistes et des coureurs sur la route du Seaquarium, gravissant la côte de Rickenbacker Causeway. Ce point, le plus élevé de la ville, est l'endroit idéal pour les sportifs.

E n 1873, les pionniers attirés par les terres agricoles ont investi Biscayne Bay, établi un campement appelé Jack's Bight et demandé une adresse postale sous le nom de Coconut Grove. La première banlieue de Miami était née.

Coconut Grove et ses environs

Escalier en colimaçon, au Vizcaya Museum and Gardens

Coconut Grove et ses environs

La première banlieue de Miami fut en 1873 la création de pionniers attirés par la promesse de terres agricoles. La vie rurale de ce bourg endormi fut troublée par l'arrivée à Miami du train de Flagler, qui amena des foules de touristes en hiver. Il ne fut pas rare que certains, conquis, reviennent s'installer. Ils confièrent la construction de leur maison à des artisans navals et à des charpentiers venus avec leurs familles des îles britanniques des Bahamas.

Un couple d'Anglais, Charles et Isabella Peacock, ouvrit le premier hôtel de Cocoanut Grove, le Bay View House, en 1884. Au milieu des années 1890, Cocoanut Grove s'était doté d'un yacht-club, donnant le ton de l'ambiance d'oisiveté et d'opulence qui prévaut encore. Il rassemblait aussi toute une communauté très cosmopolite : industriels du Nord, nobles expatriés d'Europe, sudistes ruinés et exilés après la défaite des confédérés et des pêcheurs des Bahamas qui aménagèrent avec leurs compatriotes bâtisseurs un « Little Bahama » qu'ils appelèrent Kebo.

Cocoanut Grove perdit son « a » au siècle suivant, mais conserva l'atmosphère villageoise qui le distinguait – et le distingue toujours – du mercantilisme régnant dans le centre de Miami. C'est sans doute pour cette raison que les habitants, lorsqu'on leur demande leur lieu de résidence, répondent Coconut Grove plutôt que Miami. Leur agglomération est pourtant rattachée au Grand Miami depuis 1923...

À NE PAS MANQUER

Le Vizcaya Museum and Gardens, héritage de John Deering 116-119

Les expositions interactives du Miami Science Museum 120

Les boutiques et les restaurants de CocoWalk 121

Le Miami City Hall, siège historique Art déco de la Pan Am 123

Ses limites sont floues, mais on reconnaît aisément ses vastes et jolies maisons en roche corallienne séparées de Brickell Avenue par de grandes pelouses, étendues verdoyantes qui confèrent aux rues résidentielles un air un peu décadent. Tout aussi caractéristiques, ses résidences de luxe en forme de temples mayas s'élèvent au-dessus d'une forêt de voiliers dans la Dinner Key Marina, où les derniers hydravions Pan Am Clipper s'envolèrent pour l'Amérique du Sud.

Depuis Downtown Miami, le plus bel itinéraire emprunte Brickell Avenue ou South Miami Avenue, au sud du centre, et contourne l'entrée de la Rickenbacker Causeway, où les deux rues se rejoignent pour former South Bayshore. Ce trajet suit un boulevard semi-circulaire, bordé de palmiers d'où l'on aperçoit par endroits des étendues verdoyantes séparant la route de Biscayne Bay. Les hauts immeubles qui se dressent de l'autre côté de Bayshore comptent parmi les logements les plus convoités de Miami : leur architecture et leur conception sont une référence pour les résidences de luxe du pays.

Visiter le Grove

Il est tout à fait impossible de flâner en voiture dans Coconut Grove sans passer par le quartier commerçant, lieu animé dominé par CocoWalk, un ensemble de boutiques, de cafés et de bistrots répartis sur trois niveaux. Kitsch ou rares, la qualité des enseignes varie considérablement.

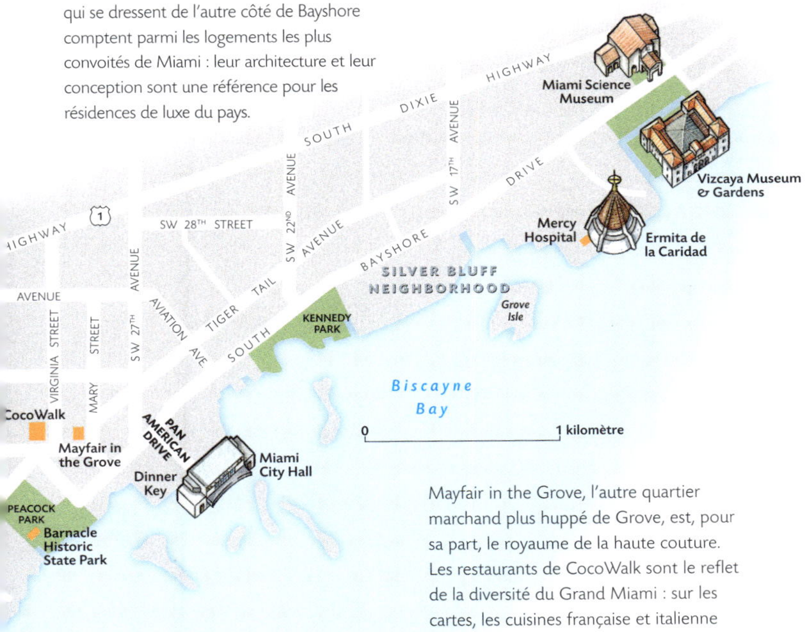

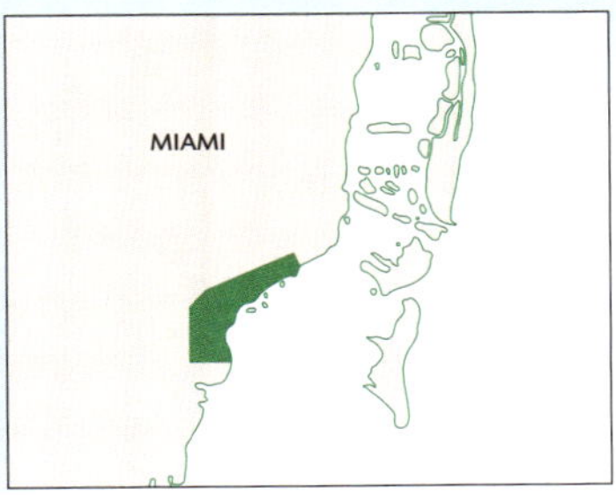

Mayfair in the Grove, l'autre quartier marchand plus huppé de Grove, est, pour sa part, le royaume de la haute couture. Les restaurants de CocoWalk sont le reflet de la diversité du Grand Miami : sur les cartes, les cuisines française et italienne côtoient les plats antillais, cubains et d'Amérique centrale ou du Sud.

Le principal attrait de Grove réside dans son mélange d'oisiveté et de langueur. Entièrement conquis, de nombreux propriétaires fortunés venus du Nord construisirent des résidences sur Brickell Avenue au tournant du xxe siècle. Aucune n'égale la luxueuse demeure de l'industriel James Deering : le domaine et les jardins de Vizcaya incarnent en effet à la perfection l'esprit du sud de la Floride, un désir d'exotisme y attirant des millions de personnes. ■

Vizcaya Museum and Gardens

Destinée à un vieil homme solitaire, Vizcaya ouvre aujourd'hui ses portes à 185 000 personnes chaque année. En 1994, il reçut les 34 chefs d'État participant au Sommet des Amériques, rivalisant de richesse avec les plus beaux palais des pays représentés. Vizcaya demeure néanmoins un projet personnel, une fantaisie que n'égale peut-être que l'Enchanted Hill de William Randolph Hearst à San Simeon, en Californie.

Vizcaya Museum and Gardens

Plan p. 115

3251 S. Miami Ave.

305-250-9133

Fermé mar.

€€€

www.vizcayamuseum.org

James Deering était le vice-président à la retraite d'International Harvester Company, société fondée et léguée par son père, dont on croisait les tracteurs et le matériel agricole dans tout le pays. Célibataire, fasciné par la Renaissance européenne, il utilisa sa fortune pour réaliser son rêve. Il acheta 70 ha de terrain sur le rivage au nord de Coconut Grove, commanda à trois architectes de formation classique une villa italienne de style Renaissance et un jardin structuré imitant ceux qu'il avait admirés durant ses voyages en Europe, ainsi qu'une réplique de village du nord de l'Italie pour loger ses employés. La villa devait paraître remonter au XVIe siècle et avoir logé les générations d'une famille de la noblesse italienne. Il donna à ce site surplombant Biscayne Bay le nom basque de Vizcaya (« lieu surélevé »).

La construction débuta en 1914 et s'acheva deux ans plus tard, à temps pour que Deering y fête Noël. Ses hôtes furent stupéfaits par la réalisation des 1 000 ouvriers (10 % de la population de Miami à l'époque).

Grande barque de pierre

Ils suivirent Deering dans son palais de trois étages et de 34 pièces remplies de trésors datant du XIVe au XIXe siècle : meubles, tapisseries, tapis, panneaux muraux, plafonds, cheminées, cadres de portes, fer forgé, sculptures, peintures... La structure en béton armé de la villa est cachée par du stuc et du calcaire peints.

À l'extérieur, empruntant à la mangrove et aux jungles de bois dur, un jardin en terrasses de 4 ha mêle les styles italien des XVIe et XVIIe siècles et français du XVIIe siècle. Ce lieu paisible comprend des fontaines, un bassin paysager et des promenades gardées par des statues qui ne virent le jour qu'en 1921. Proche

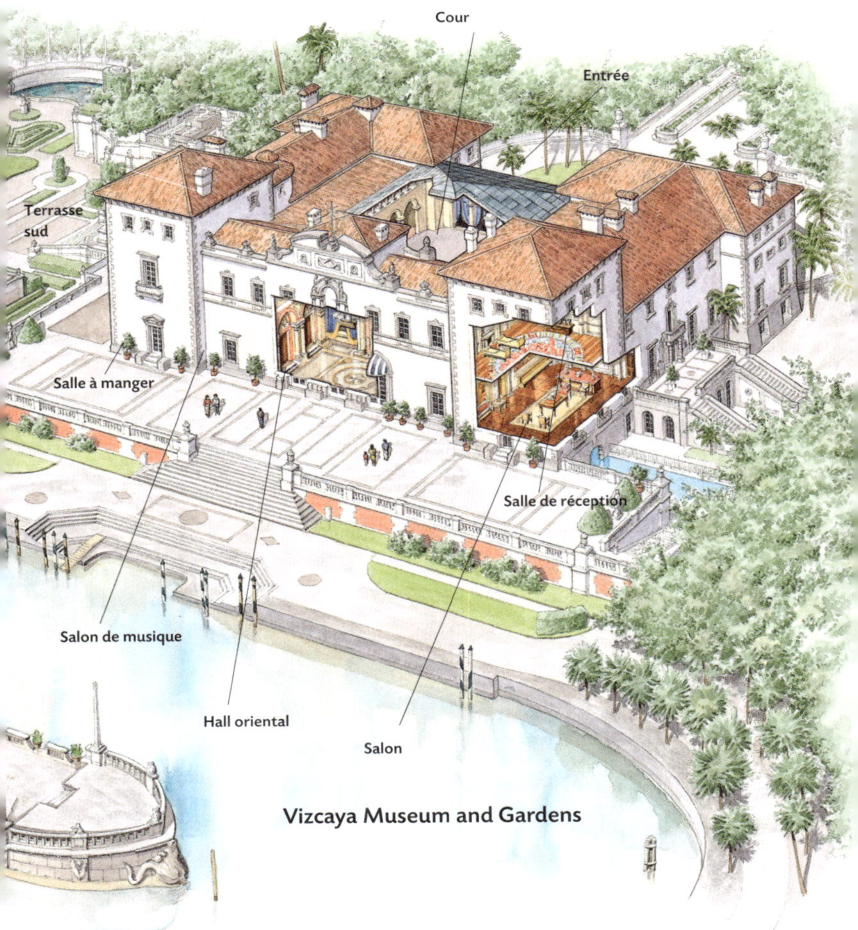

de la berge, flanquée de deux plates-formes (un embarcadère de yacht et une maison de thé), se trouve une île artificielle appelée Great Stone Barge (grande barque de pierre), évoquant les gondoles de couronnement des princes vénitiens. Une équipe de domestiques, chargée d'entretenir le domaine, vivait aux étages et dans le village italien qui comprenait une ferme et du bétail. Un réseau privé de téléphone était dissimulé, afin que le magnat puisse communiquer avec ses majordomes sans toutefois altérer l'illusion qu'il voulait donner de son monde.

De santé fragile, Deering était souvent trop faible pour assister aux dîners servis à ses hôtes dans la porcelaine dorée de Vizcaya. Sa baronnie à peine achevée, il mourut en 1925, confiant à des domestiques le soin de veiller sur le domaine pour ses héritiers. L'année suivante, un violent ouragan dévasta Miami et endommagea de façon conséquente la villa ainsi que les jardins. La conservation du domaine devenant trop lourde financièrement pour les héritiers de Deering, ils le vendirent, à l'exception de 11 ha, qu'ils cédèrent en 1952 au Dade County contre un million de dollars en obligations. Ils lui firent également don des œuvres d'art et des meubles de la villa. De grands travaux de restauration furent entrepris au cours des décennies suivantes, la cour à ciel ouvert fut fermée par une vitre afin de stabiliser la température et l'humidité de la villa. En 2005, les ouragans Katrina et Wilma ont dévasté Vizcaya, qui s'en est bien remis.

Ermita de la Caridad

Au sud de l'entrée du domaine, près du Mercy Hospital, se trouve l'un des monuments les plus émouvants que la ville ait consacré à la « perte » de Cuba. Cinquante ans plus tard, les Cubains déplacés vivant à Miami espèrent encore retourner un jour sur l'île pour exiger la restitution des propriétés confisquées.

Ce sont eux qui érigèrent ce temple conique de 27 m, baptisé Ermita de la Caridad (ermitage de la charité ; *plan p. 115, 3609 S. Miami Ave., tél. : 305-854-2404*). Il est censé représenter un phare tourné de telle sorte que les fidèles qui assistent à la messe quotidienne puissent faire face à Cuba. Au-dessus de la base circulaire, une fresque évoque l'histoire tourmentée de l'île. Le temple occupe un site ravissant et serein dans l'ancien domaine de Deering, et surplombe une portion caractéristique de Biscayne Bay : l'endroit invite à sortir de sa voiture pour une marche méditative.

Découvrir Vizcaya

Le meilleur moyen d'explorer la demeure et ses jardins, classés monuments historiques, est une visite guidée *(gratuite, t.l.j., quatre fois par j.)*. En quelque 45 min, les guides de Vizcaya vous raconteront toute son histoire. Si, toutefois, vous préférez déambuler seul, procurez-vous le fascicule intitulé « Museum and Gardens Guide and Map », qui contient les plans des étages, une suggestion d'itinéraire et des descriptions détaillées. Parmi les lieux à explorer, ne manquez pas les parties évoquées ci-dessous :

Dans le **hall d'entrée**, les panneaux de papier furent imprimés et peints à la main à Paris, en 1814.

Le salon de musique, où les concerts offerts aux invités se terminaient parfois en l'absence de James Deering, qu'une santé fragile empêchait de veiller tard.

Le plafond en plâtre coloré de la **salle de réception** provient d'un palais vénitien.

La belle cheminée du XVIe siècle du **salon**, le trépied romain en marbre, vieux de quelque 2000 ans, ainsi qu'un tapis espagnol du XVe siècle, très rare, l'un des seuls existant encore à ce jour.

Dans le **hall oriental**, un plafond espagnol à caissons du XVe siècle en tuiles de terre cuite ornées de motifs héraldiques.

Le mur peint et les panneaux au plafond dans le **salon de musique**, ornés de décorations du palais milanais d'une famille de la noblesse italienne, les Borromeos, dont le fils Carlo, un prêtre catholique, fut canonisé.

Dans la **salle à manger**, deux tapisseries du XVIe siècle, appartenant autrefois aux poètes Robert et Elizabeth Barrett Browning, dépeignent la vie d'Hermès, le messager des dieux. La table en marbre, romaine, date du Ier siècle.

Dans le **salon de thé**, des portes en bronze et en fer forgé s'ouvrent sur la splendide cour, provenant à l'origine d'un palais vénitien.

L'**office**, considéré en 1916 comme un modèle du genre, déploie la porcelaine cérémonielle et les cristaux de Vizcaya.

Le **salon Manin** est décoré dans le style autrichien du XIXe siècle.

Le **salon Pantaloon** reflète le style bucolique joyeux en vogue à Venise au XVIIIe siècle.

Le **Vizcaya Café**, un ajout des temps modernes avec une petite touche de l'opulence de la villa, est une étape agréable permettant de reprendre son souffle après avoir arpenté les escaliers et les jardins. La boutique vend des céramiques et des bijoux italiens. Le jardin est parfois ouvert pour des visites nocturnes, à partir de 18h. ■

Miami Science Museum

Pour initier les enfants aux sciences, rien ne vaut le Miami Science Museum. Il se situe près de Vizcaya, après l'entrée de la Rickenbacker Causeway, au sud, et allie histoire naturelle et mystères cosmiques.

Un pygargue à tête blanche, emblème national des États-Unis, au Falcon Batchelor Bird of Prey Center

Miami Science Museum

Plan p. 115

3280 S. Miami Ave.

305-646-4200

€€€

www.miamisci.org

Les expositions itinérantes nationales du musée débutent avec les rudiments (gravité, lumière, son) et progressent vers les nouvelles technologies. Elles s'adressent essentiellement aux plus jeunes et sont de fait un peu sommaires pour un adulte. Le musée propose cependant ce qu'il faut pour plaire à tous les publics.

L'une des expositions permanentes du musée, « Expéditions smithsoniennes : explorer l'Amérique latine et les Caraïbes », invite les enfants à imiter Indiana Jones. Une autre s'intitule « Notions newtoniennes : les forces, le mouvement et vous ».

Dans le dôme de 20 m du **Miami Planetarium**, où l'on peut allonger son siège dans l'obscurité et voir glisser les constellations et évoluer l'univers, sont projetés chaque jour des classiques de l'observation des étoiles. Le premier vendredi du mois, un spectacle laser sur le thème du voyage dans l'espace est organisé, accompagné de musiques des Pink Floyd, des Beatles ou de Bob Marley. Le soir, si la météo le permet, le musée vous invite à utiliser gratuitement le télescope (n'hésitez pas à téléphoner au préalable pour connaître la partie céleste visée, car elle change régulièrement).

Le monde naturel du sud de la Floride n'est pas en reste, car le musée abrite également un petit zoo. En outre, le **Falcon Batchelor Bird of Prey Center** soigne les oiseaux blessés : aigles, balbuzards, buses, faucons, chouettes...

À noter : début 2015, le musée va déménager à Miami Park, au centre de Miami, dans de nouveaux locaux en cours de construction. ■

L'énergie révélée

Au Miami Science Museum, plusieurs installations interactives reliées entre elles présentent l'énergie de manière ludique. L'une des plus appréciées est l'« Energy Dance Floor » : lorsque petits et grands bondissent sur la piste, le sol absorbe leur énergie et la transforme en électricité dont le courant alimente des lumières colorées qui pulsent tout autour d'eux. Une deuxième piste de danse est équipée de caméras thermiques qui montrent la chaleur dégagée par les corps des visiteurs.

Alentours de Coconut Grove

Si vous demandez votre chemin vers le centre de Grove, on vous conseillera de descendre South Bayshore jusqu'au rond-point où il rejoint Main Highway et Grand Avenue. Le centre de Coconut Grove est une concentration de restaurants, de magasins et de petites sociétés que l'on peut aisément explorer à pied. Les fans de CocoWalk, dans Virginia Street, vous diront que c'est ici, dans ce dédale de restaurants, de bars et de boutiques de mode sur plusieurs étages, que bat le cœur de Grove. Les prospères commerçants de Mayfair in the Grove vous affirmeront la même chose... Toutefois, si vous vous éloignez du centre, la voiture se révèle plus pratique.

Curiosités architecturales

Dans le quartier de **Silver Bluff**, sur South Bayshore Drive, les résidences numérotées de 1600 à 2100, remarquables par leur architecture, remontent à la décennie suivant la Première Guerre mondiale. Notez l'affleurement en calcaire, saillie de la crête côtière atlantique où vivaient autrefois les créatures dont on voit les ossements dans le Deering Estate (voir p. 138). Un peu plus au sud, au 2484 South Bayshore, se trouve une ravissante demeure néoméditerranéenne. Construite en 1923, elle appartient à présent au Coral Reef Yacht Club.

Des pavillons bâtis au XIXe siècle par la florissante communauté bahamienne de Coconut Grove survivent sur **Charles Avenue** *(entre SW 37th Ave. et Main Hwy)*. Ils sont reconnaissables à leur forme longue et étroite et à leurs pièces donnant sur un hall latéral qui court sur toute la largeur.

Allez ensuite admirer un splendide édifice ancien de Grove : la **Plymouth Congregational Church**, près de Main Highway *(3400 Devon Rd, tél. : 305-444-6521, www.plymouthmiami.com)*, est un exemple de style missionnaire. Œuvre d'un maçon espagnol, elle fut achevée en 1917, alors que la mode californienne faisait fureur. Remarquez la porte sculptée dans des planches de noyer appliquées sur du chêne, provenant d'un monastère pyrénéen du XVIIe siècle. Le domaine de 4,5 ha comprend un presbytère de 1926, ainsi que la première école publique de

À DÉCOUVRIR Course de fond ou marathon de Miami

Si vous désirez prendre part à une compétition sportive pendant vos vacances, le Miami-Dade County est le meilleur endroit pour vous inscrire à un 5 000 m. Ces dernières années, les courses et marches caritatives et les courses d'endurance se sont multipliées dans le comté. L'hiver étant la saison sèche, la plupart sont organisées de novembre à avril et il y en a presque tous les week-ends. Si vous préférez les parcours plus longs, faites coïncider votre voyage avec l'ING Miami Marathon (marathon et demi-marathon), qui se déroule au mois de janvier. En 2011, 17 000 personnes y ont participé, parcourant les rues de Coconut Grove, de Downtown Miami et de Miami Beach. Pour plus d'informations, consultez les sites *www.active.com* (rechercher Miami) et *www.runmiami.com*.

CocoWalk
Plan p. 115
Virginia St. et Grand Ave.
www.cocowalk.net

Mayfair in the Grove
Plan p. 115
Mary St. et Grand Ave.

Barnacle Historic State Park

Plan p. 115
3485 Main Hwy
305-442-6866
Fermé mar.-jeu.
€

www.floridastateparks.org/thebarnacle

Dade County, un bâtiment d'une pièce construit en 1887 avec du bois recueilli sur des épaves. Déplacée en 1970, elle se trouvait à l'origine près du Peacock Inn (aujourd'hui disparu).

Le **Barnacle Historic State Park**, difficile à trouver, mérite le détour. La superbe maison de 1891, qui appartenait à Ralph Middleton Munroe, pionnier et expert en construction navale, est entourée par 2 ha d'arbres de bois dur floridien. Nombre d'architectes de Miami la considèrent comme un modèle d'élaboration réfléchie. Petit-fils du premier industriel à commercialiser des crayons à mine de plomb en Amérique, Munroe se protégea des ouragans en dotant sa maison de fondations en pin, insensibles aux termites, profondément enfoncées dans le sol et fixées par de solides poutres récupérées sur des épaves. La visite guidée *(à 10 h, 11 h 30, 13 h et 14 h 30, €)* permet de découvrir que l'édifice d'origine était un bungalow jusqu'à ce que Munroe, en 1908, le surélève et lui ajoute un étage. Remarquez la structure inhabituelle du toit, dont les lucarnes s'ouvrent par un système de poulies et de cordes pour évacuer l'air chaud : le fondateur du Biscayne Bay Yacht Club le décrivait comme une bernacle collée sur une coque.

En diagonale, de l'autre côté de la rue, se dresse une autre curiosité de Grove. Cet édifice hispanisant ouvrit ses portes comme cinéma en 1927. Il fut ensuite transformé dans les années 1950 en salle de théâtre, la **Coconut Grove Playhouse** *(3500 Main Hwy)*, à la programmation de qualité : en 1956 eut lieu la première mise en scène d'*En attendant Godot*, de Samuel Beckett. Les difficultés financières ont précipité sa fermeture en avril 2006. Sa réouverture est envisagée, mais son sort reste incertain au moment où nous mettons sous presse. ■

Malgré l'animation de CocoWalk, Coconut Grove dégage encore une atmosphère de petite ville.

Miami City Hall

Situé sur Dinner Key, dans l'ancien terminal de la Pan American Airways, le Miami City Hall est un vestige de l'une des périodes les plus romantiques du voyage aérien en Amérique : le temps des hydravions géants, qui prit fin à Coconut Grove le 9 août 1945, lorsque le dernier « clipper » de la Pan Am décolla. Construit dans le style Art déco, le bâtiment reflète le romantisme et le luxe que la compagnie promettait aux passagers à bord de sa flotte.

Le premier siège de la Pan Am à Coconut Grove occupait les deux étages d'une péniche, mais son fondateur, Juan Trippe, décidé à bâtir la première compagnie aérienne au monde en termes de service, de luxe et de prestige, commanda au cabinet d'architectes new-yorkais Delano and Aldrich, auteurs de l'élégant La Guardia Marine Air Terminal à New York, un autre chef-d'œuvre Art déco à Dinner Key. L'édifice fut inauguré le 27 mai 1934, et les journalistes le qualifièrent à juste titre de « plus belle base d'hydravions au monde ».

Retour dans le passé

S'il suffit aujourd'hui de quitter South Bayshore Drive et de suivre Pan American Drive jusqu'au terminal (qui abrite le Miami City Hall depuis 1954), Dinner Key était autrefois une île. En 1917, les ingénieurs de la Marine comblèrent le bras de mer pour aménager une base d'hydravions.

Garez-vous au bout de la route circulaire et traversez la pelouse jusqu'à la borne historique, qui retrace l'histoire de Dinner Key. Regardez vers le canal : les hangars qui abritaient les « clippers » sont un chantier de construction, mais le terminal arbore toujours de belles lignes horizontales. Les rangées de globes qui encadraient jadis la Pan American Airways flanquent à présent le Miami City Hall (l'hôtel de ville de Miami).

À l'entrée, dans l'ancienne salle d'attente, un globe terrestre en mosaïque illustre le sol. De 2001 à 2003, le bâtiment a subi une rénovation complète et les bureaux administratifs ont retrouvé l'éclat des années 1920 et 1930. À l'autre extrémité de la pièce est suspendue l'horloge d'origine de la Pan Am.

À SAVOIR

Le hall restauré a retrouvé sa splendeur d'origine avec ses fresques d'oiseaux, ses hydravions et le vaisseau volant de Léonard de Vinci. Levez les yeux pour admirer les peintures du plafond.

Derrière l'édifice, les palmiers frémissent au-dessus des eaux bleues du bras de mer donnant sur les Caraïbes. Songez à l'époque où les premiers clippers faisaient la navette entre Key West et La Havane, naviguant avec pour seul moyen de communication des pigeons voyageurs prêts à donner l'alerte en cas d'amerrissage forcé. ■

Miami City Hall

Plan p. 115
3500 Pan American Dr.
305-250-5300
Fermé sam.-dim.

Circuit routier de Main Highway à Old Cutler Road

La route quittant Vizcaya vers le sud offre un splendide spectacle subtropical : des quartiers résidentiels ornés de plantes grimpantes et de bougainvilliers ; des cours d'eau envahis de mangrove serpentant vers l'intérieur des terres et dissimulant de petites marinas ; des arboretums luxuriants, tel le Fairchild Tropical Botanic Garden ; et des parcs publics, comme le Matheson Hammock, où l'on peut pique-niquer à l'ombre d'un palmier face à Biscayne Bay.

La flèche du Biltmore Hotel, inspirée de la Giralda de Séville, reflète la fascination exercée par l'histoire espagnole à Miami.

De Main Highway à Old Cutler Road

Plan p. 114-115

Si vous suivez le front de mer, il est difficile de vous perdre. Un plan vous indiquera néanmoins les embranchements et vous aidera à préparer votre périple. Depuis Vizcaya, prenez South Bayshore Drive vers le sud jusqu'au centre de Coconut Grove, où il aboutit à une sorte de rond-point de rues et de virages avant de devenir Main Highway.

Près de la limite sud de Coconut Grove et d'une lagune, au 4013 Douglas Road, une maison construite dans les années 1870 imite l'architecture indonésienne. Connue sous le nom de **Kampong**, source d'inspiration pour le frère du premier hôtelier de Coconut Grove, Charles Peacock, la maison passa ensuite à David Fairchild, fondateur du Fairchild Tropical Botanic Garden, qui entoura la demeure de plantes exotiques. Le Kampong est aujourd'hui un site privé de recherche sur la faune tropicale. Il propose des visites guidées les mercredi et samedi *(tél. : 305-445-8076)*.

Reprenez l'Ingraham Highway jusqu'à ce qu'elle rejoigne Le Jeune Road : en chemin, vous croiserez de ravissants quartiers résidentiels. Tournez dans l'une des rues donnant sur l'artère principale pour voir des résidences incarnant l'idéal de vie du sud de la Floride.

Ingraham devient Old Cutler Road, qui rejoint le **Matheson Hammock Park** *(plan p. 135 D4;* voir p. 137*)* et le **Fairchild Tropical Botanic Garden** *(plan p. 135 D4;* voir p. 136*)*. Immédiatement au sud, Old Cutler forme avec Red Road (ou Fla. 959) une intersection en T.

C'est le moment de rebrousser chemin. Tournez à droite (nord) dans Red Road et suivez-la sur environ 8 km jusqu'à Coral Gables, où l'extraordinaire **Biltmore Hotel** *(plan p. 127;* voir p. 129*)* s'élève au-dessus de la « City Beautiful ». Sa flèche fauve est une réplique de la Giralda, le minaret transformé en clocher de la cathédrale de Séville. ■

Le projet de Coral Gables naquit en 1921 dans une famille de producteurs d'agrumes : George E. Merrick donna à son ensemble de maisons méditerranéennes le nom de la demeure de ses parents, une maison rustique taillée dans la pierre corallienne.

Coral Gables

Détail du tryptique *Trois Feuilles* d'Edouard Duval-Carrié, au Lowe Art Museum

Coral Gables

Dans les années 1920, alors que Miami était en plein boom immobilier, George Merrick acquit en cinq ans les 4000 ha de Coral Gables. Il ouvrit le Biltmore Hotel, un luxueux complexe hôtelier : sa haute tour et ses bâtiments d'inspiration hispano-mauresque s'élèvent fièrement au-dessus d'Anastasia Avenue, semblables à un palais royal. Un impressionnant édifice doté d'une arche de 12 m fut dressé à la prestigieuse entrée de Douglas Road.

Le surnom de « City Beautiful » (ville superbe) que Merrick donna à son projet n'était pas usurpé : les larges rues reliant de vastes places, les infrastructures publiques comme la magnifique Venetian Pool sur De Soto Boulevard, les chutes d'eau et les grottes concouraient à cette magnificence. Les nouveaux propriétaires embrassèrent l'idée avec enthousiasme, entretenant leurs pelouses, taillant leurs arbres et veillant à la propreté des trottoirs tout en pressant leurs amis de suivre leur exemple. Portée par un projet utopique, la ville, pourtant réelle, survécut à l'éclatement de la bulle immobilière.

Merrick peut être fier : les résidences de Coral Gables sont toujours aussi convoitées par les acheteurs qui forment le gros des quelque 46500 habitants de la ville. Les sociétés qui y sont installées comptent plus de 140 entreprises et institutions parmi les plus importantes et influentes du sud de la Floride. Le campus de Coral Gables de l'université de Miami accueille près de 15500 étudiants (la faculté en comprend 1500). Le Lowe Art Museum possède une collection de beaux-arts et d'antiquités d'une richesse rare.

À NE PAS MANQUER

L'historique Biltmore Hotel 129

Une baignade dans la Venetian Pool, une piscine des plus paradisiaque 130

Le lèche-vitrine le long du Miracle Mile 131

Les chefs-d'œuvre du Lowe Art Museum 132

Découvrir Coral Gables

Les 31 km² de Coral Gables sont délimités à l'est par Douglas Road (SW 37th Ave.) et à l'ouest par Red Road (SW 57th Ave.). Sa frontière nord coïncide avec le Tamiami Trail (SW 8th St.), et il s'arrête au sud à Sunset Avenue (SW 72nd St.) et Old Cutler Road. L'angle sud-est de Coral Gables est donc proche de Biscayne Bay et de ses jardins tropicaux sous-marins.

Coral Gables est un tel labyrinthe que se perdre est inévitable : le seul espoir est d'avoir un plan. Arrêtez-vous à la Chamber of Commerce *(224 Catalonia Ave., tél. : 305-446-1657, fermé sam.-dim.)*, qui dispose d'un choix de brochures, dont celle contenant le plan officiel de la ville. Autre source de renseignements et de conseils sur la ville, le personnel du Department of Historic Preservation (service des monuments historiques) vous reçoit en semaine dans un petit bureau à la mairie *(405 Biltmore Way, tél. : 305-460-5216)*. De petits guides architecturaux sont parfois disponibles.

L'architecture néoméditerranéenne domine Coral Gables mais côtoie aussi d'autres styles. Les tuiles inclinées distinguent les toits du village chinois sur Riviera Drive à hauteur de Menendez Avenue. L'angle de Maya Street et de Le Jeune Road rappelle les demeures rurales de l'Afrique du Sud hollandaise du XVIIe siècle. La France a inspiré Hardee Avenue au niveau de Maggiore Street, et la Normandie est reconnaissable entre Le Jeune Road et Vizcaya Avenue. Altara Avenue vers Monserrate Street met l'Italie à l'honneur, tandis que dans Santa Maria Street les demeures du « village colonial » célèbrent l'héritage yankee. ■

SW 8TH STREET / TAMIAMI TRAIL
41
GRACELAND MEMORIAL PARK
Douglas Road Entrance
VENETIA AVENUE
MADEIRA AVENUE
ALHAMBRA CIRCLE
GRANADA GOLF COURSE
SOUTH GREENWAY DRIVE
Coral Gables Merrick House
Poinciana Place
Venetian Pool
Books and Books
GRANADA BOULEVARD
LE JEUNE ROAD
DOUGLAS ROAD
BOULEVARD
STREET
SW 24TH STREET / CORAL WAY
MIRACLE MILE
Casa Azul
City Hall
SEVILLA AVENUE
BLVD
De Soto Plaza and Fountain
DE SOTO
Biltmore Hotel
ANASTASIA AVENUE
SEGOVIA
RIVIERA DRIVE
SW 42ND AVENUE
PONCE DE LEÓN
SW 37TH AVENUE
SW 57TH AVENUE / RED ROAD
CORAL GABLES BILTMORE GOLF COURSE
Coral Gables Canal
959
UNIVERSITY DRIVE
VISCAYA AVENUE
SW 40TH STREET / BIRD ROAD
976
953
Douglas Road Station
CIRCLE
DRIVE
SANTA MARIA ST.
RIVIERA GOLF COURSE
ALTARA AVENUE
MONSERRATE ST.
Chamber of Commerce
VILABELLA AVENUE
BLUE ROAD
UNIVERSITY
1
0
1 kilomètre
ALHAMBRA
SAN AMARO
Lowe Art Museum
Chinese Village
PONCE DE LEÓN BOULEVARD
SOUTH DIXIE HIGHWAY
University Station
GRANADA
RIVIERA DRIVE
MAGGIORE STREET
LE JEUNE ROAD / SW 42ND AVENUE
MIAMI
HARDEE ROAD
MAYNADA STREET
MAYA ST.
ALFONSO AVENUE
GRANADA BOULEVARD
ALHAMBRA CIRCLE
SW 72ND STREET / SUNSET DRIVE

Coral Gables Merrick House

À la fin du XIXe siècle, Solomon Merrick, pasteur d'une église congrégationaliste de la Nouvelle-Angleterre reconverti dans l'immobilier – et père de George Merrick –, souhaita offrir à sa famille une résidence digne de ce nom. Comme leur exploitation d'avocats et d'agrumes était florissante, l'argent ne manquait pas.

George Merrick baptisa la ville de ses rêves du nom d'une maison de sa famille.

Coral Gables Merrick House

Plan p. 127

907 Coral Way, entre Toledo St. et Granada Blvd

305-460-5361

Ouvert uniquement mer. et dim. 13 h-16 h ou sur rendez-vous

€

L'épouse de Solomon, Althea, dessina les plans de la demeure : un toit de tuiles incliné, des pignons saillants coiffant des colonnes et des murs pour résister aux termites en pin de Dade County et en roche corallienne locale. Elle entoura la maison d'une véranda et ajouta quelques touches classiques aux entrées et aux fenêtres. Achevée en 1906, la résidence fut nommée Coral Gables. Ce fut le point de départ de l'un des premiers quartiers du pays dont la construction fut planifiée.

Aujourd'hui, la maison des Merrick est un monument pour les habitants qui y organisent des conférences et des soirées. Peu de meubles demeurent, mais l'édifice est intéressant. Certains des arbres fruitiers plantés par Merrick poussent toujours dans le jardin. Vous pouvez explorer la maison et le domaine par vous-même ou suivre la visite guidée *(gratuite, à 13 h, 14 h et 15 h)*. ■

À SAVOIR

La maison d'enfance de George Merrick – une belle demeure en roche corallienne – vous donnera une idée de ce qu'était la vie en Floride du Sud à l'aube du XXe siècle.

Biltmore Hotel

Depuis sa plus tendre enfance, George Merrick voulait devenir écrivain et vivre en artiste dans les châteaux ibériques qu'il avait vus dans des livres illustrés. En ouvrant le Biltmore en 1926, il eut enfin son château en Espagne. Il dédaigna les tuiles « espagnoles » fabriquées aux États-Unis, pourtant de bonne qualité, et en fit importer des milliers. Décidé à élever son hôtel au rang des plus grands établissements européens, il accorda une attention obstinée aux détails durant sa construction.

Cette ambition s'exprime dans le grand hall, une salle de 790 m² et de 13 m de hauteur sous plafond, ornée de colonnes de pierre massives et minutieusement décorée : oiseaux tropicaux dans des cages raffinées, téléphones sans sonnerie...

Cependant, le château ne tarda pas à vaciller : un violent ouragan, la fin du boom immobilier en Floride, la crise de 1929 et la Grande Dépression eurent raison de ses ambitions. Lorsque Miami entra en guerre en 1941, l'armée réquisitionna l'hôtel et transforma en chambres de malades les suites où dormaient jadis Bing Crosby, Judy Garland et le duc et la duchesse de Windsor. Le Biltmore demeura un hôpital militaire jusque dans les années 1960, échappant de peu à la démolition. Il fut classé monument national et engloutit des millions de dollars en rénovation avant de rouvrir en 1992. Deux ans plus tard, présidents et premiers ministres y furent accueillis en grande pompe lors du Sommet des Amériques, une occasion pour l'hôtel d'asseoir sa réputation, 70 ans après son ouverture.

L'opulence du Biltmore

Même si vous n'y passez pas la nuit, le Biltmore vaut le détour. Le dimanche, le brunch est servi dans le cadre somptueux du restaurant Fontana, au son des guitaristes de flamenco, dans un décor de fontaines. La piscine de 2 000 m² est un incontournable. Rendez-vous au centre sportif situé au rez-de-chaussée : des forfaits sont proposés aux non-résidents, avec accès à la piscine. L'hôtel dispose aussi d'un parcours de golf de championnat de 18 trous (par 71). Enfin, prenez le temps de vous relaxer dans les salons luxueux.

Le soir, la tour de 18 étages du Biltmore s'illumine doucement, dominant les environs de Coral Gables, semblable au phare d'un bâtiment dont l'envergure n'a pas son pareil avec les édifices d'aujourd'hui ■

Un couple ambitieux

À la mort de son père, George Merrick dut quitter l'université pour gérer les 1 200 ha familiaux d'agrumes et de pins. Il épousa Eunice Peacock et, ensemble, ils fondèrent un salon artistique, rêvant de créer un lieu aussi beau et sophistiqué que ceux des villes européennes qui enflammaient leur imagination.

Biltmore Hotel

Plan p. 127

1200 Anastasia Ave.

855-311-6903

www.biltmorehotel.com

Venetian Pool

Cette « piscine vénitienne » figure sans conteste parmi les plus beaux bassins publics du sud de la Floride. Tout a commencé par un trou affreux dans le sol calcaire, creusé par les tailleurs de pierre qui travaillaient à la construction de Coral Gables.

Une carrière abandonnée dans le centre de Coral Gables est devenue la piscine la plus originale de la région de Miami.

Venetian Pool

- Plan p. 127
- 2701 De Soto Blvd
- 305-460-5306
- Fermé déc.-jan.
- €€-€€€

www.thevenetianpool.com

NOTE : Accès autorisé uniquement aux enfants de plus de 3 ans.

L'artiste et créateur Denman Fink et l'architecte Phineas Paist, qui conçurent la majeure partie de la ville, avaient le choix de combler le trou ou de lui trouver un usage. Inspirés par la cité des Doges, ils recréèrent une Venise imaginaire, faite de plongeoirs, de chutes d'eau, de grottes et de lampadaires fidèlement imités, d'une tour d'observation et d'une île reliée par un pont qui enjambe élégamment la piscine. Depuis son ouverture en 1924, le lieu n'a rien perdu de sa beauté.

Dans les années 1920, la Venetian Pool servit de cadre à des concours de beauté et à des fêtes fastueuses. Une belle collection de vieilles photographies témoigne de cette époque. Jusqu'en 1986, l'eau de la piscine était remplacée chaque soir par 3 000 m^3 d'eau douce tirée d'un puits artésien. Aujourd'hui, l'eau est recyclée par un système de filtration naturelle.

Même si toutes les piscines de la région de Miami affirment la même chose, Esther Williams, l'extraordinaire danseuse aquatique, s'est vraiment produite ici, tout comme l'acteur qui incarna Tarzan, Johnny Weissmuller (champion de natation et de plongeon). La Venetian Pool vous réserve une baignade que vous n'oublierez pas de sitôt. ■

Coral Way

Bordée d'arbres et de parterres de fleurs sur une bonne partie de sa longueur, Coral Way était la grande rue de Coral Gables à l'époque de George Merrick. Aujourd'hui, elle demeure l'artère principale du quartier des affaires. La partie qui s'étend entre 37th et 42nd Avenues est connue sous le nom de « Miracle Mile ».

Miracle Mile

Pour les mauvaises langues, le seul « miracle » de cette section commerçante de Coral Way réside dans sa longévité. L'avènement des magasins de chaînes laisse craindre la fin des boutiques originales qui faisaient tout le charme de Coral Gables.

Curiosités architecturales

L'architecture de Coral Gables est néanmoins ravissante. De magnifiques exemples bordent Coral Way, notamment la **De Soto Plaza and Fountain**, où se rejoignent Sevilla Avenue, De Soto Boulevard et Granada Boulevard. Merrick construisit 14 de ces places sur le thème de l'eau, mais celle-ci, conçue sur le modèle d'un rond-point européen, compte parmi les plus belles.

Casa Azul, résidence privée du 1254 Coral Way *(entre Madrid St. et Columbus Blvd)*, doit son nom à son toit en tuiles bleues vernies. H. George Fink, qui adapta l'architecture espagnole à Coral Gables, jouissait d'une telle renommée outre-Atlantique que le roi Alfonse XIII lui accorda une audience et le titre de Don Jorge.

Poinciana Place *(937 Coral Way, entre Toledo St. et Granada Blvd)*, la première demeure de George et Eunice Merrick, fut bâtie quelque temps avant que Merrick ne se lance dans la construction de la ville. C'est le type de maison dans laquelle vivaient les grands propriétaires de la région, avant que Coral Gables ne généralise la mode du style méditerranéen.

La **Merrick House** *(832 S. Greenway Dr., à hauteur de Castile Ave.)*, qu'il faut distinguer de la maison d'enfance de Merrick (voir p. 128), abrite aujourd'hui un musée privé. Merrick décida qu'une résidence beaucoup plus imposante impressionnerait davantage les acheteurs potentiels. Son cousin Don H. George conçut pour lui un immense palais de pierre et de stuc digne de l'Alhambra. Il occupe un pâté de maisons entier et est dissimulé derrière un mur et un portail couvert reconnaissable. ■

Coral Way
Plan p. 127

Coral Gables City Hall

George Merrick, pour qui la mairie devait être à la hauteur de sa vision de la « City Beautiful », lui consacra 200 000 dollars – une somme considérable en 1928. Cet hôtel de ville semi-circulaire *(405 Biltmore Way, tél. : 305-446-6800, fermé sam.-dim.)*, avec son clocher à trois niveaux inspiré de la Renaissance espagnole et une imposante série de colonnes, est un monument national. Les blocs gris des murs sont faits de calcaire oolithique, prélevé dans la région sur des récifs coralliens, remontés à la surface de l'eau il y a des millénaires. Entre les plans et l'inauguration, l'édifice fut construit en seulement quatre mois.

Lowe Art Museum

Retranché sur le campus de l'université de Miami, le premier musée des Beaux-Arts du sud de la Floride est surtout connu pour ses remarquables collections d'œuvres de la Renaissance, d'art baroque, américain, indien, précolombien et asiatique. On peut y passer une journée sans en épuiser toutes les salles.

L'installation grandeur nature de la photographe Sandy Skoglund séduit les visiteurs du musée.

Lowe Art Museum

Plan p. 127

1301 Stanford Dr., sur le campus de l'université de Miami, près de l'US1/S. Dixie Hwy

305-284-3535

Fermé lun. et dim. mat.

€€

www.lowemuseum.org

Des jades du Japon ancien, des antiquités équatoriennes et colombiennes, et des tissages du Sud-Ouest réalisés par les Navajos, les Pueblos et les peuples du Rio Grande avant l'arrivée des Européens font la richesse de cette collection. Si l'on ne se souviendra pas de toutes les œuvres abstraites de Frank Stella ou des bulles des tableaux de Lichtenstein, certaines œuvres produisent une impression inoubliable : les arcs-en-ciel cotonneux de Bierstadt, la palette sanguine de Rembrandt Peale, les doux sourires des personnages du Tintoret, le réalisme cru avec lequel John Sloan dépeint les ouvriers du début du XXe siècle, les bleus de Claude Monet et les tons chauds de Paul Gauguin.

Parmi les antiquités égyptiennes exposées dans des vitrines, des divinités aux yeux en amande brandissent des crosses et des serpents, tout en esquissant un sourire, et semblent goûter l'ironie de leur destin : régner un jour sur un royaume pour finir dans un musée à Coral Gables.

Procurez-vous l'un des catalogues proposés dans la splendide librairie du musée pour garder un souvenir des œuvres de Picasso, des masques africains, des textiles et des broderies en perles si précieuses qu'elles ne peuvent être vendues mais uniquement prêtées à d'autres musées. ■

Les Miamiens l'appellent South Dade et considèrent Homestead et Florida City comme ses capitales provinciales. Les autres nomment Redlands (« terres rouges ») ces plaines cultivées centenaires, en raison de leur sol riche de couleur rouge.

South Miami

Le flamant des Caraïbes est une sous-espèce de flamant rose.

South Miami

En dépit des vastes aménagements résidentiels et commerciaux – les minigaleries marchandes ont poussé comme des champignons –, South Dade reste dans l'ensemble ce qu'était autrefois Miami : un pays rural « de cueillette », où tous les végétaux prospèrent sur un sol fertile et odorant, où un rythme paisible règne sur les immenses plaines cultivées qui se déroulent à l'ouest jusqu'aux étendues sauvages des Everglades.

La plupart des visiteurs traversent la région en voiture pour rejoindre les Everglades, le Biscayne National Park ou les Keys, laissant défiler les champs et les vergers, fenêtre relevée et climatisation au maximum. C'est dommage, car l'on dit de cet interlude champêtre entre l'urbanité miamienne et les Upper Keys encombrées qu'il sent bien bon – les fleurs, l'eau douce stagnante et même l'odeur proprette des clous dans une vieille quincaillerie.

Tout cela n'a bien sûr pas échappé aux citadins en quête de dépaysement. Les fermes abandonnées par la génération précédente ont été rebâties sur de nouvelles fondations et coiffées d'un toit neuf pour accueillir leurs retraites champêtres du week-end.

L'agriculture – fraises, navets, oignons, agrumes, tomates, courges, plantes aromatiques, avocats et bien d'autres produits – domine South Dade. Les orchidées s'épanouissent grâce à la fertilité d'une couche arable riche en nutriments, d'une eau abondante et d'un soleil de serre. Des fermes biologiques spécialisées approvisionnent les restaurants et les cuisines gastronomiques du Grand Miami.

À NE PAS MANQUER

Découvrir South Miami

Vous quitterez rapidement l'agglomération de Miami en descendant par l'US1, la South Dixie Highway, mais, à moins d'être pressé, il vaut mieux emprunter la route plus lente et pittoresque qui longe le littoral atlantique : de South Bayshore Drive à Main Highway, à travers Coconut Grove, en continuant vers le sud par l'Ingraham Highway, puis par Old Cutler Road, célèbre pour sa luxuriante canopée de ficus et ses propriétés clôturées. L'avantage est esthétique : une route plus jolie, relaxante et qui en révèle davantage sur la nature subtropicale floridienne et la manière dont elle influence le mode de vie local. Ce parcours vous mènera aussi à l'un des plus beaux espaces verts du Grand Miami au bord de l'océan, le Matheson Hammock Park, ainsi qu'au Fairchild Tropical Botanic Garden, une magnifique réserve naturelle où les reines des fleurs exotiques de la planète sont cultivées avec le plus grand soin et apprêtées pour des présentations quotidiennes.

Délimitant la lisière sud de South Dade, balayée par les ouragans, Homestead est la cible des plaisanteries pour son manque d'attraits et de finesse. Elle n'offre guère à voir et n'est pas réputée pour sa vie nocturne. Comme l'indique son nom (« ferme »), ses premiers occupants étaient pour l'essentiel

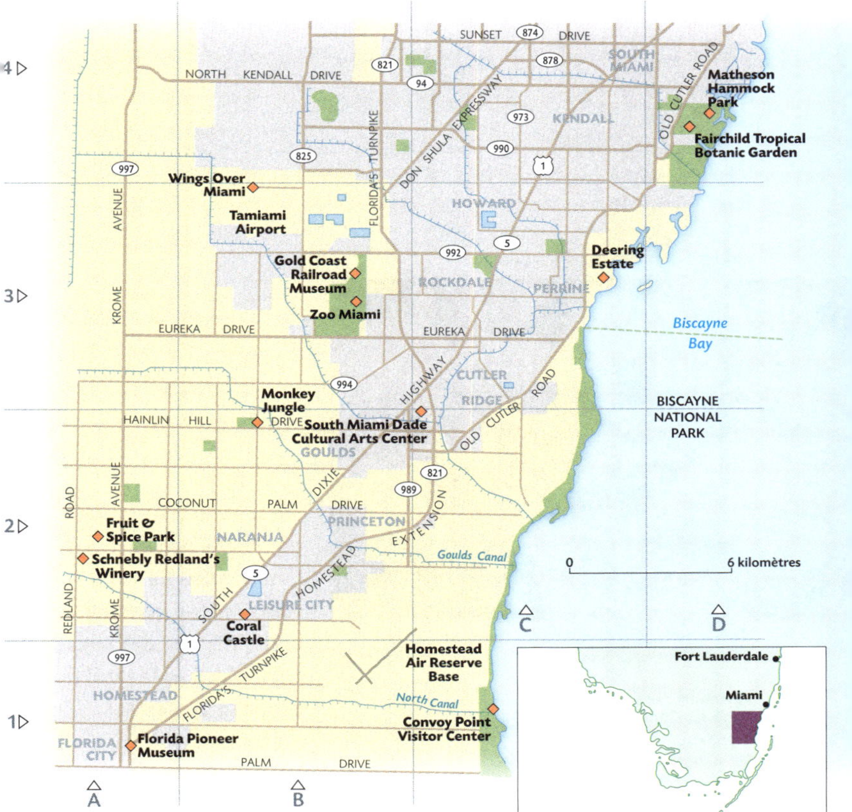

des agriculteurs qui cultivaient avocats, oranges, citrons et citrons verts. Les employés ferroviaires d'Henry Flagler en ont fait leur base sud-floridienne et constitué sa communauté pavillonnaire, se fournissant sur les marchés fermiers et adoptant un mode de vie rural. Florida City a meilleure réputation, avec ses modestes avenues construites petit à petit, à l'opposé des grands projets du Coral Gables de George Merrick.

En 1992, l'ouragan Andrew a asséné un coup dur aux deux villes, qu'il a parsemées de décombres. La guérison a été longue, mais les ravages sont aujourd'hui effacés.

N'hésitez pas à explorer ce vaste quadrillage champêtre de rues et d'avenues, parfois numérotées, d'autres fois baptisées, et bien souvent les deux. Vous découvrirez ainsi un coin reculé de la « vraie Floride » qui s'étend d'est en ouest, de Biscayne Bay aux Everglades. Vous y trouverez des merveilles comme le Fruit and Spice Park, où vous apprendrez tout ce qu'il faut savoir sur l'agriculture de la Floride du Sud, et le Zoo Miami, l'unique parc animalier tropical des États-Unis. ■

Fairchild Tropical Botanic Garden

La Floride du Sud est la seule région continentale des États-Unis où les plantes tropicales et subtropicales survivent toute l'année. C'est pourquoi au sud-est de Coral Gables, le long de Biscayne Bay, se trouve le plus grand jardin botanique tropical américain en dehors d'Hawaï. Merveilleux espace vert de 42 ha, il est depuis presque 70 ans l'un des principaux centres de recherche botanique du monde.

Dans le jardin botanique, des orchidées et une myriade d'autres fleurs colorées s'épanouissent en toute quiétude.

Fairchild Tropical Botanic Garden
- Plan p. 135 D4
- 10901 Old Cutler Rd
- 305-667-1651
- €€€€€

www.fairchildgarden.org

Cette belle oasis d'orchidées, de fougères et d'arbres fleuris abrite 11 lacs et étangs couverts de nénuphars. Elle présente aussi les anciens écosystèmes sud-floridiens, notamment une réserve de mangrove intacte et une colline *(hammock)* de bois dur, la Floride du peuple tequesta. Les enfants seront séduits par la pergola en calcaire couverte de vigne et les passages dissimulés sous la canopée tropicale, inondés de lumière verte.

La conception du jardin produit un effet magique. Inauguré en 1938, il a été baptisé du nom du Dr David Fairchild, botaniste et écrivain. Ses aventures aux quatre coins de la planète lui ont valu une réputation d'explorateur de la flore, l'Indiana Jones des orchidées. Ses mémoires, *The World Was My Garden*, est une véritable bible pour certains botanistes parmi les plus éclairés.

À SAVOIR

Ne soyez pas découragé par la chaleur ou l'immensité de Fairchild : de nombreux bancs offrent des vues splendides et le jardin propose des visites en tramway.

Une collection de fougères, de plantes et d'orchidées pousse autour des lacs du jardin : arbre de feu d'Australie, aristoloche du Brésil, orgueil du Cap d'Afrique du Sud, passiflore du Nicaragua et du Venezuela, *Beaumontia grandiflora* du Vietnam, et une myriade d'orchidées de Birmanie et de Thaïlande. Cette diversité époustouflante plaide en faveur d'un circuit guidé sur l'un des nombreux sentiers à thème. Des visites commentées en tramway, comprises dans le billet d'entrée, ont lieu toutes les heures. ■

Matheson Hammock Park

L'allée qui mène au plus vieux parc du Dade County donne l'impression d'entrer dans la retraite reculée d'un milliardaire, avec ses pelouses impeccables et sa superbe marina. Le parc est en effet le legs d'un homme riche, le Commodore W. J. Matheson. En 1930, ce fabricant de colorants et de produits chimiques, autrefois propriétaire de Key Biscayne, a cédé au comté les 50 premiers hectares, sur les 260 que compte le parc.

Chaque année, ses 400 000 visiteurs en font un site de loisirs en plein air parmi les plus populaires du Grand Miami. Cela n'est guère surprenant, compte tenu de ses attraits : un lagon de baignade artificiel (l'Atoll Pool) rafraîchi par les marées, un charmant restaurant en pierre corallienne, des pavillons de pique-nique et des barbecues, sans oublier la vue sur Biscayne Bay. Des sentiers nature permettent d'explorer les marécages de mangrove, un morceau de Floride primitive qui représente l'essentiel de la superficie du parc.

Avant de stationner, prenez l'embranchement pour la marina et le yacht-club, et dépassez la rampe de mise à l'eau vers le sud en longeant le littoral jusqu'au parking n° 5. Celui-ci jouxte une charmante **plage** donnant sur une eau peu profonde au fond sableux, ce qui la rend sûre pour les enfants et les baigneurs qui ne savent pas nager. C'est aussi une destination populaire pour des visites guidées sur la vie marine des hauts-fonds. La fourche nord de la route d'accès continue après la marina et s'achève près du **lagon**, surveillé par un sauveteur et agrémenté d'un snack-bar et de cabines. Une promenade goudronnée contourne la plage de sable du lagon, et des bancs permettent d'admirer Biscayne Bay.

Demandez à un garde du parc une carte des sentiers forestiers et des pistes cyclables. ■

Matheson Hammock Park

Plan p. 135 D4

9610 Old Cutler Rd

305-665-5475

€

www.miamidade.gov/parks/parks/matheson_beach.asp

Le Matheson Hammock est l'un des parcs du Grand Miami les plus appréciés des familles.

Deering Estate

En 1913, Charles Deering acheta 170 ha donnant sur Biscayne Bay, au sud de Coconut Grove (appelé alors Cutler). Il y bâtit une retraite hivernale qui tranchait avec l'opulence de Vizcaya (voir p. 116-119), la demeure palatiale de son frère James. La propriété comprend deux des plus anciennes structures de Cutler : une maison de colon et une auberge, rares exemples d'architecture populaire en bois du sud de la Floride.

L'une des pièces principales de la Stone House

Deering Estate
Plan p. 135 C3
16701 SW 72nd Ave.
305-235-1668
€€€, supp. pour les visites guidées
www.deeringestate.org

Collectionneur comme son frère, Charles édifia une demeure néoméditerranéenne en roche corallienne, baptisée **Stone House** (maison de pierre), qu'il remplit de peintures, de tapisseries, d'antiquités, de livres rares et de bouteilles de vin. Il fit creuser un bassin lui permettant de mettre le yacht familial à l'eau. Dans les années 1980, la propriété fut vendue à l'État de Floride et au Miami-Dade County.

Le parc dispose d'une collection de fossiles : ossements d'animaux, dents de mammouths, chevaux aussi petits que des chiens, paresseux et bisons vieux de 50000 ans. Plus intéressants sont les vestiges des Paléo-Indiens, premier peuple connu en Amérique du Nord, qui serait arrivé dans la région il y a 10000 ans.

À SAVOIR

De la promenade en planches qui serpente à travers les mangroves, vous apercevrez des moustiques et des araignées qui ont l'air d'être sous stéroïdes ! N'oubliez pas votre lotion insectifuge.

Si vous êtes lassé des manoirs cossus, 60 ha rocheux de forêts de pins vous attendent. Relique de l'ancienne Floride, c'est l'un des derniers écosystèmes primaires des États-Unis continentaux. Cette clairière est entourée de plantes locales rares : orchidées, broméliacées, fougères, chênes, gommiers rouges et 35 autres essences d'arbres. Le domaine comprend aussi 52 ha de palétuviers et de marais salants, et l'île de **Chicken Key**, au large, dont on peut visiter les mangroves dans le cadre d'une excursion en canoë *(réservation indispensable)*. ■

Gold Coast Railroad Museum

Que sont donc devenus les superbes locomotives et les luxueux wagons-lits de l'âge d'or du chemin de fer ? Conduits à la ferraille pour la plupart d'entre eux, et au musée pour quelques heureux. Vous en découvrirez une trentaine dans cette ancienne base aéronavale de la Seconde Guerre mondiale. Parmi eux, une voiture panoramique Silver Crescent de 1949 et l'engin roulant le plus chargé d'histoire des États-Unis : le magnifique *Ferdinand Magellan*, une voiture-lit Pullman de 1928, transformée en 1942 pour le président Franklin D. Roosevelt.

Le président aurait pu voyager en voiture Pullman ordinaire, mais, la guerre étant déclenchée et devant la menace d'un attentat nazi, les responsables de la sécurité achetèrent le *Magellan* et l'équipèrent d'un blindage et de verre de 8 cm d'épaisseur à l'épreuve des balles. Ils agrandirent la salle à manger/de conférence et ajoutèrent un salon panoramique, ainsi que des portes de secours et des équipements permettant à Roosevelt, handicapé par la poliomyélite, de s'échapper plus facilement. Le poids du wagon passa ainsi de 80 à presque 143 t, ce qui en fait la voiture de passagers la plus lourde jamais utilisée aux États-Unis et la seule classée monument historique national.

Pendant la guerre, Roosevelt et Winston Churchill se retrouvèrent autour de sa solide table de conférence en acajou. Roosevelt fit environ 80 000 km à bord du *Magellan*, à 56 km/h, dont son ultime voyage jusqu'à Warm Springs, en Géorgie, le dernier jour de sa vie. Harry Truman, qui utilisa la voiture Pullman pour ses tournées électorales éclair, fit environ 45 000 km, à 130 km/h. Dwight Eisenhower voyagea aussi dans ce train pendant son mandat. Les présidents suivants choisirent la voie des airs, mais, pendant la campagne présidentielle de 1984, Ronald Reagan emprunta le pupitre de Truman pour ses discours entre Dayton et Toledo, en Ohio. Une promenade en train est comprise dans le prix du billet. ■

Gold Coast Railroad Museum

Plan p. 135 B3

12450 SW 152nd St.

305-253-0063 ou 888-608-7246

€€

www.gcrm.org

À DÉCOUVRIR Visite d'une exploitation vinicole

Située aux environs de Homestead, à 32 km au sud-est du Gold Coast Railroad Museum, la Schnebly Redland's Winery *(30205 SW 217th Ave., Homestead, tél. : 305-242-1224, www.schneblywinery.com)* a vu le jour en 2003 quand Peter et Denisse Schnebly, qui possèdent une exploitation de fruits tropicaux, ont décidé de produire du vin. Ils ont créé des vins pétillants, de table et de dessert, à partir de mangues, goyaves, litchis, fruits de la passion et caramboles.

Des visites de l'exploitation de 30 min *(€€)* sont organisées le week-end afin de découvrir les étapes du processus de vinification. La vaste salle et la cour luxuriante constituent un cadre idéal pour la dégustation. Certains soirs, le domaine accueille également des concerts de musique latine et des groupes populaires.

Fin 2011, la Schnebly Redland's Winery s'est aussi lancée dans le brassage de la bière à partir de fruits tropicaux. Les bières sont disponibles à la vente et à la dégustation.

Zoo Miami

Ici, vous ne trouverez pas de sinistre prison en béton dont on voudrait libérer les pensionnaires. Ces 145 ha de jungle, de prairie et de forêt abritent l'un des meilleurs parcs animaliers d'Amérique et sa seule réserve subtropicale, accueillant quelque 500 espèces de créatures rares et exotiques qui évoluent en toute liberté.

L'ours noir d'Asie est l'une des espèces menacées d'extinction présentes au Zoo Miami.

Zoo Miami

- Plan p. 135 B3
- 12400 SW 152nd St.
- 305-251-0400
- €€€€

www.zoomiami.org

Il n'y a ni cage ni barrière : vous vous promenez parmi les animaux sur des sentiers protégés et bien balisés, ou circulez au-dessus des troupeaux dans un monorail climatisé. Les tigres blancs du Bengale paressent royalement devant un « temple » khmer du XIIIe siècle inspiré d'Angkor Wat et les gorilles à dos argenté guettent depuis la jungle tropicale. Girafes réticulées, zèbres, gazelles et autruches parcourent une plaine africaine aux allures de la réserve du Serengeti.

Dans un autre habitat, le rhinocéros noir et l'éléphant d'Afrique, aux populations décimées par le braconnage, éraflent un veld desséché pendant que les gros phacochères font le va-et-vient.

Le parc compte un manège d'animaux sauvages et une ferme pour les enfants. Ne les laissez pas s'approcher des deux dragons de Komodo, ces lézards carnivores d'Indonésie longs de 3 m et pesant près de 140 kg. L'exposition sur la vie des rivières d'Asie vous conduit à travers la brume des cascades tropicales, au milieu des loutres, des léopards ou des varans aquatiques. Ailleurs, kangourous, wallabies et koalas cohabitent dans l'Outback australien du parc. Les horaires des repas sont affichés afin que vous puissiez découvrir un autre aspect intéressant de ces créatures. ■

À DÉCOUVRIR Devenir soigneur pour un jour

Si vous avez toujours rêvé de donner à manger à un éléphant, sautez sur l'occasion. Le week-end, le Zoo Miami propose aux visiteurs de devenir soigneurs le temps d'une journée. De 7 h à 16 h, vous assistez un véritable soigneur et l'aidez à nourrir les animaux et à entretenir les habitats tout en découvrant d'autres aspects du métier. Ouvert aux personnes de plus de 18 ans, ce programme coûte 147 dollars (110 euros), déjeuner et T-shirt compris. Réservation obligatoire *(tél. : 305-251-0400, ext. 84940)*.

Autres sites à visiter

De vieux appareils, dont ce North American AT-6G Texan, sont exposés au musée de l'aviation.

Coral Castle

On le disait obnubilé ou névrosé, mais personne n'osait qualifier Ed Leedskalnin de gringalet. Cet immigrant svelte originaire de Lettonie (44 kg pour 1,52 m) a passé 28 ans, à partir de 1923, à bâtir son étrange Coral Castle (autrefois appelé Rock Gate Park). Il travaillait souvent la nuit pour que personne ne puisse voir comment il déplaçait et levait les énormes blocs d'oolithe, dont une porte de 9 t, qui composent et meublent son étrange demeure. Trois des cinq hectares d'origine sont ouverts au public. On dit que Leedskalnin le construisit comme un monument à un amour perdu, une Lettonne de 16 ans, Agnes Scuffs, qui aurait rompu leurs fiançailles.

Ce n'est pas toute l'histoire et l'endroit n'est pas vraiment un château. Il lui manque un toit et il ressemble davantage à une cour agrémentée de chaises en pierre corallienne, d'une table de banquet de la forme de la Floride, de sculptures bizarres, d'un cadran solaire et d'un « télescope » de pierre pointé sur l'étoile Polaire. Si Coral Castle n'a pas réussi à faire revenir la muse de Leedskalnin, il a fait de lui le roi incontesté du kitsch floridien.

www.coralcastle.com

Plan p. 135 B2 28655 S. Dixie Hwy/ US1, Homestead 305-248-6345 €€

Florida Pioneer Museum

Modeste mais instructif, ce musée qui rassemble des objets des Indiens et des premiers habitants est un exemple de l'architecture typique de South Dade : véranda ombragée, murs en bois, toit pointu, grenier et lucarnes. Érigé en 1904 pour un agent ferroviaire de la Florida East Coast Railroad, le bâtiment a été déplacé ici en 1964. C'était l'ultime frontière ferroviaire du pays. Le vieux wagon à l'extérieur serait l'un des derniers modèles en bois. Les horaires d'ouverture varient, téléphonez avant de vous déplacer.

www.pioneerfloridamuseum.org

Plan p. 135 A1 15602 Pioneer Museum Rd 352-567-0262 Fermé dim.-lun. €

Fruit and Spice Park

En matière de fruits, de légumes, d'aromates et d'épices, la fécondité de la Floride du Sud a, dès le début du XIXe siècle, conduit les agronomes à faire des expériences, souvent au hasard, qui ont parfois abouti

South Miami Dade Cultural Center

Preuve que les arts sont en plein essor dans la région, le South Miami Dade Cultural Arts Center *(10950 SW 211th St., tél. : 786-573-5316, www.smdcac.org)*, dont le bâtiment étincelant représente des mains qui applaudissent, a ouvert ses portes en 2011 à Cutler Bay. Sa conception a été confiée à Arquitectonica et a coûté 51 millions de dollars (39 millions d'euros).

Le centre accueille des concerts de musique classique, de jazz et de blues, des ballets et des spectacles de danse contemporaine, ainsi que des représentations théâtrales. Pour plus d'informations, consultez le site Internet.

à des résultats comestibles. À quelque 55 km au sud de Miami, près de Homestead, les néophytes peuvent découvrir un véritable site de culture et d'expérimentation de pointe : l'étonnant Fruit and Spice Park, un parc créé par le comté en 1944 afin de faire connaître les possibilités productives de la Floride du Sud. Le jardin de 26 ha cultive environ 500 variétés de fruits, de noix et d'arbres à épices exotiques et subtropicaux, ainsi que de nombreuses plantes aromatiques. Il travaille aussi avec d'autres centres de culture dans le monde pour développer de nouvelles variétés.

Les activités comprennent des cours et des circuits dans les régions productrices voisines, ainsi que des conférences sur le jardinage et la botanique. La boutique « gastronomique » vend des conserves, des condiments, des confitures, des épices, des graines et divers ingrédients exotiques souvent difficiles à trouver, des livres de cuisine et des guides culinaires par région, ainsi que des traités sur la reproduction des plantes. L'histoire est aussi présente à travers les bâtiments rustiques en roche corallienne, dont une école construite en 1912 (l'un des plus anciens vestiges des Redlands).

À moins de connaître parfaitement tous les fruits et toutes les épices, préférez une visite guidée *(à 11 h, 13 h 30 et 15 h)*. Il est interdit de cueillir les fruits sur les arbres, mais vous pouvez ramasser ce qui est à terre.

www.fruitandspicepark.org

Plan p. 135 A2 24801 SW 187th Ave./Redland Rd sur SW 256th St. 305-247-5727 €€

Monkey Jungle

Vous verrez ici autant de singes qu'au Zoo Miami voisin (voir p. 140), mais de beaucoup plus près. Dans cette véritable jungle amazonienne de 15 ha, le visiteur est mis en cage à la place des primates. Ceux-ci se promènent librement (ou presque) et se balançent d'une branche à l'autre en poussant des cris stridents. La diversité simienne y est largement représentée, des babouins, orangs-outangs et macaques aux espèces moins connues, dont les yeux semblent exprimer une surprise constante. Les jeunes enfants apprécieront cet endroit.

www.monkeyjungle.com

Plan p. 135 B2 W de l'US1 au 14805 SW 216th St./Hainlin Mill Dr. près de SW 147th St. 305-235-1611 €€€€€

Wings Over Miami

Miami jouit d'une aura mythique auprès des passionnés d'aviation pour avoir vu naître la Pan American World Airways. C'est pourquoi le champion de voltige aérienne Kermit Weeks a fondé son musée de l'aviation sur l'ancien Kendall-Tamiami Airport, au sud-ouest de Miami. Appelé aujourd'hui Wings Over Miami, le musée réunit une flotte de vieux appareils, souvent en état de voler, dont certains imposants oiseaux de guerre datant de la Seconde Guerre mondiale.

www.wingsovermiami.com

Plan p. 135 B3 14710 SW 128th St. Prenez la Florida Turnpike vers SW 120th St., de W vers SW 127th Ave. 305-233-5197 Fermé dim. mat. et lun.-mar. €€.

La véritable Floride commence là où finit la banlieue de Miami : sur la terre des anciens Tequesta, où vivent aujourd'hui les Miccosukee et les Séminoles, avec les plaines du Big Cypress au nord et les îles et récifs de Biscayne Bay au sud.

Excursions depuis Miami

L'anhinga au long cou est très présent dans les Everglades.

Excursions depuis Miami

Les vastes étendues paradisiaques qui s'étirent au-delà du Grand Miami sont d'une beauté incomparable, particulièrement les parcs nationaux de Biscayne et des Everglades. Le premier est un monde sous-marin merveilleux peuplé de coraux et de poissons aux couleurs vives, et le second une « rivière d'herbe » unique au monde. La Miccosukee Indian Reservation, la Big Cypress National Preserve et Fort Lauderdale, avec son soleil, sa plage et son ambiance détendue, sont également à voir.

Petits alligators, dans les Everglades

On sait que l'Everglades National Park couvre 600 000 ha, que ses marais scintillants n'ont pas d'équivalent dans le monde, qu'ils cachent une rivière d'à peine quelques centimètres de profondeur par endroits et qui s'étend sur des kilomètres... Mais rien de tout cela ne prépare au spectacle de la vie sauvage qui vous attend. C'est l'unique endroit au monde où alligators et crocodiles coexistent, entourés de nuées d'oiseaux – plus de 300 espèces nicheuses et migratrices –, de myriades de poissons, de papillons multicolores, de lamantins et de panthères de Floride, pour ne citer que quelques espèces.

En une journée, vous pouvez rejoindre en voiture les environs du parc et parcourir à pied les sentiers de randonnée et les promenades en planches, approcher les créatures qui vivent dans ce bouillon de culture et vous imprégner de cette atmosphère de début des temps. L'agriculture, l'urbanisation, les fossés aménagés pour contenir les inondations et les digues réduisant l'alimentation des paisibles marais ont infligé aux Everglades des dommages parfois irréparables. Étonnamment, ces zones protégées n'en laissent rien paraître et certaines sont même la réincarnation de l'Amérique sauvage.

Moins visibles, mais tout aussi primordiales, la faune et la flore de Biscayne Bay sont dissimulées par les flots, notamment dans les quelque 73 000 ha que renferme le Biscayne National Park (dont 5 % seulement émergent de l'eau). Il comprend une portion indispensable du seul récif vivant des États-Unis continentaux et protège ainsi le monde subaquatique et tous les écosystèmes liés aux récifs, du nord de Biscayne Bay jusqu'aux Keys.

Les Miccosukee, dont les *chickees*, cabanes de bois à toit de chaume, se dressent dans les Everglades, dépendent des ressources naturelles. Pour ces Indiens creek, qui vivaient dans le sud de l'Alabama et la Géorgie dans les années 1700, l'équilibre le plus difficile à réaliser n'était pas écologique, mais politique. Ils cohabitaient alors avec les Séminoles, leurs cousins creek de langue muskogee.

À NE PAS MANQUER

Un tour en bateau à fond de verre au Biscayne National Park 146-147

Une randonnée en compagnie d'un garde forestier dans l'Everglades National Park 150

Les cyprès de la Big Cypress National Preserve 152

Un bain de soleil sur la plage de Fort Lauderdale 155

Une excursion au Billie Swamp Safari 156

Les tensions entre les deux groupes amenèrent les Miccosukee à prendre la route du Sud, une odyssée qui débuta à la fin du XVIIIe siècle et prit fin dans les Everglades. Les 5 000 membres de la tribu s'y heurtèrent à une population plus redoutable : les colons espagnols et anglo-américains, qui les soumirent et les chassèrent de leurs domaines. Après le soulèvement des Séminoles, la maladie, les déportations et le désespoir eurent finalement raison des Miccosukee. La centaine de survivants s'enfonça dans les Everglades, où ils trouvèrent refuge et perpétuèrent leur culture, observant les rituels et la religion traditionnels et vivant comme par le passé de la pêche et de la chasse.

Ils jouirent d'une paix toute relative jusqu'au début du XXe siècle, lorsque les Floridiens, pris de fièvre immobilière, convoitèrent et grignotèrent leurs terres. Sur les routes qui traversaient les marais, les automobilistes s'étonnaient de ces individus affublés de couleurs vives et de leurs conditions de vie. Gardez cette image à l'esprit lorsque vous emprunterez vers l'ouest le Tamiami Trail dans les Everglades et la Miccosukee Indian Reservation, qui compte 120 000 ha (majoritairement submergés) couvrant deux comtés, en direction de Naples. La tribu recense aujourd'hui 650 personnes environ : un groupe déterminé, résolument américain dans son attachement à sa communauté et à un mode de vie garant de la prospérité des Everglades.

Quand vous aurez fait le tour des Everglades et des autres activités nautiques de Floride du Sud, vous pourrez vous imprégner d'un peu de culture et vous détendre sur la plage de Fort Lauderdale, à une quarantaine de kilomètres au nord de Miami. ■

Biscayne National Park

C'est l'un des parcs nationaux les plus faciles d'accès, mais aussi l'un des plus reculés. À moins de disposer d'un bateau, les 95 % immergés du Biscayne National Park et sa quarantaine d'îlots sont hors d'atteinte. Vous pouvez donc arpenter les plages et les mangroves qui bordent le parc ou confier à un voyagiste le soin de vous conduire à ses récifs de coraux multicolores, l'un des trésors du parc.

Biscayne National Park
Carte p. 145 D2
9700 SW 328th St., Homestead
305-230-7275
www.nps.gov/bisc

Pour rejoindre le parc depuis Miami, il existe une route directe mais sans grand intérêt : la S. Dixie Highway (US1) vous y conduit en 1 heure depuis le centre-ville. Parcourez 40 km vers le sud et longez Cutler Ridge jusqu'à Goulds (environ 24 km au nord de Homestead). Un panneau indiquant le parc est suivi d'une pancarte. Tournez à gauche dans SW 137th Avenue (Tallahassee Street) et prenez SW 328th Street (N. Canal Drive). Tournez à gauche et continuez jusqu'au bout de la route (9,5 km). L'entrée principale du parc, ainsi que le **Dante Fascell Visitor Center** sont à gauche. Si vous arrivez par le Florida Turnpike, suivez le prolongement de Homestead vers le sud jusqu'à la sortie sur Campell Drive. Tournez à droite depuis la bretelle et poursuivez vers l'est jusqu'au prochain carrefour (Kingman Road). Prenez à droite et empruntez SW 328th Street, puis suivez les instructions ci-dessus.

Le Biscayne National Park, en grande partie submergé, défile sous les pieds des passagers à bord du bateau à fond de verre.

Reef Cruise

L'excursion la plus appréciée du parc est sans conteste la Reef Cruise, une promenade de 3 h au départ du centre des visiteurs à bord d'un bateau à fond de verre *(www.biscayneunderwater.com, €€€€€)*. Oubliez le chapeau, les lunettes et la crème solaire, mais prévoyez un appareil photo et des jumelles. Avant le départ, un garde du parc vous explique ce qui vous attend. Une salle d'observation occupe toute la longueur du bateau et ses hublots en verre épais sont orientés vers le fond. Naturellement verte, l'eau atténue quelque peu les couleurs des poissons, du corail et des autres espèces qui évoluent sous la cale, mais sa clarté vous réserve un spectacle magnifique. Cette excursion permettra à ceux qui n'ont jamais plongé dans des eaux tropicales de découvrir un monde nouveau à moins de quelques mètres de la surface.

À SAVOIR

À Elliot Key, faites une randonnée sur la Spite Highway pour explorer un *hammock* de feuillus tropical. La nature a repris ses droits sur ce sentier de 10 km qui avait été créé en 1968.

En levant les yeux, vous verrez des pélicans : leur dandinement maladroit sur terre tranche avec l'élégance de leur vol. Sous vos pieds, des herbes marines dansent au gré des courants chauds, entre les homards et les crabes. Des taches de couleur trahissent les 500 espèces de poissons que les eaux calmes et les barrières d'îles abritent de l'agitation de l'Atlantique. Hérons et cormorans rasent les eaux, inclinant la tête pour repérer les poissons sous la surface.

La grande attraction est la barrière d'îles au large : les Florida Keys septentrionales, bordées de mangroves, sont couvertes de forêt tropicale remontant à la préhistoire. Plus loin s'étendent sur 11 km les récifs où quelque 50 épaves, squelettes rouillés entourés de vastes blocs de corail cerveau et de corail étoilé, de poissons et de gorgones, témoignent des dangers que recèlent ces magnifiques paysages marins.

Family Fun Fest

Les enfants de tous âges apprécieront la « Family Fun Fest » du Biscayne National Park, qui se déroule l'après-midi au Dante Fascell Visitor Center *(deuxième dimanche de chaque mois, de décembre à avril)*. À chaque fois, un aspect différent du parc est mis en valeur, par exemple les herbes marines, les animaux ou les épaves. Éminemment créative, cette fête, qui propose des jeux et des activités interactifs à thème, a reçu des prix pour l'éducation et la sensibilisation du public.

Autres activités

Si le temps vous manque pour passer une demi-journée en mer, une expérience non moins inoubliable vous attend à **Convoy Point** : en 1 h, vous pouvez arpenter à pied le rivage couvert de mangrove – l'endroit se prête à merveille aux pique-niques. Quoique rares, des aigles chauves et des faucons pèlerins, qui se nourrissent et s'abritent sous l'épaisse canopée, peuvent parfois faire une apparition, ainsi que des lamantins.

À votre arrivée au centre des visiteurs, consultez le programme et renseignez-vous sur les visites guidées et les excursions en bateau à **Elliott Key**. Des locations de canoë et des sorties de plongée en bouteille sont également organisées. Il est possible de réserver *(tél. : 305-230-1100)*. ■

Everglades National Park

La « rivière d'herbe » (d'après le titre de l'ouvrage de Marjory Stoneman Douglas) est la plus vaste zone sauvage subtropicale intacte des États-Unis continentaux, et le troisième parc national (à l'exclusion de l'Alaska). Patrimoine mondial de l'Unesco, réserve internationale de biosphère, zone humide d'importance internationale... Malgré les titres, malgré les photos, rien ne vous prépare au spectacle qui vous attend.

Un labyrinthe de mangroves et de zones humides sillonne la « rivière d'herbe ».

Everglades National Park

- Carte p. 145 B2-C2 et B1-C1
- 40001 Fla. 9336, Homestead
- 305-242-7700
- €€ par voiture à l'entrée de Shark Valley ; gratuit aux autres entrées

www.nps.gov/ever

Pour découvrir les Everglades, prévoyez une bonne journée, que vous optiez pour Shark Valley, à l'ouest de Miami, ou que vous poussiez vers le sud-ouest de Florida City pour une visite plus complète de la moitié sud du parc et du rivage du golfe de Floride. Dans les deux cas, un chapeau et des lunettes de soleil sont indispensables, sans oublier une lotion insecticide. Dans les Everglades, les moustiques sont omniprésents ; si vous ne prenez pas vos précautions, cela risque de gâcher votre voyage. Le temps est agréable de décembre à avril. L'été, les températures dépassent 30 °C, le taux d'humidité 90 % et des orages éclatent très souvent l'après-midi. Préférez des chemises et des pantalons longs et amples, et prévoyez de l'eau et des en-cas : il n'est pas toujours possible de s'en procurer. La concentration en moustiques est précisée en été *(tél. : 305-242-7700)*.

Shark Valley

L'entrée de Shark Valley et le centre des visiteurs *(tél. : 305-221-8776)* se trouvent à 40 km à l'ouest de Miami par SW 8th Street (US41/Tamiami Trail), à la limite nord du parc. Les portes donnent sur le

À SAVOIR

En visitant Shark Valley, la zone du parc la plus proche de Miami, vous pourrez vous familiariser avec l'écosystème des Everglades et avec les alligators !

cœur de la grande rivière qui s'écoule imperceptiblement du lake Okeechobee au golfe du Mexique sur seulement 160 km. Son cours est si large que le volume d'eau déversé dans Florida Bay est considérable.

Garez votre voiture et embarquez à bord du petit train pour une promenade commentée de 2 heures *(tél. : 305-221-8455, www.sharkvalleytramtours.com, €€€€)*. Cette route circulaire de 24 km offre un excellent aperçu de la faune, notamment des alligators. À mi-chemin, une tour d'observation haute de 20 m offre des vues panoramiques. Des vélos en location (les enfants âgés de moins de 16 ans doivent porter un casque, proposé à l'accueil du train) permettent de suivre la même route (comptez 2 ou 3 heures). Prévoyez cependant de l'eau et interrogez les gardes forestiers sur l'attitude à adopter en cas de rencontre avec un alligator. Vous croiserez des échassiers et des tortues et verrez, semblant flotter, des îlots d'arbres appelés *hammocks* et de petits fourrés surnommés *bayheads*.

Vous pouvez également emprunter la **Bobcat Boardwalk** (500 m) et l'**Otter Cave Hammock Trail** (1,6 km), deux pistes proches du centre des visiteurs, qui vous permettront de voir ces petits monticules émergés, véritables arches de Noé miniatures pour la faune sauvage du parc.

Le sud des Everglades

Depuis Miami, empruntez le Florida Turnpike (Fla. 821) vers le sud jusqu'à la sortie Florida City. Au premier feu, tournez à droite dans Palm Drive et suivez les panneaux jusqu'à l'Ernest

À DÉCOUVRIR Faire du canoë-kayak sur la Wilderness Waterway

Longue de 160 km, la Wilderness Waterway, entre la Gulf Coast et Flamingo, sillonne l'une des plus vastes étendues inhabitées de l'Est. Les canoës et les kayaks permettent de circuler sans déranger les animaux. C'est entre mi-décembre et mi-avril que cette excursion d'une semaine est la plus appréciable. Des bed and breakfast vous attendent au départ et à l'arrivée ; entre les deux, vous camperez dans des *chickees*.

Pour ce voyage, vous devrez compter des frais pour un permis d'entrée dans le parc *(€€)*, les nuitées *(€)*, la location du matériel et une navette (les tarifs des deux dernières dépendent du prestataire).

Guides et plans sont disponibles dans les centres des visiteurs. La Florida National Parks and Monuments Association *(tél. : 305-247-1216, www.evergladesassociation.org)* procure des plans sur lesquels la route est balisée.

F. Coe Visitor Center *(tél. : 305-242-7700)*, le principal centre d'accueil, à la lisière du parc. Le Royal Palm Visitor Center, à 6,5 km vers l'ouest, propose des promenades guidées par des gardes forestiers. Des excursions en bateau ont lieu tous les jours depuis le Flamingo Visitor Center à Florida Bay. Situé à 61 km au sud-ouest de l'entrée, il est accessible par une belle route panoramique entourée d'eau et d'une nature verdoyante.

Faites une halte au **Royal Palm Visitor Center** pour suivre l'**Anhinga Nature Trail** (1,2 km) et le **Gumbo Limbo Trail** (600 m). Le premier (nommé d'après l'oiseau que l'on rencontre fréquemment ici) est une piste en bois qui croise de nombreux animaux et un marais d'eau douce. Le deuxième longe un marais de marisques, des *hammocks* (îlots immergés) de bois dur et des bosquets de gommiers rouges (dont l'écorce pèle parfois comme la peau après un coup de soleil). Pour ne rien manquer, suivez au moins une visite organisée.

Vous pourrez vous arrêter au **Pinelands Trail** (800 m), 11 km plus loin, où vous déambulerez dans les vestiges de la forêt de pins qui recouvrait jadis le sud-est de la Floride. Pour admirer le plus grand acajou des États-Unis, arrêtez-vous 20 km plus loin au **Mahogany Hammock**. **Paurotis Pond, Nine Mile Pond** et **West Lake** proposent un cadre idéal pour pique-niquer.

Depuis **Flamingo**, le kiosque de la marina, près du centre des visiteurs, vend des billets pour une excursion de 2 h dans l'arrière-pays *(www.evergladesnationalpark boattoursflamingo.com, €€€€€)*. Le bateau permet de découvrir des sites surprenants et inaccessibles par la route. ■

Faune et flore des Everglades

Circuit routier sur le Tamiami Trail

Le Tamiami Trail (US41), qui porte depuis 1928 le nom de Miami et Tampa, les deux villes qu'il relie, est surtout connu pour le segment de 170 km entre Miami et Naples. La route fut aménagée au mépris de l'environnement et des populations, interrompant l'écoulement de la grande rivière vers le sud. Pour les Miccosukee, qu'un mode de vie traditionnel avait conduits au plus profond des marais, le Tamiami sonna le glas d'une culture fondée sur la chasse et la pêche.

Le Tamiami, qui traverse des paysages extraordinaires, offre néanmoins un remarquable aperçu de la Floride sauvage. À l'est, il délimite le nord de l'Everglades National Park (voir p. 148-151) et croise le **Shark Valley Visitor Center** ❶. Arrêtez-vous, promenez-vous et montez dans le petit train : il parcourt un sentier circulaire de 24 km vers le sud qui pénètre dans les marais de marisques immergés et les *hammocks* de bois dur de la réserve. Des alligators y paressent souvent au soleil.

À quelques kilomètres vers l'ouest, le **Miccosukee Indian Village** ❷ est habité par des membres de la tribu, conciliant traditions et style de vie moderne. Des boutiques vendent de l'artisanat traditionnel. L'autonomie et le patrimoine font l'objet de débats entre avocats, autorités et représentants de la tribu. Étrangers à ces questions, les touristes font halte au **Miccosukee Restaurant** *(tél. : 305-223-8380, www.miccosukee.com)*, près de la borne MM (Mile Marker) 25, et y dégustent du poisson-chat et des cuisses de grenouille panées servies frites avec du pain au potiron.

Poursuivez vers l'ouest jusqu'à la **Big Cypress National Preserve** ❸ *(Ochopee, tél. : 239-695-1201, www.nps.gov/bicy)*, près de 30 000 ha où se succèdent marécages, plaines sèches et humides, bosquets de bois dur, mangroves, pins et, bien entendu, cyprès.

À NE PAS MANQUER

Shark Valley Visitor Center
- **Miccosukee Indian Village**
- **Big Cypress National Preserve**
- **Fakahatchee Strand State Preserve**

Malgré leur abattage, les cyprès couvrent encore un tiers du parc. Comme vous l'expliquera le film de 15 min à l'Oasis Visitor Center, la nature du parc est particulière. Le **Tree Snail Hammock Nature Trail** vous propose un aperçu des créatures locales.

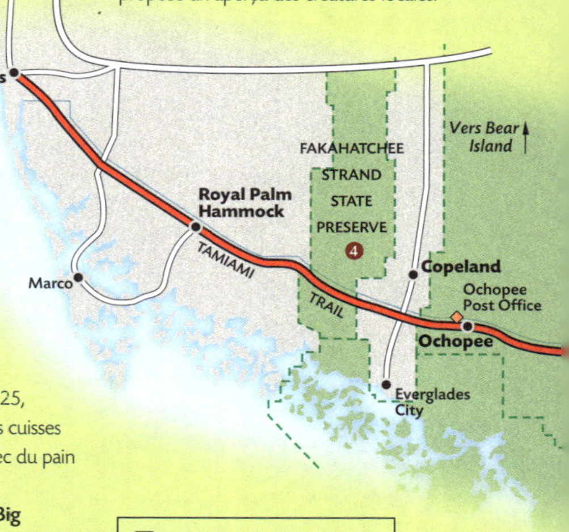

Voir aussi carte p. 145
➤ Miami
1 jour ou plus
170 km
➤ Naples

À DÉCOUVRIR Randonnée à vélo à la pleine lune

Faire du vélo à travers les Everglades avec la lune pour seul éclairage est une expérience envoûtante. L'Everglades National Park est ouvert 24h/24, et de nombreuses personnes se réunissent à Shark Valley pour faire une balade à vélo à travers les paysages baignés par le clair de lune.

Depuis le Shark Valley Visitor Center, empruntez la Tram Road, une route circulaire de 24 km. Pédalez lentement pour apercevoir les différentes créatures qui rôdent au bord de la route. À mi-chemin, arrêtez-vous à la tour d'observation et grimpez au sommet pour une vue panoramique du parc. Vous verrez très certainement de nombreux alligators rassemblés dans le *« gator hole »* (trou creusé par les reptiles) avoisinant, de même que les îlots de *hammocks* parsemant le Shark River Slough. Pendant la balade, écoutez le chœur nocturne des grenouilles, oiseaux, insectes et autres animaux.

Assurez-vous que votre vélo est équipé d'un éclairage au cas où le ciel deviendrait nuageux. Apportez beaucoup d'eau (il n'y a pas d'eau potable dans le parc) et portez un casque. N'oubliez pas non plus votre produit antimoustique.

Vous devrez apporter votre propre vélo ou louer votre équipement à Miami, par exemple chez Mack Cycle and Fitness *(5995 Sunset Dr., tél. : 305-661-8363, www.mackcycleandfitness.com)* ou chez Elite Cycling and Fitness *(13108 S. Dixe Hwy, tél. : 786-242-3733, www.elitecycling.net)*. À partir de 50 dollars (38 euros) la journée.

En hiver, des gardes forestiers vous serviront de guides. Cette route de 42 km en forme de boucle, ainsi que deux autres sont ravissantes mais conviennent mieux à des véhicules tout-terrain. Si vous avez votre vélo, renseignez-vous sur les pistes autour de Bear Island. Des tables de pique-nique constituent une bonne halte si vous êtes en voiture.

À 5 km vers le nord, la Fla. 29, près d'Ochopee, conduit à la **Fakahatchee Strand State Preserve** ④ *(Copeland, tél. : 239-695-4593, www.friendsoffakahatchee.org)*. Sa piste domine des cyprès chauves d'une grande beauté, des palmiers royaux et des orchidées sauvages explosant de couleurs. Le groupe de palmiers serait le plus vaste d'Amérique du Nord, et le **bureau de poste d'Ochopee**, le plus petit d'Amérique. Les gardes forestiers vous renseigneront sur la route.

Fort Lauderdale

Durant les vacances de printemps, Fort Lauderdale est prise d'assaut par des milliers d'étudiants qui remplissent ses bars et se dirigent vers sa plage pour faire la fête – des règles strictes limitent leurs débauches en public (et en privé). Mais, le reste de l'année, cette ville à l'atmosphère détendue se distingue de San Francisco, imbue d'elle-même, ou de New York et de sa folie des grandeurs, par son confort et une beauté que l'on rencontre rarement dans les villes américaines.

Le soleil et les plages de Fort Lauderdale attirent les visiteurs par milliers.

Fort Lauderdale
Carte p. 145 D3

Museum of Art Fort Lauderdale
1 E. Las Olas Blvd
954-525-5500
Fermé lun.
€€
www.moafl.org

Comme Miami, Fort Lauderdale s'est développée à marche forcée. Elle compte plus de 480 km de canaux, de chenaux et de rivières, datant pour la plupart de l'essor immobilier des années 1920 et desservis par des bateaux-taxis conduits par des guides pittoresques. Un forfait journalier permet de les emprunter sans limite *(www.watertaxi.com)*.

Pour rejoindre le centre-ville, prenez l'I95 vers le nord depuis Miami jusqu'à la sortie sur Broward Boulevard, tournez en direction de l'Atlantique et suivez Broward jusqu'à NW 1st Avenue, en sens unique. Pour vous promener en ville, tournez à droite dans NW 1st Avenue jusqu'à Las Olas Boulevard à gauche.

Le respectable **Museum of Art Fort Lauderdale** se dresse à l'angle. Les spécialistes et les amateurs tiennent en haute estime cette collection rassemblant des œuvres anciennes des mouvements d'avant-garde de Copenhague, de Bruxelles et d'Amsterdam. L'édifice d'Edward Larrabee Barnes, agrandi en 2001, est également une belle réalisation architecturale. La collection permanente est célèbre pour ses maîtres américains et européens du xxe siècle : Alexander Calder, Salvador Dalí, Henry Moore, Pablo Picasso, Andy Warhol et Frank Stella, entre autres artistes.

La New River, bordée par un quartier branché dédié aux arts et aux loisirs, traverse le centre de Fort Lauderdale. On peut ainsi assister à des pièces de Broadway interprétées près de la rivière, dans le Broward Center for the Performing Arts, à la façade de verre. Si vous êtes ici pour affaires, nous vous conseillons de choisir un hôtel dans ce quartier afin de profiter de ses clubs où le jazz, le blues, le rock et le reggae sont à l'honneur. Les nombreux cafés, tous à portée de marche, sont idéaux pour dîner par une chaude soirée.

Après dîner, vous pouvez emprunter la **Riverwalk**, une promenade qui parcourt sur 1,5 km la berge nord de la rivière, avant de la traverser et de continuer sur 800 m de l'autre côté. La balade vaut surtout pour le paysage tropical, les présentations explicatives sur Fort Lauderdale et la vue de la rivière.

À voir aussi

Entre Las Olas et SE 6th Avenue se trouve la plus vieille construction, toujours intacte, de la ville. Édifiée en 1901, la **Stranahan House** *(tél. : 954-524-4736, www.stranahanhouse.org)* a conservé tous ses meubles d'origine.

De jolies maisons espagnoles à arcades abritent des boutiques de créateurs, de bijoutiers et de belles galeries d'art sur Las Olas, entre 6th et 11th Avenues. Le quartier des Isles, dont les minuscules îlots sont bordés de luxueuses demeures à l'extrémité de Las Olas, constitue sans aucun doute l'adresse la plus huppée de Fort Lauderdale.

Le **Fort Lauderdale History Center** *(219 SW 2nd Ave., tél. : 954-463-4431, www.oldfortlauderdale.org, fermé lun.)* évoque l'histoire de cette région.

À SAVOIR

Quelque 40 singes verts africains vivent à l'état sauvage entre l'aéroport de Fort Lauderdale et l'Intracoastal Waterway. Vous pouvez les apercevoir depuis Taylor Road.

Le bel édifice de la **Broward County Main Library** *(100 S. Andrews Ave., tél. : 954-357-7444, www.broward.org/library)* est dû à Marcel Breuer.

Las Olas s'achève sur la plage de **Fort Lauderdale Beach** : de là, Atlantic Boulevard suit le rivage dans les deux directions. Sous les parasols plantés sur la plage, une foule branchée jongle avec d'épais livres de poche et des portables dernier cri, en particulier entre Las Olas et Sunrise Boulevard.

Ancienne résidence d'hiver de 14 ha du couple d'artistes Frederic et Evelyn Bartlett, le **Bonnet House**

Broward Center for the Performing Arts
201 SW 5th Ave.
954-462-0222
www.browardcenter.org

Hugh Taylor Birch State Recreation Area

✉ 3109 E. Sunrise Blvd
☎ 954-564-4521
€ €
www.floridastateparks.org/hughtaylorbirch

Museum and Gardens *(900 N. Birch Rd, tél. : 954-563-5393, www.bonnethouse.org, fermé lun., €€€€)* est proche de la plage. Ce domaine a conservé le mélange d'art, de beauté et de romantisme qui inspira à George Merrick et à sa fiancée la création de Coral Gables.

L'**International Swimming Hall of Fame Museum** *(1 Hall of Fame Dr., tél. : 954-462-6536, www.ishof.org, €€)* est sans doute le seul centre de natation du sud de la Floride qui n'ait jamais reçu la visite de Johnny Weissmuller et d'Esther Williams. Le musée, qui comprend un complexe aquatique doté de deux piscines de 50 m, est un hommage au travail des deux stars, et possède un cinéma où sont projetés leurs films. Les archives spécialisées débordent de trophées remportés par les athlètes célébrés ici.

Le centre de loisirs **Hugh Taylor Birch State Recreation Area** est, selon certains, le plus beau site naturel non maritime de Fort Lauderdale : 72 ha de paysages tropicaux où serpente une piste à parcourir comme une promenade poétique. Laissez vos compagnons s'adonner au volley, lancer des fers à cheval, faire du canoë ou du vélo, visiter le parc en Segway *(M. Cruz Rentals, tél. : 954-235-5082)* ou coller leur nez contre les vitrines du **Birch House Museum**. Pendant ce temps, flânez ou installez-vous pour pique-niquer et lire *River of Grass*, de Marjory Stoneman Douglas. ■

À DÉCOUVRIR Excursion au Billie Swamp Safari

Les Séminoles, les plus anciens habitants de l'intérieur de la Floride, possèdent une connaissance innée des Everglades. Ils la partagent aujourd'hui avec les visiteurs en insistant sur l'importance de la protection de cet environnement. Le Billie Swamp Safari *(30000 Gator Tail Trail, Clewiston, tél. : 863-983-6101, www.billieswamp.com)*, qui porte le nom d'un membre historique de la tribu, propose un forfait d'une journée, le Safari Swamp Day Package *(€€€€€)* : il comprend un tour en hydroglisseur et un écocircuit à bord du Swamp Buggy (un bus ouvert tout-terrain), au sein de la Big Cypress Seminole Indian Reservation, coupée des autres communautés par les Everglades.

Les visiteurs apprécient particulièrement les tours en hydroglisseur *(20 min)*. Vous traverserez des marisques et des forêts de cyprès, où vous verrez des alligators et peut-être même des tortues et des serpents. Le capitaine s'arrêtera parfois pour commenter la vie sauvage et l'histoire du lieu.

Vous embarquerez ensuite à bord du Swamp Buggy pour un écocircuit de 45 min. Il vous mènera sur des sentiers séculaires cahoteux à travers la brousse et les marais. Tout au long du trajet, le guide attirera votre attention sur les plantes et animaux indigènes, ainsi que sur quelques espèces importées. À mi-chemin, vous vous arrêterez dans un camp indien préservé.

De retour au Billie Swamp Safari, vous pourrez voir différents spectacles d'animaux et déguster des beignets de queue d'alligator et des cuisses de grenouille (le restaurant propose aussi cheeseburgers et hot dogs pour ceux qui ne souhaitent pas manger de reptiles).

Si vous avez le temps sur le chemin du retour, arrêtez-vous à l'Ah-Tah-Thi-Ki Museum *(www.ahtahthiki.com)*, dont le nom signifie « lieu d'apprentissage ». Derrière le musée, une promenade en planches de 1,6 km surplombe le marécage.

Tournant le dos au continent et regardant vers le sud-ouest, les Florida Keys sont un archipel d'îlots coralliens couverts de forêt. Malgré l'urbanisation galopante et l'afflux de touristes, ils conservent une beauté sauvage qui en fait l'un des sites les plus exotiques du pays.

Upper Keys

Ancienne combinaison de plongée au Florida Keys History of Diving Museum, à Upper Matecumbe Key

Upper Keys

L'Overseas Highway, longue de 202 km, dessert plus de 40 îles habitées. Encadrée par le golfe du Mexique et l'Atlantique, elle franchit 42 ponts et des étendues d'eaux tropicales bleu azur. Cette route panoramique, l'une des plus surprenantes du pays, enjambe, entre deux agglomérations touristiques, des récifs de corail, des forêts de mangrove, des clairières de joncs de mer et des *hammocks* (îlots immergés) en fleur, puis finit à Key West, ville la plus méridionale des États-Unis continentaux. Depuis Florida City, des panneaux verts appelés « Mile Markers » (MM) ponctuent la route du MM 126 au MM 0 (Key West).

Au coucher du soleil, les pêcheurs parcourent encore les eaux poissonneuses des Keys.

Histoire des Keys

Les Keys étaient jadis le domaine des Calusa (ou Caloosa), un peuple natif. Le 15 mai 1513, les Européens découvrirent leur monde pour la première fois. Ils étaient dirigés par Juan Ponce de León, ambitieux lieutenant espagnol de Christophe Colomb en quête de la légendaire fontaine de Jouvence. Le chroniqueur de cette expédition, Antonio de Herrera, écrivit plus tard : « Ils donnèrent le nom de Los Martires (Les Martyrs) à cette ligne d'îles et d'îlots rocheux. » Les Espagnols, en voyant ces îles, crurent distinguer les formes prostrées d'hommes souffrant. « Ce nom resta », continuait de Herrera, « à la mémoire de ceux qui ne sont pas revenus ».

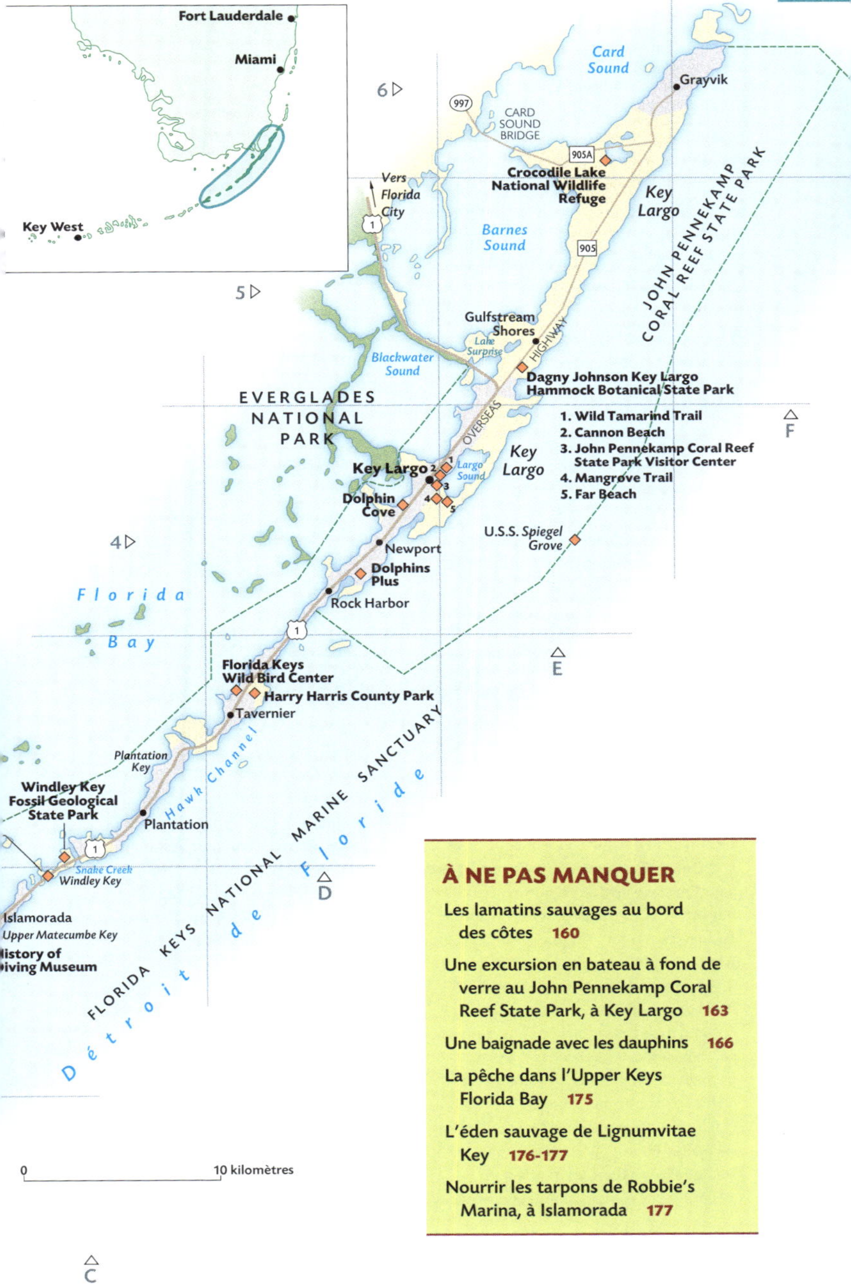

À NE PAS MANQUER

Les lamatins sauvages au bord des côtes **160**

Une excursion en bateau à fond de verre au John Pennekamp Coral Reef State Park, à Key Largo **163**

Une baignade avec les dauphins **166**

La pêche dans l'Upper Keys Florida Bay **175**

L'éden sauvage de Lignumvitae Key **176-177**

Nourrir les tarpons de Robbie's Marina, à Islamorada **177**

Constatant l'absence d'or, les conquistadors se désintéressèrent de ces îles. Trois siècles passèrent avant que la première colonie anglo-américaine ne revendique ce qui est aujourd'hui Key West, et 50 autres années avant que les colons n'arrivent dans les Upper Keys. Ils bâtirent leurs maisons avec le bois flotté et les épaves des nombreux navires échoués sur les récifs immergés. Avant la généralisation des phares, les accidents étaient si courants au large des îles que l'activité de « pilleur d'épaves » était très lucrative. Des entrepreneurs peu scrupuleux détournaient même les marins de leur route avec de fausses balises.

La plupart des nouveaux venus des Upper Keys étaient de solides agriculteurs qui cultivaient dans le sol aride citrons, citrons verts, melons, tomates et ananas, pour les envoyer dans le Nord. En 1912, l'arrivée à Key West du chemin de fer de Henry Flagler, reliant le continent et symbole de prospérité, fut accueillie avec enthousiasme. Mais, face à la concurrence des produits envoyés à Key West par l'Amérique centrale et du Sud, les fermiers déchantèrent bientôt. Les ouragans achevèrent de détruire l'agriculture des Keys.

Le XXe siècle fut marqué par des périodes très difficiles durant lesquelles les insulaires vécurent péniblement de la pêche. Pendant la Grande Dépression, aidés par les fonds fédéraux, ils misèrent sur le tourisme pour remettre la région sur pied.

Des paysages exceptionnels

Les îles ont toujours été un havre de paix et de détente. Les Upper Keys commencent assez discrètement lorsque l'US1 s'immisce entre Barnes Sound et Blackwater Sound, empruntant le Jewfish Creek Bridge (67 m) au niveau du MM 106. C'est là qu'elle devient officiellement l'Overseas Highway. La traversée, de quelques secondes en voiture, mène dans une région unique en Amérique du Nord.

À DÉCOUVRIR À la recherche des lamantins sauvages

Le lamantin est l'un des habitants les plus fascinants de Floride. Seuls les plus chanceux arrivent à le repérer à l'état sauvage. Surnommé « vache de mer », cet herbivore de 500 kg porte le nom officiel de lamantin des Antilles. En dépit de sa corpulence, ce mammifère barbu se déplace sous l'eau avec grâce à l'aide de deux nageoires frontales et d'une large queue en spatule. Les adultes peuvent atteindre 3 m de long et vivre jusqu'à 60 ans.

Le lamantin est une espèce nomade menacée : il est donc difficile de le repérer, mais ces animaux se rassemblent périodiquement à certains endroits, particulièrement dans les eaux chaudes en hiver, comme par exemple à Homestead, près de la centrale nucléaire de Turkey Point. À Miami, ils apparaissent soudainement dans les marinas et disparaissent tout aussi brusquement. Vous en verrez peut-être dans les canaux de Coral Gables, sur le campus de l'université de Miami.

Cherchez-les dans les eaux peu profondes de la côte et dans les rivières et canaux. Repérez leur masse sombre quand ils refont surface pour respirer, toutes les 5 min environ. Si l'eau est trouble, soyez à l'affût d'ondulations soudaines ; de loin, leur nez peut ressembler à une noix de coco.

Pour augmenter vos chances de voir ce mammifère marin à l'état sauvage, participez à une excursion organisée. À Key Largo, Captain Sterling's Everglades Eco-Tours ***(tél. : 888-224-6044, http://floridakeys.homestead.com, €€€€€, réservation obligatoire)*** **propose trois balades par jour. L'embarquement se fait à Sundowners au MM 104, de début décembre à début mars.**

Tavernier est une petite ville colorée à l'atmosphère détendue, au sud de Key Largo.

C'est en quittant l'autoroute que l'on découvre le meilleur des Upper Keys : points d'ancrage où se pressent les bateaux de touristes gréés pour la pêche au marlin et à la dorade coryphène, excursionnistes spécialisés dans les récifs et leurs 600 espèces de poissons, agences de location de tous les véhicules maritimes imaginables... Les pêcheurs viennent faire leurs preuves face aux farouches *bonefish* et carangue pompaneau, ou aux espèces combatives, tels le tarpon et la carangue crevalle, dont la poursuite est considérée comme un véritable exercice de méditation par les amateurs. Derrière la verdure et les enseignes clinquantes se cachent des complexes hôteliers, souvent kitsch, parfois d'un luxe inouï. On vient en vacances arpenter les plages ou les pistes qui serpentent entre des bosquets de raisiniers, d'arbres empoisonnés, de cornouillers de Jamaïque, de caïmitiers oliviformes et de palmiers. Le spectacle de magnifiques oiseaux, tels le grand héron blanc (rare ailleurs), le coulicou manioc, la spatule rosée et le pigeon à couronne blanche, récompense la curiosité des promeneurs. Les Keys vous réservent de nombreuses activités. Commencez avec la plus longue des îles qui porte bien son nom : Cayo Largo, en espagnol (Long Key, « île longue »). ■

La naissance des Keys

Des récifs coralliens sont apparus à l'époque primitive au sommet des dorsales calcaires de ces eaux peu profondes. Il y a plus de 100 000 ans, à la suite de l'extension des calottes glaciaires et du recul des océans, le niveau de la mer s'est abaissé de 6 à 9 m, exposant le sommet du récif, transformé en archipel stérile de corail fossilisé ou de roche calcaire. Au fil des millénaires, vagues, marées et tempêtes y ont déposé des algues marines, du bois flotté et divers déchets organiques qui se sont décomposés pour former la terre. Certaines des graines déposées sur le rivage ou emportées par les oiseaux ont germé, créant les *hammocks* tropicaux qui caractérisent les Keys et constituent un échantillonnage de la flore antillaise de laquelle ils proviennent.

Key Largo

Les magasins de plongée, les motels, les panneaux et les fast-foods bordant l'autoroute feraient presque oublier les richesses de cette île de 38 km de long, en poursuivant sa route ou en rentrant à Miami... Mais la région est beaucoup plus accueillante qu'elle n'y paraît. En effet, les habitants, vivant essentiellement du tourisme, compensent par une formidable bonne humeur le manque de raffinement de leurs modestes établissements.

Une plongée dans le John Pennekamp Coral Reef State Park permet d'observer coraux et poissons colorés.

Si vous arrivez par l'US1 des Everglades, vous manquerez peut-être les *hammocks* (îlots immergés) de bois dur et les mangroves de North Key Largo. Depuis Miami, obliquez vers l'est et prenez la Card Sound Road (Fla. 905) au sud de Florida City (si vous avez dépassé North Key Largo, reprenez la Fla. 905 vers le nord). Le Card Sound Bridge est doté d'un péage (€), tandis que l'US1 est gratuite. Cependant, le premier itinéraire permet d'admirer ce qu'étaient les Keys avant la colonisation, ainsi qu'une station de péage distinguée deux fois par le *Miami New Times*. La Card Sound Road et l'US1 se croisent à Lake Surprise, au sud duquel vous entrez de plain-pied dans les Keys.

Trouvez un sentier qui rejoint la rive atlantique de l'île pour admirer le seul récif de corail vivant au large des États-Unis continentaux. Jadis, cette barrière naturelle délimitait les Keys. Abîmé par les collisions avec les navires, brisé par leurs ancres et dynamité par les vendeurs de coraux, le récif pâtit aujourd'hui des effluents déversés dans la mer. Malgré son avenir incertain, il abrite encore ses îles de l'érosion des vagues, ce qui explique la rareté des plages de sable fin.

John Pennekamp Coral Reef State Park

Pour certains guides de voyage, cette réserve en grande partie immergée est à voir en priorité. Le parc de 22 000 ha et de 40 km de long s'étend sur 5 km dans l'Atlantique. Avec la portion de Key Largo couverte par le **Florida Keys National Marine Sanctuary**, il protège 610 km² d'eaux côtières et 951 ha de *hammocks* tropicaux et de forêts de mangrove. Le jardin de récifs sous-marin, sa pièce maîtresse, est d'une beauté éthérée.

Attractions sous-marines

Invisible depuis le rivage, le parc propose, si la météo le permet, des excursions en bateau à fond de verre *(tél. : 305-451-6300, €€€-€€€€)*, des excursions sous-marines avec tuba *(tél. : 305-451-6300, €€€€-€€€€€)* ou bouteilles *(tél. : 305-451-6322, €€€€€)*. Les excursions en bateau partent de la marina jouxtant le centre des visiteurs et durent 2 h 30 ; les sorties avec masque et palmes se déroulent sur environ 1 h 30.

Les eaux transparentes du jardin sous-marin abritent une large diversité de créatures : éponges, gorgones, dont 27 sortes aux allures d'anémones, bernacles, oursins et 55 variétés de coraux, entre lesquels circule toute une foule de crabes, escargots, homards, crevettes, vers, mollusques, étoiles et concombres de mer, petits clypéastres, et plus de 500 espèces de poissons de couleurs vives.

Vous pouvez faire du snorkeling sur les plages de **Cannon Beach** *(derrière le centre des visiteurs)* et autour de **Far Beach**, une lagune rocheuse et abritée au bout de la route venant du MM 102.5, où vous verrez nombre de poissons tropicaux *(équipement en location dans le bâtiment principal)*. Le canon, l'ancre et les ballasts en pierre du galion espagnol naufragé, éparpillés sur le fond clair à faible profondeur, à environ 40 m du bord, ont été placés là par les autorités du parc. Les galions espagnols s'échouaient souvent ici après un orage : certains baigneurs sont sortis de l'eau plus riches qu'ils ne l'étaient en entrant.

Autres activités

Si vous préférez la terre ferme, certains des habitants de ces récifs vous attendent également au centre des visiteurs, dans un **aquarium** de 113 000 l d'eau salée, véritable kaléidoscope

Key Largo

Carte p. 159 D4

Informations touristiques

Key Largo Chamber of Commerce, 106000 Overseas Hwy

305-451-1414 ou 800-822-1088

John Pennekamp Coral Reef State Park

Carte p. 159 E4-E5

Entrée du parc au MM 102.5

305-451-1202 (renseignement et camping) ; 305-451-6300 (location de kayak de mer et de canoë)

€ par véhicule, € par personne ; plus frais de camping, bateau et mouillage

www.pennekamppark.com

La fin d'un éden ?

Florida Bay et les Everglades dépendent l'un de l'autre : la mort de l'un signe la disparition de l'autre. L'agriculture et l'urbanisation ont réduit l'importance et la vitalité des Everglades, les engrais les ont empoisonnés et le détournement des cours d'eau, pour protéger les maisons et les exploitations des inondations, a asséché les marais. De fait, les eaux transparentes de Florida Bay sont aujourd'hui envahies par les algues. La disparition des éponges affame les jeunes crevettes, poissons et homards. Malgré les lois votées pour préserver les Everglades, leur avenir est incertain.

de poissons, d'anémones, de coraux et d'éponges. Vous pourrez mouiller vos manches et toucher des créatures aux textures étranges. Ne manquez pas les films diffusés durant la journée : plus l'on apprend de choses sur le récif, plus il semble fascinant.

de gommiers rouges, d'acajous, de figuiers étrangleurs et de lataniers. À proximité de Far Beach commence le **Mangrove Trail**, un sentier surélevé qui permet d'observer de près les forêts de mangroves rouges, noires et blanches. Ces arbres, perchés au-dessus de l'eau salée sur

On aperçoit des aigrettes dans les mangroves du parc de John Pennekamp

Deux pistes courtes et faciles traversent une véritable encyclopédie vivante de la flore locale. Un sentier circulaire commence et finit près du parking du centre des visiteurs : le **Wild Tamarind Trail** forme une boucle à travers un *hammock* de bois dur. Le terme *hammock* est une variation utilisée dans le Sud du terme *hummock* (monticule) et désigne un tertre fertile, couvert d'épaisse forêt et généralement surélevé. De part et d'autre des pistes s'étend la Floride préhistorique : une jungle dense et enchevêtrée des racines évoquant des pattes d'araignée, créent une barrière presque impénétrable entre la mer et le rivage où vivent des myriades de petits poissons.

Pour explorer cette magnifique réserve, n'hésitez pas à prendre un canoë. Vous pourrez emprunter le canal de 4 km reliant des criques paisibles entre les palétuviers. Les principales agences louent des canoës et des kayaks de mer. La piste s'achève vers Far Beach, où il est possible de prendre une douche après s'être baigné.

Vous trouverez dans le parc 47 emplacements de camping équipés de douche, de l'eau et de l'électricité et dont la moitié peut être réservée pour une somme relativement modique.

Crocodile Lake National Wildlife Refuge

Des milliers d'Espagnols anonymes en quête de fortune faisaient naufrage sur la côte. Ceux qui ne périssaient pas écrasés entre la coque du navire et le récif nageaient vers les mangroves qui délimitaient le rivage de Key Largo. Ils n'étaient pas sauvés pour autant : dans ces eaux vert pâle peu profondes guettaient les Calusa déterminés à les réduire en esclavage, mais aussi quelques crocodiles affamés. Ces derniers sont toujours présents : quelque 100 individus hibernent au Crocodile Lake National Wildlife Refuge, qui s'étend sur la côte très sereine de l'île. Fermée au public, la réserve est visible depuis la Card Sound Road (Fla. 905).

Dans les années 1950, il fut envisagé de construire « une imitation de village méditerranéen », mais l'organisation écologiste Nature Conservancy et le gouvernement fédéral rachetèrent le terrain aux promoteurs ruinés. Le fragile marécage – qui protège l'une des plus grandes étendues de *hammocks* tropicaux – est pour le moment épargné. On parle de créer une plate-forme d'observation et une piste à travers le marais; une clairière à papillons a récemment été aménagée tout près de la Fla. 905, en face de l'entrée du refuge, à environ 3 km au nord de l'intersection de la Fla. 905 et de l'US1 (Overseas Highway).

Les crocodiles du refuge seraient parmi les plus nombreux d'Amérique du Nord. Des jumelles permettent d'observer ces animaux timides lézardant au soleil, loin de la route. Espèce menacée, le crocodile américain peut mesurer de 2 à plus de 4 m de long, peser de 70 à 200 kg et vivre jusqu'à 60 ou 70 ans. Il est interdit de descendre près de l'eau : c'est le territoire du crotale, et les nids des sternes migratoires sont à même le sol.

À SAVOIR

Pour ceux qui ne peuvent ou ne souhaitent pas plonger, l'aquarium marin du parc John Pennekamp vaut le déplacement : les attractions du lieu se trouvent sous la surface.

Dagny Johnson Key Largo Hammock Botanical State Park

Jadis, les Upper Keys constituaient un vaste tapis de forêt tropicale de type antillais, bordé de mangrove. Ce paysage chaotique caressé par les alizés a laissé la place à des parkings remplis de 4x4, des tables où les touristes dégustent de la *Key*

Crocodile Lake National Wildlife Refuge

Carte p. 159 E6

Entrée sur Card Sound Rd, à 3 km au nord de l'intersection entre Card Sound Rd et Overseas Hwy, MM 106

305-451-4223

www.fws.gov/nationalkeydeer/crocodilelake

Dagny Johnson Key Largo Hammock Botanical State Park

Carte p. 159 E5

305-451-1202

€

www.floridastateparks.org/keylargohammock

lime pie accompagnée d'une bière, des magasins d'appâts, des agences de pêche ou des motels.

Cependant, le Dagny Johnson Key Largo Hammock Botanical State Park a conservé plus de 800 ha de forêts anciennes. Le parc, qui s'étend immédiatement au nord de l'US1 sur la Fla. 905, sur North Key Largo du côté océan (Atlantique) de l'autoroute, est le plus grand *hammock* de bois dur et de mangrove demeurant dans les Keys – le même rivage verdoyant que vit Juan Ponce de León lorsqu'il traça la carte des environs au XVIe siècle (voir p. 158).

La réserve peut s'explorer individuellement, grâce à des brochures remises à l'entrée du parc. Les sites remarquables sont indiqués par des chiffres tracés sur des rochers tout au long d'un sentier goudronné, accessible aux fauteuils roulants. Tout en vous promenant, lisez la présentation des 84 espèces protégées du parc, dont un grand nombre est en voie de disparition. Vous pourrez également goûter des fruits locaux et explorer en sus 10 km de pistes dans l'arrière-pays (il faudra vous procurer un permis au John Pennekamp Coral Reef State Park ; voir p. 163).

Ici, comme au Crocodile Lake National Wildlife Refuge (voir p. 165), les agences gouvernementales rachètent des propriétés voisines pour éviter

À DÉCOUVRIR Nager avec les dauphins

Aucune expérience n'est comparable à la nage avec les dauphins. Ils viennent à votre rencontre, vous laissent caresser leur peau lisse et caoutchouteuse, et sifflent pour vous inviter au jeu. Vous pouvez même vous demander s'ils essaient de sourire avec leur long bec droit. D'un coup, ils s'élancent, nageant à toute vitesse à la surface, avant de plonger dans les profondeurs. Quelques secondes plus tard, ils jaillissent hors de l'eau et semblent marcher sur leur queue pendant quelques instants magiques.

Vous pourrez nager avec des grands dauphins de l'Atlantique à cinq endroits des Keys. Les programmes varient, mais la plupart des sites offrent une rencontre encadrée qui débute par un cours théorique de 30 à 45 min sur les dauphins et les consignes de nage et se poursuit par une baignade de 20 à 30 min avec les cétacés. Certains sites proposent des séances de nage libre (la rencontre est à l'initiative des dauphins) dans des eaux peu profondes. Les enfants de moins de 7 ans ne sont pas autorisés à nager avec les mammifères marins, mais certains lieux organisent des rencontres à quai. Il faut compter 185 dollars (140 euros) pour les baignades encadrées et 135 dollars (100 euros) pour la nage libre.

Dolphin Connection *(61 Hawks Cay Blvd, Duck Key, tél. : 888-251-3674, www.hawkscay.com)*, à Hawks Cay Resort. Rencontres encadrées avec les dauphins et baignades dans un lagon d'eau de mer.

Dolphin Cove *(101900 Overseas Hwy, Key Largo, tél. : 877-365-2683, www.dolphinscove.com)*. Voir p. 167 pour plus de détails.

Dolphins Plus *(31 Corrine Pl., Key Largo, tél. : 305-451-1993, www.dolphinsplus.com)*. Voir p. 168 pour plus de détails.

Dolphin Research Center *(58901 Overseas Hwy, Marathon, tél. : 305-289-0002, www.dolphins.org)*. Voir p. 184 pour plus de détails.

Theater of the Sea *(84721 Overseas Hwy, Islamorada, tél. : 305-664-2431, www.theaterofthesea.com)*. Voir p. 171 pour plus de détails.

Le parachute ascensionnel offre une vue inoubliable sur la côte de Key Largo.

l'empiètement sur le parc et accroître le réseau de sentiers. C'est la pomme de discorde des écologistes et des promoteurs : en émergeant d'un fourré, on tombe parfois sur les ruines d'un édifice inachevé et abandonné.

Circuits nature

Les amoureux de Flipper seront comblés : Key Largo est le royaume des dauphins, l'un des animaux les plus intelligents et les plus joueurs au monde. À Dolphin Cove et à Dolphins Plus, vous pouvez nager avec eux ou les observer au cours d'un circuit en bateau.

Dolphin Cove

Dolphin Cove, occupant une lagune naturelle de quelque 2 ha, propose un programme varié. Le Shallow Water Dolphin Encounter donne l'occasion d'approcher les grands dauphins de l'Atlantique. L'aventure commence par une promenade d'environ 30 min dans les somptueux paysages de l'arrière-pays des Keys, à bord d'un bateau à moteur. Des spécialistes vous renseignent sur l'anatomie, le comportement et les structures sociales des dauphins en liberté, qui vivent et voyagent en groupe. Ils abordent également leur mode de communication si particulier avec les humains. Par ailleurs, les experts mettent un accent particulier sur la question de la protection de l'environnement, les menaces qui pèsent sur ces merveilleux mammifères, et préparent ainsi les participants à leur rencontre avec les dauphins dans l'eau.

Pour en savoir encore davantage, des ateliers consacrés

Dolphin Cove

✉ MM 101.9

☎ 305-451-4060 ou 877-365-2683

€ €€€€€ pour nager avec les dauphins et €€ pour les observer

www.dolphinscove.com

Dolphins Plus

✉ 31 Corrine Pl. (au sud de MM 100)

☎ 305-451-1993 ou 866-860-7946

€ €€€€€ pour nager avec les dauphins

www.dolphinsplus.com

Les oiseaux des Keys

John James Audubon, ornithologue et artiste du XIXe siècle, fut émerveillé par la variété des oiseaux vivant dans les Keys. Des millions d'oiseaux migrateurs, tels les sternes, y passent le printemps et l'automne, rejoignant une population permanente d'échassiers comme le héron et l'aigrette. Les Keys abondent également en pygargues à tête blanche, balbuzards, chouettes rayées, pélicans bruns et grands pics. Quant au milan à queue fourchue, la moindre brise permet d'admirer ses stupéfiants ballets aériens.

Pour protéger ces oiseaux, n'abandonnez jamais de hameçon ou de fil de pêche dans la nature. Si votre leurre s'accroche à un arbre, essayez de le retrouver. Ne jetez jamais un appât ou un fil usagé dans l'eau. Si un oiseau se prend sur votre hameçon, ne le laissez pas partir sans avoir coupé le fil qui risquerait de l'étouffer et le condamnerait à mourir de faim. Si l'oiseau avale un hameçon ou est pris dans les fils, apportez-le au Florida Keys Wild Bird Center, un centre de soins, ou demandez qu'on vienne le chercher *(tél. : 305-852-4486)*. Lorsque vous videz votre poisson, ne jetez pas les morceaux dans l'eau : les oiseaux pourraient les confondre avec leurs proies habituelles et s'étouffer.

Harry Harris County Park

Carte p. 159 D3

MM 93.5, via Burton Dr.

305-852-7161

Florida Keys Wild Bird Center

Carte p. 159 D3

93600 Overseas Hwy, Tavernier

305-852-4486

Dons

www.fkwbc.org

aux dauphins sont organisés, ainsi que des promenades guidées en kayak ou de la plongée sous-marine.

Dolphin Plus

Dolphins Plus se trouve sur un canal jouxtant l'océan. Équipés d'un masque, de palmes et d'un tuba, les visiteurs participent à une séance de nage libre, sans contact direct, qui simule une rencontre avec des dauphins sauvages.

Tavernier

Sur la route du sud, en direction de la pointe de Key Largo, on arrive à Tavernier, vestige de la colonie d'origine. On raconte que Tavernier tient son appellation d'un îlot voisin surnommé Cayo Tabona (« île aux Taons ») par les Espagnols.

Tavernier est une ville tranquille et pittoresque. Ses hôtels et ses restaurants sont une bonne base pour explorer les environs. Au sud, la ville est bordée par Tavernier Creek et Plantation, d'où les navigateurs pourront aisément rejoindre l'océan et la baie.

Au XVIIIe siècle, l'île servit de base aux chasseurs d'épaves. Dans les années 1860, des agriculteurs des Bahamas venus de Key West créèrent Tavernier, alors village de pêcheurs et de fermiers. Par la suite, l'arrivée du chemin de fer de Flagler augmenta considérabement la demande en ananas, noix de coco et autres fruits cultivés dans la région. Une usine de conditionnement, d'où les produits étaient autrefois exportés, a été restaurée près des rails.

La ville s'enorgueillit d'un quartier historique, où persistent de beaux édifices en bois du début du XXe siècle, ainsi que des maisons de la Croix-Rouge vieilles de 60 ans qui se dressent solidement, défiant les ouragans. Après que l'ouragan de 1935 eut ravagé les Matecumbe Keys (faisant des centaines de morts ; voir p. 174), la Croix-Rouge bâtit ces bunkers de quatre pièces.

Les murs de 30 cm en béton armé percés de fenêtres en acier sont peu esthétiques mais incarnent un trait de caractère des habitants des Keys : ils refusent d'envisager les dégâts que le prochain grand ouragan, dont les vagues pourraient atteindre environ 6 m, infligerait à un archipel culminant à 5,4 m (Windley Key).

Harry Harris County Park

L'influence de Harry Harris, commissaire et affairiste local, est illustrée par le nom de l'agréable parc de Tavernier, du côté océan de la route, au niveau du MM 93.5 par Burton Drive, qui zigzague avant d'arriver à la plage. Grâce aux panneaux indicateurs (impossible de se perdre ici), on arrive à une petite lagune dotée d'une plage artificielle pour les baigneurs et d'une rampe de mise à l'eau. La plage est particulièrement appréciée des joueurs de softball et de basket, et des amateurs de barbecues qui sont à la disposition du public.

Florida Keys Wild Bird Center

À environ 800 m au nord du carrefour vers le Harry Harris County Park se trouve le Florida Keys Wild Bird Center, refuge ornithologique ouvert en 1984 par la naturaliste Laura Quinn pour recueillir les oiseaux aquatiques blessés. L'établissement est assez discret : repérez les oiseaux en bois perchés, côté baie de l'autoroute au niveau du MM 93.6. Le centre travaille avec des cliniques vétérinaires pour sauver les oiseaux blessés ou orphelins, dans l'espoir de pouvoir les relâcher le plus tôt possible dans la nature. Les blessures sont généralement dues à une collision avec des véhicules, à des lignes à haute tension ou à des fenêtres. Les animaux, souvent des pélicans, arrivent au centre à demi étouffés par des leurres de pêcheurs coincés dans leur gosier ou entortillés dans des lignes en Nylon. D'autres se fracturent les ailes en s'emmêlant dans des filets de pêche. Les animaux handicapés sont gardés dans la mangrove qui donne sur la baie, un site magnifique pour étudier de près hérons, cormorans, pélicans bruns, petites buses, sternes et balbuzards pêcheurs. Vous pouvez emprunter le court sentier balisé qui serpente dans un *hammock* de bois dur près du centre. ■

À DÉCOUVRIR Rencontre avec des pélicans

Venez voir de près les grands oiseaux du Laura Quinn Sanctuary, au Florida Keys Wild Bird Center (voir ci-contre). Si les oiseaux blessés sont gardés dans des enclos, ne soyez pas surpris par le grand nombre de pélicans, ibis, aigrettes et hérons se promenant en toute liberté dans le refuge. Les soigneurs ont le cœur tendre et nourrissent également ces derniers, bien que cela ne fasse pas partie du programme officiel du centre. Si vous visitez le refuge à l'heure du repas, demandez à donner à manger aux oiseaux sauvages. Choisissez un individu et lancez-lui un hareng ou un éperlan pour observer l'aisance avec laquelle il l'attrape, ou bien jetez le poisson par terre pour provoquer une bousculade.

Plantation Key

En poursuivant vers le sud, on croise la minuscule Plantation Key. Son nom évoque les exploitations de bananes et d'ananas, dont la main-d'œuvre venait des Bahamas, des années 1880 à la Première Guerre mondiale.

L'une des plages de loisirs sur Plantation Key

Plantation Key
Carte p. 159 C3

Il reste assez peu de traces des plantations, car l'île est très largement urbanisée. Des Calusa y vivaient aussi, ainsi que sur l'île voisine de Windley Key (voir ci-contre) il y a plus de 4000 ans. Des archéologues tentent toujours de reconstituer leur mode de vie grâce aux traces qu'ils ont laissées.

Au large, tout un ensemble de récifs regorge de créatures marines colorées et parfois étranges, dont de grandes raies mantas, inoffensives. Les plus belles formations sont **Inner** et **Outer Conch**, **Davis Reef** et **Crocker Wal** : plateaux, falaises et coraux se dressent, enserrant des couloirs de sable blanc. ■

Les citrons verts des Keys

Ces citrons verts sont une espèce hybride de Floride. Petits et ronds, un peu comme une balle de golf, ils se trouvent tout au long de l'année. Leur peau fine, vert jaune et tachetée enveloppe une chair juteuse et très riche en vitamine C. Ils entrent dans la composition de la fameuse *Key lime pie*, le dessert traditionnel de la région, qui ressemble à une tarte au citron meringuée.

Windley Key

Windley Key se trouve après le pont à bascule de Snake Creek, au niveau du MM 86.5. Ses deux îles autrefois voisines furent réunies à l'époque de la construction du chemin de fer, au début du XXe siècle. L'extraction de la pierre utilisée a laissé des trous pareils à ceux des carrières, dont la surface révèle une belle formation de calcaire corallien vieux de 125 000 ans et contenant les fossiles de créatures des récifs.

Au sud du pont, vous verrez, côté baie, ces orifices qui appartiennent aujourd'hui au **Windley Key Fossil Reef Geological State Park** *(fermé mar.-mer.)*. Le parc (MM 85.5) rappelle l'époque où de magnifiques blocs de pierre très riche en fossiles étaient prélevés pour construire des façades. Cinq pistes serpentent entre les machines rouillées des carrières, où l'on peut aujourd'hui admirer la coupe d'un récif ancien.

À SAVOIR

Les bâtiments des Keys sont recouverts de « *keystone* » – la roche calcaire de Key Largo broyée et utilisée pour décorer les façades. Le centre des visiteurs du parc en est un bon exemple.

Pour explorer les carrières, il faut acheter des billets au centre des visiteurs *(tél. : 305-664-2540, €)*. Vous y obtiendrez aussi une brochure qui vous guidera sur les sentiers. Compte tenu du détour que cela représente jusqu'à Long Key (MM 67.5), ce choix est particulièrement recommandé aux grands passionnés de fossiles.

Une autre carrière similaire se trouve à proximité. Creusée en 1907 par les équipes de construction du rail, elle fut remplie d'eau salée en 1946 pour créer le premier parc maritime au monde. Des spectacles quotidiens au **Theater of the Sea** présentent une troupe de créatures des Keys, sous la houlette d'otaries et de dauphins. La représentation est particulièrement appréciée des enfants, et le théâtre permet aux visiteurs de nager pendant 30 min en compagnie des dauphins, des otaries et des raies *(sur réservation uniquement)*. Véritable attraction, l'heure du repas à la piscine aux requins et à l'aquarium de 1 130 l dédié aux récifs est à ne pas manquer. ■

Le dauphin interagit avec une dresseuse au Theater of the Sea.

Windley Key

Carte p. 159 C2

Informations touristiques

Key Largo Chamber of Commerce, 106000 Overseas Hwy

305-451-1414 ou 800-822-1088

Theater of the Sea

Carte p. 159 C2

84721 Overseas Hwy

305-664-2431

€€€€-€€€€€ pour les spectacles, €€€€€ pour nager avec les dauphins

www.theaterofthesea.com

Upper Matecumbe Key

Cette île en forme de haricot vert de 8 km de long entre les MM 84 et 79 fut brièvement la capitale américaine de l'ananas. On y cultivait aussi des citrons verts, mais le fruit que l'on trouve aujourd'hui dans la *Key lime pie* provient de l'intérieur des terres. La concurrence des Cubains et l'ouragan de 1935 sonnèrent le glas de l'agriculture des Keys, et Upper Matecumbe, dont le centre commercial est Islamorada, s'est reconverti avec succès dans le tourisme.

Le Florida Keys Memorial commémore les victimes de l'ouragan de 1935.

Upper Matecumbe Key

Carte p. 159 C2

Informations touristiques

Islamorada Chamber of Commerce, 83224 Overseas Hwy, Islamorada

305-664-4503 ou 800-322-5397

www.islamoradachamber.com

Islamorada

La ville d'Islamorada (prononcer aï-la-mo-raa-da) revendique le plus grand nombre de navires de pêche par kilomètre carré au monde, et le titre de capitale mondiale de la pêche sportive. Pendant des années, les présidents américains et les stars ont pêché ici. L'annuaire répertorie 350 sociétés de pêche. Avec ses marinas, ses bateaux de pêche et son chapelet d'équipementiers, de boutiques d'appâts, de bistrots et cafés et de charmants magasins parfois énigmatiques qui bordent la route, Islamorada est à la hauteur de sa réputation.

On raconte que les explorateurs espagnols, remarquant la couleur violacée du rivage (due aux coquilles lavande des janthines, escargots de mer), ajoutèrent à leurs cartes les *islas moradas* (« îles violettes »). Les historiens locaux affirment que les fondateurs de la ville la baptisèrent au XIXe siècle d'après le nom du voilier qui les avait amenés là, la goélette *Island Home*. En hommage à l'héritage espagnol des Keys, ils l'auraient traduit en Islamorada, alimentant ainsi la légende selon laquelle l'île devait son nom à des conquistadors et non à des fermiers méthodistes. Quelle que soit la vérité, la ville porte un joli nom.

Près du MM 83 se trouve le **Florida Keys History of Diving Museum** *(82990 Overseas Hwy, tél. : 305-664-9737, www.diving museum.org, €€€)*, rassemblant objets, photographies, livres et témoignages oraux de l'histoire de la plongée dans les Keys et dans le monde. Même si vous n'êtes pas un adepte de cette discipline, le musée vaut le déplacement : vous y verrez d'anciennes combinaisons de plongée et vous émerveillerez des progrès techniques en matière d'équipement.

Près du MM 82, le **fourgon rouge**, qui hébergeait l'Islamorada Chamber of Commerce, est propice à de belles photos. C'est là que se trouvaient le dépôt et le campement des malheureux employés du Florida East Coast Railway lors de l'ouragan de 1935 (voir p. 174). Le **Pioneer Cemetery** avoisinant, situé sur le terrain du centre de villégiature Cheeca Lodge, est un lieu de repos définitif pour nombre des premiers habitants des Keys.

Même si vous avez peu de temps, arrêtez-vous à l'**Islamorada Library Park** au niveau du MM 81.5, côté baie, derrière la bibliothèque. L'eau claire et peu profonde, les tables de pique-nique et les pelouses font de cette petite plage un agréable lieu de détente. Attention : le courant est assez fort, surveillez vos enfants.

À DÉCOUVRIR Le stand-up paddle

Explorez les Keys de façon originale et pourtant ancestrale sur une planche de stand-up paddle. Ces dernières années, cette ancienne forme de surf est devenue populaire et se pratique sur les eaux généralement calmes au large de la côte sud-floridienne, de l'Oleta River State Park au nord de Miami à Key Biscayne, de même que partout dans les Keys. Il suffit de se tenir debout sur une planche et de la diriger à l'aide d'une pagaie. C'est un très bon exercice qui permet d'apercevoir toutes sortes d'animaux sauvages. Il est peu probable que vous tombiez, la planche étant conçue de façon à être stable.

Si vous avez envie d'aventure, participez à une excursion. Votre guide vous emmènera dans une forêt de mangrove où vous pourrez voir un écosystème miniature, puis vous glisserez au-dessus d'herbes marines parmi lesquelles vous apercevrez des tortues de mer et des méduses. Vous aurez peut-être la chance de repérer des lamantins, des petits requins ou des dauphins. Il est aussi possible que vous passiez devant des maisons ou des yachts appartenant à des célébrités.

Dans les Upper Keys, Florida Bay Outfitters ***(104050 Overseas Hwy, Key Largo, tél. : 305-451-3018, www.kayakfloridakeys.com)*** **propose des excursions de 2 h (50 dollars) dans la baie. Vous pouvez aussi louer une embarcation (20 dollars/heure) pour une exploration individuelle.**

Florida Keys Memorial

En face de la bibliothèque, au niveau du MM 81.6, vous apercevrez le Florida Keys Memorial, un monument pâle en calcaire corallien construit en souvenir du « Labor Day Hurricane » de 1935. Cet ouragan de catégorie 5 fut le plus dévastateur de l'histoire des Keys et le plus violent qui ait frappé les côtes d'un pays occidental.

À Key West, le soir du samedi 31 août 1935, l'air était lourd, chaud et humide. Le lundi 2 septembre, des fanions d'alerte d'orage claquaient dans le centre-ville, tandis que les habitants clouaient leurs volets et se préparaient au pire. À minuit, sous l'assaut de la pluie et du vent, les toits en aluminium vibrèrent, les câbles claquèrent, les arbres tombèrent et les feuilles de palmiers se mirent à tournoyer. L'orage contourna l'île pour se déchaîner au nord, sur Upper et Lower Matecumbe Keys, où il noya plus de 400 personnes, principalement des employés du rail. Certains tentèrent de fuir dans un train de secours qui fut balayé par des vents de 320 km/h et des vagues de 6 m de haut.

Le monument marque la tombe des 423 victimes de la tempête. Ernest Hemingway, qui vivait à Key West, affréta un bateau pour apporter de l'eau et des vivres aux survivants, si peu nombreux qu'il écrivit plus tard que la région ne connaissait pas d'automne, mais « seulement un deuxième et très redoutable été ». ■

Les pêcheurs utilisent des barques à fond plat pour pouvoir naviguer dans les eaux peu profondes autour d'Islamorada.

À DÉCOUVRIR Pêcher dans les Keys

Les Keys sont sans doute connues pour la richesse des eaux profondes du Gulf Stream : les pêcheurs lourdement sanglés utilisent des cannes solides et des moulinets de la taille d'une noix de coco pour attraper la dorade coryphène, l'espadon-voilier, le petit wahoo et le marlin. Elles sont aussi fréquentées par les adeptes de la pêche en eau peu profonde, au lancer ou à la mouche. Des records mondiaux y sont battus par des experts aux yeux de lynx, dont beaucoup exercent le métier de guide et mettent leur savoir-faire et leurs connaissances au service du public en écrivant des livres.

Ces aventures se déroulent dans les eaux peu profondes de l'arrière-pays de l'Upper Keys Florida Bay. Dans ces îles désertiques, égarées dans la jungle de mangrove et la mer chatoyante où dansent les marisques, l'eau dépasse rarement quelques dizaines de centimètres de profondeur. Ici, les muscles et l'aplomb requis en haute mer ne valent rien : pour pêcher les poissons du rivage, un mélange subtil de ruse, d'habileté et de tact est de rigueur. Ce sport est un éloge de la lenteur : le poisson, prudent, détale au moindre frémissement.

À moins de maîtriser cette technique de pêche, de posséder votre embarcation et votre matériel et de connaître l'arrière-pays, les services d'un professionnel agréé sont nécessaires, ne serait-ce que pour ne pas vous perdre.

Les navires de pêche (*« skiffs »*) adaptés à l'arrière-pays sont des plates-formes de 5 à 6 m de long, à fond large et plat, capables de flotter dans 30 cm d'eau. À l'approche d'un site de pêche, votre guide éteindra le moteur électrique et poussera à l'aide d'une longue perche, tandis que vous vous tiendrez debout à la proue, sur une

À SAVOIR

La pêche sur Long Key Bridge et Old Seven Mile Bridge – qui font office de récifs artificiels et attirent de nombreux poissons – est très appréciée.

plate-forme surélevée offrant une excellente vue sur l'eau.

Un bon guide possède des connaissances encyclopédiques. Il connaît la meilleure heure, selon la météo, la marée et les températures, pour pêcher une espèce particulière, ainsi que la meilleure destination. Dans l'arrière-pays de Florida Bay, les eaux regorgent de tambours rouges, crossies blancs, pompaneaux soles, courbines noires, guinées machètes et requins.

Si vous souhaitez pêcher sur la terre ferme, un guide demeure d'excellent conseil pour vous indiquer les sites où poser votre canne et les méthodes. Au printemps, la pêche au tarpon avec des appâts vivants est une activité très répandue sur les ponts et dans les canaux profonds de Key Largo à Key West.

Permis et prestataires

La pêche est autorisée dans les parcs nationaux et refuges dont le territoire comprend les Keys. Les règlements sont disponibles gratuitement dans chaque lieu. Le Biscayne National Park (voir p. 146-147) recoupe la zone de North Key Largo ; l'Everglades National Park (voir p. 148-151) comprend Key Largo presque jusqu'à Marathon ; et le Great White Heron National Wildlife Refuge (voir p. 198) couvre presque tout le territoire entre Marathon et Key West. Vérifiez les conditions d'obtention d'un permis de pêche d'État pour des périodes allant de trois à sept jours, voire cinq ans ; le prix est modeste.

Des boutiques de pêche sont dispersées partout dans les Keys. L'une des meilleures adresses pour la pêche à la mouche dans les Keys est **Saltwater Angler,** à Key West *(243 Front St., tél. : 305-296-0700, www.saltwaterangler.com).* Consultez les pages de *www.fla-keys.fr* pour les prestataires de Key Largo, Islamorada, Marathon, Big Pine Key, ainsi que des Lower Keys et de Key West. Les tarifs sont très variables selon la durée et le type de prestation.

Lignumvitae Key

Il est possible d'admirer les Upper Keys dans leur état originel, tel qu'elles étaient avant que l'agriculture et les commerces n'entreprennent d'abattre, de creuser, de brûler, d'enterrer, de bitumer ou de dompter la région. En 1970, la Nature Conservancy et l'État de Floride collaborèrent pour acheter et protéger les 113 ha de Lignumvitae Key et l'île voisine de Shell Key, au-delà des Matecumbe Keys, côté Florida Bay, au sud d'Islamorada, ainsi que l'île historique d'Indian Key côté atlantique.

Un éden préservé

Le **Lignumvitae Key Botanical State Park** englobe l'île dans son entier. Excentrée d'environ 1,5 km par rapport à la crête corallienne des Keys, l'île, constituée de mangroves dans des marais salants peu profonds, avait miraculeusement échappé à la construction du chemin de fer. Au début du XXe siècle, le *hammock* de bois dur fut acheté par W. J. Matheson (voir p. 137), pionnier et financier de Miami, qui se bâtit une retraite de quatre chambres en roche corallienne mais laissa le reste intact (un moulin alimentait l'édifice en électricité et l'eau douce provenait d'une citerne de 45 m^3, pleine de l'eau de pluie recueillie sur le toit de la maison).

De fait, les forêts tropicales de Lignumvitae Key conservent d'épais bosquets de la fleur bleue qui a donné son nom à l'île et qui signifie « bois de vie » en latin. C'est à la fin du printemps et au début de l'été que survient la floraison des arbres, qui produisent ensuite des petites baies en forme de cœur.

Le gaïac, ou *lignum vitae* – l'arbre s'écrit en deux mots, l'île en un seul –, partage le parc avec des bosquets d'acajou, des pistachiers lentisques, des figuiers étrangleurs, des arbres empoisonnés, des raisiniers, des gommiers rouges, et 120 autres plantes indigènes. L'atmosphère est paisible, mais pas silencieuse, loin s'en faut : l'isolement de Lignumvitae et sa surveillance

De nombreuses plantes des Keys, comme ici à Lignumvitae, viennent des Caraïbes.

constante en font un refuge ornithologique où l'on croise le pigeon à couronne blanche, le balbuzard pêcheur, le cormoran à aigrettes, ainsi que le grand héron.

À SAVOIR

Extrêmement dur et dense, le bois du gaïac ne flotte pas, et il est étanche et autolubrifié. Dans le passé, on s'en servait de palier pour les arbres d'hélices en bronze des bateaux.

Découvrir le parc

Ce jardin d'Éden n'est accessible qu'aux embarcations privées ou louées par des voyagistes. Si vous disposez de 2 h, ne manquez surtout pas cette belle occasion. Toute la beauté sauvage des Keys se trouve là, à l'insu de la plupart de ses 73 000 habitants.

Les circuits partent de **Robbie's Marina** à hauteur du MM 77.5 (à Islamorada) ; vous pouvez aussi vous y rendre en kayak ou en canoë depuis Indian Key Fill au niveau du MM 79.5. L'île n'accepte que 50 visiteurs à la fois : il est impératif de réserver.

La délicatesse des écosystèmes de l'île interdit les visites individuelles, ainsi que la baignade à plus de 30 m des côtes. La visite à pied de 1 h 30 sur l'île et dans l'ancien domaine de Matheson est dirigée par des gardes forestiers (€) deux fois par jour du vendredi au dimanche. Même si vous arrivez par vos propres moyens, il est nécessaire d'en aviser les gardes à l'avance afin de réserver une place dans la visite guidée et d'être accueilli à l'embarcadère. L'accès à l'île est malheureusement difficile pour les personnes handicapées. Renseignez-vous à l'avance auprès des gardes.

Enfin, prévoyez de bonnes chaussures de marche et un produit anti-insectes. Lignumvitae Key est un modèle d'environnement naturel subtropical intact : dans les Keys, cela signifie plus simplement des nuées de moustiques voraces. ■

Nourrissez les tarpons

Des bancs de tarpons, dont certains font plus de 45 kg, se réunissent près du quai à Robbie's Marina. Pour les voir dans toute leur splendeur, procurez-vous des petits poissons faisant office d'appâts (€) et tenez-en un au-dessus de l'eau : un « roi argenté » en jaillira pour l'attraper. Assurez-vous de lâcher prise à temps pour éviter de vous faire mordre. Lancez quelques appâts dans l'eau et assistez à une bataille frénétique entre tarpons et pélicans. Vous pouvez nourrir les tarpons tous les jours à partir de 8 h (les horaires varient selon la saison).

Lignumvitae Key Botanical State Park

Carte p. 158 B2
MM 78.5
305-664-2540 ou 305-664-9814 (visites guidées)
Marches guidées : ven.-dim. à 10 h et 14 h
€
www.floridastateparks.org/lignumvitaekey

Robbie's Marina

Carte p. 158 B2
MM 77.5
305-664-9814 ou 305-664-4196
Les bateaux partent une demi-heure avant les horaires indiqués ; réservation obligatoire.
www.robbies.com

Indian Key

À environ 1 km au sud-est de Lower Matecumbe Key, bordés par le Gulf Stream, s'étendent 5 ha de jungle : Indian Key, baptisée d'après les Calusa qui l'habitaient, possède une histoire riche. Au XIXe siècle, les Indiens cédèrent la place aux chasseurs de tortues et aux pêcheurs venus des Bahamas. Ceux-ci quittèrent à leur tour l'île en 1831, lorsque John Jacob Housman, un jeune New-Yorkais riche et ambitieux, acheta l'île pour y installer son entreprise de récupération d'épaves. Approvisionné en eau douce par Matecumbe et proche de récifs redoutables, le site s'y prêtait parfaitement.

Indian Key, accessible uniquement par bateau, a été attaquée par les Indiens en 1840 lors de la seconde guerre séminole.

Indian Key Historic State Park

Housman mit l'îlot rocheux au service de son projet et y installa un grand magasin, un hôtel et un ensemble de chaumières dotées de citernes. Le rivage se couvrit d'entrepôts et les embarcadères apparurent vers les plates-formes de démolition. Housman prospéra pendant un temps avant de connaître des revers de fortune : des accusations de malversations le contraignirent à hypothéquer son île. En 1838, il vendit sa propriété à Henry Perrine, un médecin passionné de botanique tropicale. Ce dernier édifia une pépinière sur Matecumbe et étudia la culture de plantes tropicales utiles jusqu'à l'été 1840, lorsqu'une centaine d'Indiens attaqua son village, pilla ses réserves et mit le feu aux maisons. Perrine fut tué, et sa famille s'enfuit de l'île après s'être cachée dans le sous-sol de la maison.

Avec un passé si sombre, il n'est pas étonnant qu'Indian Key soit inhabitée depuis le début des années 1900. Les vestiges du village de Housman sont encore visibles depuis la tour d'observation. L'intérêt d'Indian Key réside dans sa nature : l'île a conservé des paysages similaires à ceux où vivaient les Calusa. Ce qui reste du **village de Housman** – les fondations et les citernes où les archéologues retrouvent parfois des objets – se dresse dans les sous-bois le long du **sentier**.

Vous pouvez accéder à l'embarcadère d'Indian Key, qui vient d'être reconstruit, avec votre bateau ou en participant à une excursion organisée depuis Robbie's Marina (voir p. 177). Vous pouvez aussi vous y rendre en kayak ou en canoë (il y a de nombreuses boutiques de location le long de l'Overseas Highway). C'est l'occasion d'observer lamantins, dauphins, requins et raies. Entre les *bonefish*, les tarpons et les vivaneaux, les pêcheurs ne seront pas en reste. Près du rivage, vous croiserez sans doute des échassiers, tels le grand héron et l'aigrette neigeuse, et peut-être une frégate superbe ou un aigle chauve.

Indian Key a le même centre que Lignumvitae Key Botanical State Park (voir p. 176-177) qui renseigne les visiteurs. Après avoir débarqué, procurez-vous une brochure gratuite : elle contient un plan et des informations historiques utiles pour votre exploration de l'île. Afin de préserver l'environnement, l'île ne possède ni toilettes ni aire de pique-nique.

San Pedro Underwater Archaeological Preserve State Park

Dans les années 1960, des plongeurs sondaient une zone de sable blanc, d'herbe à tortue et de coraux à 5,5 m de profondeur dans Hawk Channel, à 1,5 km au sud d'Indian Key. Ils découvrirent des ballasts en pierre et des canons. C'est ainsi que l'on identifia l'épave du *San Pedro* : ce navire de commerce hollandais, naufragé avec une vingtaine d'autres vaisseaux en raison d'un ouragan, faisait partie de la flotte espagnole du Trésor de 1733.

Réserve archéologique, ce site, d'accès facile, offre aux plongeurs la chance d'examiner une authentique épave. Les canons et le bois d'origine, prélevés pour l'étude et la conservation, ont été remplacés par des reproductions et une ancre d'époque. Pour davantage de renseignements, appelez Robbie's Marina. Les coordonnées GPS de l'épave sont 24° 51.802'N et 80° 40.795'W. Arrimez-vous aux bouées disposées sur le site pour éviter que l'ancre n'endommage la délicate carène. ■

Ouragans

Le bassin atlantique génère en moyenne neuf orages tropicaux par an ; six, dont deux graves, deviennent des ouragans. La saison des ouragans commence en Floride le 1er juin et dure jusqu'à fin novembre. Ils apparaissent généralement au large des côtes africaines et sont surveillés par le Centre national des ouragans à Miami dès qu'ils obliquent vers l'ouest. Si l'un d'eux menace les Keys, l'alarme est déclenchée des jours à l'avance. En cas d'évacuation, priorité est donnée aux visiteurs.

Indian Key Historic State Park

- Carte p. 158 B2
- 305-664-2540
- Circuits guidés par des gardes forestiers jeu.-lun. à 9 h et 13 h
- €

www.floridastateparks.org/indiankey

San Pedro Underwater Archaeological Preserve State Park

- Carte p. 158 B2
- 1,6 km au sud d'Indian Key
- 305-664-9814 (Robbie's Marina)

www.floridastateparks.org/sanpedro

Long Key

En espagnol, Long Key s'appelait Cayo Vivora (île au crotale). Pourtant, aucun crotale ne vit ici : les conquistadors à l'imagination fertile virent apparemment dans la forme sinueuse et la large *boca* (bouche) de l'île l'image d'un serpent en train d'attaquer. Si certains trouvent ce paisible parc d'État de 390 ha très agréable, d'autres ne jurent que par lui. Le fond couvert de verdure est si plat que l'on peut marcher des dizaines de mètres dans l'Atlantique avant d'avoir de l'eau jusqu'à la taille.

Le fond plat des eaux de Long Key permet aux enfants de nager en toute sécurité.

Long Key
Carte p. 158 A1

Long Key State Park
Carte p. 158 A1
MM 67.5
305-664-4815
€
www.floridastateparks.org/longkey

Long Key State Park

Entouré de mangroves, le rivage abrite des oiseaux aquatiques et les canaux se parcourent en canoë *(proposé en location)*. Une promenade en planches zigzague aussi dans la jungle léchée par les vagues, ponctuée d'affiches pédagogiques sur la faune et la flore. Cette piste surélevée de 2 km est surnommée **Golden Orb Trail**, du nom anglais des grosses araignées noir et doré dont les toiles semblent orner les branches de dentelles. Le site attire des campeurs toute l'année. Le siège vous renseignera sur les marches guidées par des gardes forestiers, les excursions de snorkeling ou de pêche, et les activités écologiques marines. Les amateurs de canoë ne manqueront pas le **Long Key Lakes Canoe Trail**.

De l'autre côté de l'autoroute, côté Florida Bay à hauteur du MM 67.7, le **Layton Trail** constitue une promenade de 30 min dans une futaie d'arbres tropicaux. Vous verrez danser dans l'eau de délicates pousses de joncs de mer. Un repère historique indique les origines du Long Key Viaduct, un ancien pont de chemin de fer sinueux qui débute un peu plus bas sur la route et longe l'Overseas Highway pendant plusieurs kilomètres, ainsi que l'ancienne maison de pêche de Flagler. ■

Les Middle Keys s'étirent de la minuscule Conch Key au Mile Marker (MM) 65 jusqu'à Pigeon Key et à l'extrémité sud du Seven Mile Bridge au MM 40, le plus long des 42 viaducs des Keys et l'un des plus longs ponts du monde.

Middle Keys

Bas-relief sur une porte en cuivre du Crane Point Museum, à Vaca Key, figurant un poisson nageant au milieu des coraux

Middle Keys

Le Long Key Viaduct était le pont favori de Henry Flagler et ses 180 arches romanes figuraient dans la documentation de sa compagnie ferroviaire. Alors que les trains dépassaient rarement la paisible allure de 14 km/h, les automobilistes le franchissent aujourd'hui à toute vitesse. Les habitués apportent une canne et un moulinet, ou un masque et des palmes, car ces îles offrent de magnifiques occasions de pêche et de plongée. Certains des sites les plus exceptionnels se trouvent autour du phare de Sombrero Reef, qui veille sur un royaume corallien et marin d'une extravagante richesse, à 8 m de profondeur.

L'industrie de la pêche commerciale des Keys est née ici au début des années 1800. Au fil du temps, l'activité a séduit les visiteurs désireux de s'y essayer, et ce loisir représente à présent un bénéfice tout aussi important. Une armada de bateaux de pêche à louer occupe le front de mer de Marathon, sur Vaca Key, où les piliers d'appâts hérissent le littoral comme un bosquet de roseaux. Les capitaines attendent les amateurs pour aller pêcher dans des canyons sous-marins plongeant à 300 m de profondeur. De grands hérons blancs parcourent tranquillement leur refuge naturel, une vaste étendue d'eau et de mangrove qui se prolonge au large et rejoint les Lower Keys au sud.

Vous pouvez nager avec les dauphins au Dolphin Research Center de Grassy Key. Le temps s'est arrêté sur les 25,5 ha du Crane Point Hammock (sur Vaca Key), le dernier groupe intact de palmiers *Thrinax*, jadis communs dans l'archipel et désormais restreints à ce bosquet menacé. L'étrange géologie des îles, leur faune et leur flore particulières, et les reconstitutions historiques sont les préoccupations du Crane Point

À NE PAS MANQUER

Le coucher du soleil à Sombrero Beach, sur Vaca Key **185**

Une excursion avec palmes et masque ou une plongée dans les eaux des Keys **186-187**

L'historique Adderley House sur Vaca Key **188**

Une promenade dans le village restauré du début du XXe siècle de Pigeon Key **189**

Le panorama depuis le Seven Mile Bridge **190**

Museum and Nature Center. Un sentier culturel part de Crane Point et passe par l'une des plus anciennes résidences de style « conch » des Keys (voir p. 208) et les ruines d'un village bahaméen du XIXe siècle, dont les habitants vivaient de la production de charbon de bois.

Sur la petite Pigeon Key – à 3 km à pied de Knight's Key par l'ancien Seven Mile Bridge –, vous trouverez le plus isolé des quartiers historiques nationaux des États-Unis. Ici, l'étude de l'histoire et de la culture des Keys est centrée sur un camp d'ouvriers des chemins de fer – ceux qui ont construit les ponts et posé les rails – du début du XXe siècle. ■

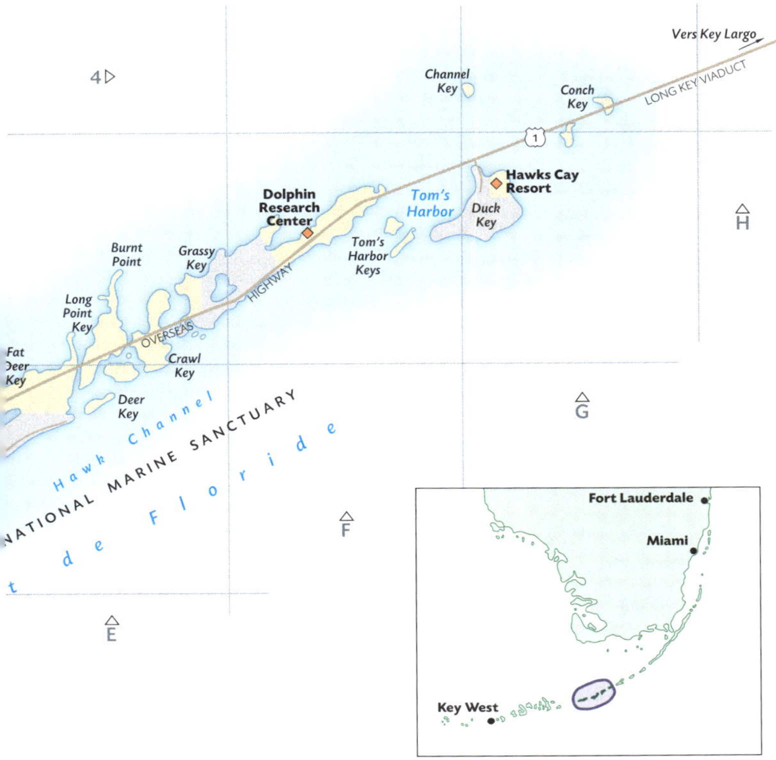

De Conch Key à Grassy Key

Juste avant de franchir le Long Key Bridge vers le sud, quittez la route du côté de l'océan au MM 65.5 pour une vue époustouflante sur le vieux viaduc de Flagler. Descendez jusqu'à l'eau pour découvrir de beaux angles de vue sur ses arches gracieuses dans l'immensité bleue.

Palmiers et sable fin sont caractéristiques des Keys.

Conch and Duck Keys
Carte p. 183 G3-G4

Grassy Key
Carte p. 183 E3-F3

Dolphin Research Center
Carte p. 183 F3
MM 59, Grassy Key
305-289-1121
€€€€€ nage avec les dauphins

www.dolphins.org

Conch et Duck Keys

Le Long Key Bridge aboutit à Conch Key, une île de 6,5 ha habitée essentiellement par des retraités et des pêcheurs, et régulièrement visitée par ceux qui ramassent les langoustes de Floride. Leurs pièges carrés, appelés *crayfish traps*, sont empilés un peu partout.

Au MM 61 sur l'Overseas Highway, un autre pont conduit à Duck Key, où se trouve l'énorme Hawks Cay Resort (voir Informations pratiques p. 254), la retraite la plus luxueuse des Middle Keys. L'établissement de style caribéen saumon et vert a été érigé en 1959 par l'architecte Morris Lapidus, créateur des somptueux Fontainebleau et Eden Roc de Miami Beach. L'hôtel s'adresse à une clientèle exigeante, amatrice de golf, de tennis sur terre battue et de boissons servies au bord de la piscine.

Grassy Key

Peu de créatures se révèlent aussi fascinantes et mystérieuses que les dauphins. Dotés d'un cerveau plus gros et plus complexe que le nôtre, ils sont peut-être aussi intelligents que nous. Au **Dolphin Research Center**, un centre de recherche à but non lucratif, vous approcherez 19 de ces mammifères sociables sous la surveillance du personnel. Vous ne pouvez pas manquer le centre : une statue de 9 m de haut représentant une femelle dauphin et son petit trône devant le bâtiment du côté baie de la route, au MM 59. Fondée en 1984, cette structure propose des programmes sur la biologie et la communication avec les dauphins, et permet de les rencontrer, de les toucher et de « parler » avec eux. Pour nager avec eux, vous devrez réserver *(tél. : 305-289-0002)* à partir du premier jour de chaque mois pour le mois suivant. ■

Vaca Key

La capitale autoproclamée des Middle Keys – qui englobe la majeure partie de Vaca Key, longue de 9 km – a reçu son nom lorsque Flagler exhorta ses ouvriers à faire un « marathon » pour terminer la ligne jusqu'à Key West avant sa mort imminente.

Marathon

Marathon, dont le rythme de vie n'a rien à voir avec le nom, est un ensemble étendu de commerces sans prétention. Les guides de voyage la disent décontractée, ce qu'elle est, malgré son aéroport qui accueille de nombreux vols régionaux, ses résidences hôtelières et ses prestataires qui ne pensent qu'à vous louer un bateau, à vous emmener en plongée ou à la pêche à l'espadon-voilier.

En traversant la ville en voiture, arrêtez-vous à la vénérable **Captain Hook's Marina** *(tél. : 800-278-4665, www.captainhooks.com)*, qui domine l'océan au MM 53, pour une immersion rapide dans la culture de la pêche locale. Même si les aventures en haute mer ne vous passionnent pas, vous serez étonné par le choix de curieux dispositifs proposé au magasin. Si vous résidez sur Vaca Key, consultez le programme de la marina pour les bateaux de pêche, les croisières en soirée et les excursions « Heart of Darkness » dans les Everglades.

Au crépuscule, les visiteurs convergent vers les lieux où se couche le soleil subtropical. Des établissements du front de mer comme l'**Island Fish Co.** *(12648 Overseas Hwy, tél. : 305-743-4191, www.islandfishco.com)* font de la publicité pour leur panorama crépusculaire. Non loin, l'ancien Seven Mile Bridge (voir p. 190), devenu une promenade jusqu'à Pigeon Key, permet de profiter du coucher du soleil gratuitement (laissez votre voiture sur le parking au MM 46.8). Si vous organisez bien votre temps, vous pouvez marchez vers le sud en surplombant l'océan pour assister sereinement à ce spectacle qui soulève des tonnerres d'applaudissements du nord au sud des Keys.

Crane Point Museum and Nature Center

Au MM 50.5, du côté baie de la route, bizarrement entouré des commerces de Marathon, se trouve Crane Point, l'un des sites naturels les plus extraordinaires

(suite p. 188)

Sombrero Beach

Bien qu'elle soit du mauvais côté de la route pour cet hommage au crépuscule, Sombrero Beach, située à l'extrémité sud de Sombrero Road, au MM 50, est un site charmant pour une promenade ou une baignade dans le Hawk Channel en soirée. L'eau y est profonde et la grève bien entretenue ; un petit parc et terrain de jeux verdoyant accueille souvent des parties de softball.

Vaca Key

Carte p. 182 C2-D2

Informations touristiques

Greater Marathon Chamber of Commerce, 12222 Overseas Hwy

305-743-5417 ou 800-262-7284

Crane Point Museum and Nature Center

Carte p. 182 C2

5550 Overseas Hwy, Marathon

305-743-9100

Fermé dim. matin

€€€

www.cranepoint.net

Snorkeling et plongée sous-marine dans les Keys

Les eaux chaudes et les récifs des Keys attirent chaque année des milliers de visiteurs venus là pour la plongée, une activité aussi sûre que la baignade.

Se lancer

Si vous possédez des rudiments de natation, le snorkeling ne présente pas de difficulté. Tout le matériel se loue : le masque pour voir sous l'eau, le tuba pour respirer et les palmes (la plupart des agences fournissent aussi des gilets).

La plongée sous-marine, en revanche, nécessite un équipement complexe et une formation auprès d'enseignants qualifiés. Il est recommandé de suivre des cours avec un membre agréé de la Professional Association of Diving Instructors (PADI), la plus importante organisation de formation de plongée au monde. Les centres PADI sont répertoriés sur le site Internet *(www.padi.com)*. L'organisation développe des programmes de plongée et du matériel pédagogique, contrôle les formations dispensées par plus de 135 000 membres professionnels dans plus de 170 pays et territoires, enregistre les qualifications des plongeurs et leur remet le certificat, obligatoire pour plonger sans instructeur.

Qui peut plonger ?

Tout enfant de plus de 10 ans en bonne santé peut apprendre à plonger. Entre 10 et 15 ans, il reçoit un certificat « Junior Open Water Diver », qui lui permet de plonger avec un adulte possédant son certificat. À l'âge de 15 ans, il peut passer l'« Open Water Diver ». Vous devrez remplir un questionnaire afin de juger si votre état de santé exige un examen médical avant de plonger. Le port de lentilles souples ne pose pas de problème, mais les lentilles rigides doivent être perméables à l'oxygène. Les adeptes de la plongée se font souvent faire des masques adaptés à leur dioptrie.

Généralement, un cours de niveau débutant commence en piscine et comprend quatre plongées d'entraînement. Si vous souhaitez faire un essai avant de vous inscrire, PADI propose le « Discover Scuba Diving », une formule découverte de quelques heures avec une plongée en eau peu profonde sous la surveillance d'un instructeur, après une séance en piscine pour se familiariser avec l'équipement. Vous apprendrez quelques techniques élémentaires : par exemple, adapter vos oreilles à la pression ambiante afin d'éviter les douleurs durant la descente. Une formule en piscine, plus courte, est également prévue lorsqu'il n'existe pas de site naturel.

L'attrait de la fortune

« Il n'existe pas de plongeur, d'aventurier ou de chasseur qui n'ait, à un moment donné, rêvé de faire fortune », a écrit le commandant Jacques-Yves Cousteau. Son invention, le scaphandre autonome, a offert les richesses des récifs peu profonds de la Floride à toute une génération de rêveurs d'après-guerre.

Combien de temps faut-il pour obtenir un certificat ?

Les cours PADI sont progressifs : les stagiaires doivent maîtriser les techniques avant de passer au stade suivant. Les cinq ou six séances d'un cours PADI Open Water Diver peuvent prendre trois ou quatre jours ou s'étaler sur six semaines. Un tiers des cours peut être suivi sur Internet.

Si vous préférez attendre de voir les Keys avant de prendre un cours, des modules d'introduction certifiés PADI prévoient de

Les bras levés, à 6 m sous l'eau, dans le parc John Pennekamp, ce « Christ des profondeurs » en bronze, haut de 2,7 m, fut offert en 1961 par l'Underwater Society of America.

plonger en quelques heures sur les récifs. Ils ne donnent droit à aucun certificat, mais permettent de passer l'après-midi avec un instructeur après une matinée de cours théorique et de démonstration en piscine.

Quel budget prévoir ?

En général, la plongée est similaire au ski. Inutile d'investir : les centres de plongée et les complexes touristiques louent du matériel dernier cri. En revanche, les masques, tubas et palmes de location peuvent être inconfortables lorsqu'ils ne sont pas à la bonne taille.

Si vous voulez immortaliser vos exploits, plusieurs sociétés vendent des appareils photo jetables peu coûteux qui produisent de bonnes images en eaux peu profondes par temps ensoleillé (lorsque le ciel est couvert, le contraste des couleurs disparaît). Certaines boutiques de plongée louent des caméras sous-marines.

des Keys. Beaucoup des îles ressemblaient autrefois à cette colline vierge de 26 ha couverte de palmiers *Thrinax*, la dernière du genre en Amérique du Nord.

L'Adderley House est le plus ancien exemple d'architecture conch en dehors de Key West.

Suivez la boucle de 400 m à travers la forêt, une promenade qui prend encore plus de sens avec la brochure présentant la mangrove rouge, les palmiers et les feuillus exotiques. De nombreuses espèces y sont représentées, notamment 160 plantes natives et une ménagerie d'animaux, dont certains, comme le gracieux ibis, sont menacés d'extinction. Ne manquez pas une cavité creusée dans la fondation corallienne de l'île par l'érosion pluviale, mettant à nu une étoile de mer fossile et des coraux-cerveau de la mer primordiale qui a formé les Keys.

Le sentier mène aussi au site d'un village disparu du XIXe siècle, qui avait été fondé par des immigrants bahamiens, et à l'**Adderley House**, un bâtiment bien restauré construit dans les années 1890. Ce site historique serait le plus ancien exemple d'architecture « conch » et à dentelle de bois des Keys au nord de Key West. Ses murs rugueux sont composés de *tabby*, un mélange de chaux et de coquillages concassés.

Crane Point Museum

Les archéologues qui travaillent sur Vaca Key ont trouvé une riche cache d'objets précolombiens, notamment des armes, des outils, une pirogue et de la poterie. Les vaisseaux les plus vieux, peut-être âgés de 5 000 ans, sont présentés au **Crane Point Museum** voisin, le principal fonds d'objets anciens des îles. Les 20 collections majeures du musée (complétées par une demi-douzaine d'expositions temporaires) comprennent notamment une présentation des nombreux naufrages qui ont apporté la richesse à ces îles autrefois isolées. Canon en bronze, or et argent du continent espagnol et objets quotidiens commémorent les aventuriers qui se sont échoués sur ces récifs. Le musée s'attache aussi à explorer la faune et la flore des Keys avec, notamment, la reconstitution d'une grotte de la barrière de corail.

Si vous voyagez avec des enfants, ils seront aux anges au **Children's Activity Center**, un espace en plein air avec, en particulier, un galion contenant toutes sortes de costumes de pirates et un trésor. ■

Pigeon Key

Avant de vous lancer sur la route du sud par le nouveau Seven Mile Bridge, allez visiter Pigeon Key, une île idyllique de 2,5 ha, à l'histoire unique, située à 3,5 km de l'extrémité nord de l'ancien Seven Mile Bridge. Tout comme la vieille route de la Florida East Coast Railroad qui dessine une ombre à travers la petite caye, Pigeon Key figure sur le Registre national des sites historiques.

De 1908 à l'ouragan dévastateur de 1935, l'île abritait une communauté d'ouvriers, composée essentiellement de peintres, d'équipes de maintenance et de portiers. Les enfants se partageaient une salle de classe et tous achetaient leurs produits de base au magasin de la compagnie. L'ouragan ayant sonné le glas du chemin de fer, la ville (dont la population avait dépassé les 400 âmes) entreprit de convertir la voie ferrée en une chaussée à deux voies pour voitures, qui ouvrit en 1938.

Vue sur Pigeon Key, depuis le Seven Mile Bridge

À SAVOIR

À Pigeon Key, montez sur la rampe du vieux Seven Mile Bridge pour voir requins, raies, tortues, lamantins, tarpons et balbuzards.

Visite de Pigeon Key

Garez votre véhicule au centre des visiteurs, situé dans un vieux wagon rouge et argent de la compagnie ferroviaire, à la lisière ouest de Marathon, au nord du nouveau Seven Mile Bridge près du MM 47. À partir de 10 h, un ferry transporte les visiteurs *(quatre fois par jour)* à 3,5 km au sud, près de l'ancien Seven Mile Bridge, jusqu'à Pigeon Key. Un guide touristique accompagne chaque ferry. Bien que le prix d'entrée inclue l'aller-retour en ferry, beaucoup de visiteurs préfèrent gagner le sud de l'île à pied et revenir en bateau.

La principale structure de la caye, qui abrite aujourd'hui le siège administratif de l'île, a servi de dortoir à 64 employés des chemins de fer dans les années 1920. Le village restauré du début du XXe siècle compte un petit musée historique qui présente le combat d'un demi-siècle pour relier les Keys en train, en ferry et en voiture. Les habitants viennent pour des escapades d'une journée autour d'un pique-nique. ■

Pigeon Key

Carte p. 182 A2

Pigeon Key National Historic District

Centre des visiteurs et ferry pour l'île au MM 47

305-743-5999

€€ (navette comprise)

Seven Mile Bridge

Le nouveau pont s'élance sur exactement 10,92 km, mais, vu de son extrémité nord, il donne l'impression d'atteindre Cuba. Son ouverture, en 1982, a mis à la retraite son prédécesseur, qui s'étire encore à ses côtés. Bien que l'ancien viaduc ait perdu quelques sections ici et là, et qu'il semble surtout servir de perchoir aux pélicans, vous comprendrez sans mal pourquoi, à son achèvement en 1912, les journaux l'ont proclamé la « huitième merveille du monde ».

L'ancien Seven Mile Bridge (à droite) est parfois présenté comme la plus longue jetée de pêche du monde.

Seven Mile Bridge
Carte p. 182 A1-B2

Le pont fut l'un des projets les plus ambitieux de l'époque, car la rapidité des marées et l'instabilité du fond marin firent de ce projet un défi pour les ingénieurs de Flagler. Le magnat demanda personnellement à ce que le projet soit mené comme une campagne militaire et ne regarda pas à la dépense. Des clichés historiques du musée de Pigeon Key (voir p. 189) rendent compte de l'intensité de l'effort : de grands entrepôts, quatre dortoirs, une cuisine, une salle à manger et un campement de tentes de style militaire pour les ouvriers, avec des matériaux de construction empilés tout autour.

Toujours très impressionnant, le pont s'élance vers le sud-ouest sur 546 piles en béton et 210 arches, parfois ancrées à 9 m sous l'eau dans le soubassement calcaire. C'est l'une des rares réalisations humaines à avoir résisté aux vents et aux lames de l'ouragan de 1935.

Autrefois, il fallait s'arrêter à un pont mobile sur le Moser Channe , au MM 43.5, pour laisser passer les bateaux. Ces arrêts imprévus faisaient partie de la vie des Keys, une occasion de sortir de la voiture pour discuter avec les voisins et les voyageurs. Le nouveau pont enjambe tout simplement le chenal, à 20 m au-dessus du niveau de la pleine mer. ■

Les Lower Keys font une courbe brutale vers l'ouest, sous le Seven Mile Bridge. Les îles changent alors complètement d'apparence et d'atmosphère. D'aspect plus sauvage, elles sont moins aménagées et plus boisées.

Lower Keys

Une ancre et une corde, deux objets essentiels à la vie dans les Keys

Lower Keys

Les visiteurs qui approchent de Key West ont tendance à accélérer après la traversée du Seven Mile Bridge, comme s'il s'agissait du dernier site digne d'intérêt avant de s'installer au Margaritaville de Jimmy Buffet pour commander une margarita et fêter leur arrivée au Mile Zero. Bien que compréhensible, cet empressement est cependant une erreur si vous aimez les sites naturels. Les occasions de les parcourir sont nombreuses et mémorables dans les Lower Keys.

Vous trouverez l'une des rares plages de sable des Keys au Bahia Honda State Park, qui comprend aussi une mangrove et un *hammock* de feuillus ponctué de bois exotiques des Antilles, comme le bougainvillier rouge, l'alamanda jaune, la gloire du matin de Jamaïque et le sébestier dont les fleurs explosent en éclatantes grappes orange.

Les refuges des Keys

Une bonne partie des Lower Keys s'intègre dans trois refuges classés qui protègent environ 2 500 ha immaculés de pinède subtropicale, de mangrove et d'habitats de *hammock*, isolés sur des îles accessibles en bateau. Le Great White Heron National Wildlife Refuge s'étend de la latitude de Marathon vers le sud-ouest jusqu'à Key West ; de là, le grand rectangle maritime de la réserve du Key West National Wildlife Refuge couvre 820 ha inhabités de mangrove rouge, blanche et noire dans les Marquesas Keys.

Le troisième refuge est le National Key Deer Refuge de Big Pine Key, où des centaines de cerfs de Virginie miniatures filent à travers la pinède. La pointe des oreilles de ces minuscules cervidés joueurs arrive rarement à la ceinture. Vous pouvez vous promener sous la canopée de feuillus haute de 15 m du Watson's Hammock, un autre vestige des Keys primitives, couvert de gommiers rouges et de cornouillers de Jamaïque, d'aloès d'Amérique aux feuilles acérées, d'orchidées et de fougères.

À NE PAS MANQUER

Les vestiges de la voie ferrée de Flagler dans le Bahia Honda State Park **195**

Les cerfs des Keys du National Key Deer Refuge, sur Big Pine Key **196-197**

Un dîner au No Name Pub, célèbre depuis les années 1930 **199**

Une traversée en ferry depuis Little Torch Key pour aller déjeuner au Little Palm Island Resort **202**

L'étrange Bat Tower de Perky, sur Sugarloaf Key **204**

Autres merveilles des Lower Keys

Regardez droit au sud de Big Pine Key, à environ 11 km dans les eaux peu profondes et très claires du Gulf Stream. Vous apercevrez alors Looe Key, qui protège un récif corallien très complexe et considéré comme le plus sain et le plus diversifié, biologiquement parlant, de toute la chaîne insulaire. Les autres îles des Lower Keys – No Name, Summerland, Ramrod, Cudjoe, Sugarloaf, Saddlebunch, Big Coppitt et Boca Chica – se distinguent davantage par leur histoire et leurs bizarreries artificielles que par leur environnement naturel. Pour les découvrir, il vous faudra y consacrer un peu de temps. ■

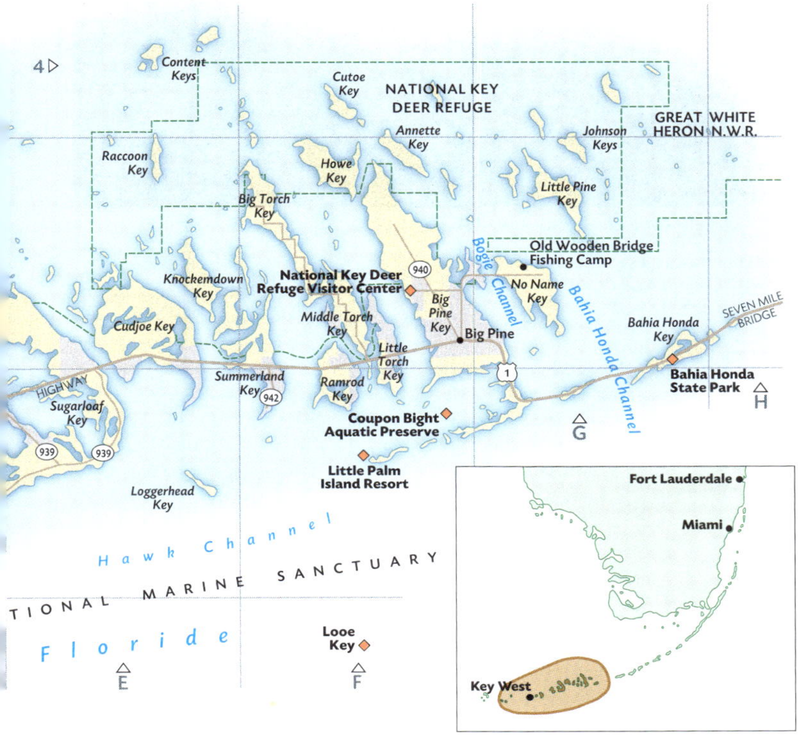

Bahia Honda Key

Les écologistes chérissent Bahia Honda (« baie profonde »), car la majeure partie de l'île est intégrée au Bahia Honda State Park et protégée du développement commercial. Les excursionnistes de Key West et du Grand Miami viennent sur le littoral atlantique pour la jolie plage, la plus longue étendue de sable naturelle des Keys. Cette plage, l'une des plus séduisantes d'Amérique, offre d'excellents sites de snorkeling au large.

En dehors de son littoral atlantique, Bahia Honda reste sauvage et accidentée.

Bahia Honda Key

Carte p. 193 G3

Bahia Honda State Park

36850 Overseas Hwy, Big Pine Key

305-872-2353

€€

www.floridastateparks.org/bahiahonda

Bahia Honda State Park

Si la plus grande partie des 212 ha du parc est laissée à l'état sauvage, Bahia Honda est l'une des Keys les mieux aménagées. Elle compte une demi-douzaine de chalets de deux chambres (accueillant huit personnes chacune) construits sur pilotis, avec une vue paradisiaque sur l'océan. Vous trouverez, éparpillés sur l'île, trois terrains de camping disposant de 80 emplacements (attribués en fonction de l'ordre d'arrivée des vacanciers), une marina (location de planches à voile), une rampe de mise à l'eau et un magasin qui loue du matériel de plongée et de snorkeling.

Offrez-vous une pause à une table ombragée de **Sandspur Beach**, ou une promenade sur la côte nord-est de Bahia Honda. Un sentier nature balisé longe une lagune et serpente dans un *hammock* de feuillus regorgeant d'essences exotiques des Caraïbes gommier rouge, gloire du matin de la Jamaïque, clavalier à cœur jaune des Antilles (absent du reste des Keys), sébestier, lavande de mer, suriane maritime, palmiers *Thrinax* et argentés. Le parc abrite des oiseaux tels que des pélicans, des pigeons à couronne blanche, des mouettes rieuses, des balbuzards pêcheurs, des hérons et des anis à bec lisse, rejoints en saison par des espèces migratoires – ibis, chevaliers semipalmés, bécasseaux de Baird et sternes. À l'aide de la signalisation du parc, repérez un wagon comportant d'authentiques éléments historiques, et demandez à un garde forestier de vous montrer les vestiges de la voie ferrée de Henry Flagler rouillant dans le sous-bois.

À SAVOIR

La meilleure façon de profiter des Keys est de plonger, de naviguer ou de survoler leurs eaux peu profondes. D'un hélicoptère Keys Hopper, les paysages naturels de Bahia Honda sont d'une beauté exceptionnelle.

Plongée et snorkeling

Le chenal entre l'ancien et le nouveau pont de Bahia Honda est l'un des plus profonds des cayes floridiennes, si bien que les plongeurs affluent vers les piliers qui créent un habitat pour le corail, les éponges et quantité de poissons multicolores. Consultez le Bahia Honda Dive Shop *(tél. : 305-872-3210)*, dans la concession, pour les conditions du site et les conseils, notamment sur les dangers du corail de feu, des oursins et des puissants courants du Bahia Honda Channel, les plus rapides des Keys.

Demandez au siège du parc le programme quotidien des sorties de snorkeling sur le récif voisin de **Looe Key** (voir p. 203). Le magasin de plongée vous renseignera sur les excursions de snorkeling et de plongée vers les récifs. Vous pouvez aussi y louer un petit bateau ou un kayak.

Pêche

Les eaux de Bahia Honda regorgent de vivaneaux et de mérous (à pêcher près du vieux pont), ainsi que de *bonefish*, de carangues pompaneau et de barracudas (dans les eaux peu profondes de l'Atlantique). La pêche au tarpon est excellente à cet endroit : goûtez à ce loisir que pratiquait Ernest Hemingway entre ses intenses journées d'écriture pour renouveler son énergie et sa puissance créative. D'ici, vous pouvez partir pêcher – tout est compris dans le tarif, sauf les tarpons. ■

Keys Hopper

✉ Vols au départ du Florida Keys Marathon Airport, au MM 52.2

☎ 305-619-9603

€ À partir de 129 $ (env. 100 €) par pers. pour un vol de 25 min, deux pers. minimum

www.ravenair.net/florida_keys.html

Les apparences trompeuses des Lower Keys

La plupart des grandes îles des Lower Keys, comme Torch, Sugarloaf et Saddlebunch, possèdent une côte dentelée pouvant donner l'illusion qu'elles sont petites. Big Pine Key, par exemple, s'étire sur près de 13 km de long et 3 km dans sa plus grande largeur. Quand l'Overseas Highway franchit un isthme, cependant, il est facile de sous-estimer les possibilités offertes le long de la route et au bout des petits sentiers qui s'enfoncent dans les bois. Suivez une piste de terre et, si vous ne vous heurtez pas aux portails de résidences privées, vous progresserez entre broussailles, pins et cactus jusqu'à une plage de coquillages et de corail brisés, une vasière ou une mangrove se déroulant vers l'ouest jusqu'à l'horizon.

Big Pine Key

À Big Pine Key – la plus grande des Keys après Key Largo –, les pinèdes partageaient jadis la caye avec les feuillus tropicaux et les forêts de mangrove côtière. Mais, aujourd'hui, l'aménagement de l'île atteint des proportions dangereuses, notamment parce que Big Pine est l'une des rares cayes naturellement approvisionnées en eau douce à longueur d'année. Bien que les résidences, copropriétés, centres commerciaux, marinas et parkings occupent plus de superficie qu'il n'est souhaitable, la présence de la nature se fait toujours nettement sentir.

Auparavant considéré comme une espèce unique, le cerf des Keys est désormais apparenté à ses cousins mieux nourris et plus imposants du Nord.

Big Pine Key
Carte p. 193 F3

National Key Deer Refuge
Carte p. 193 F3
Centre des visiteurs, 179 Key Deer Blvd
305-872-0774
www.fws.gov/nationalkeydeer

National Key Deer Refuge

Les surfaces non aménagées appartiennent principalement aux *hammocks* de pins, de palmiers et de feuillus du National Key Deer Refuge, sur Big Pine et 25 autres îles voisines. Ces 3 520 ha ont été classés en 1957 pour protéger la population déclinante de cerfs des Keys.

Le plus grand spécimen (le plus souvent un mâle) mesurerait 80 cm au garrot et pèserait 38 kg. Les biologistes le considèrent comme une sous-espèce du cerf de Virginie, dont la taille aurait été réduite par des milliers d'années de contraintes environnementales, dont le manque d'eau et de fourrage, et l'étroitesse de l'habitat. Vivant uniquement dans les Keys, ces cerfs se caractérisent aussi par leur capacité à boire de l'eau saumâtre. On suppose que leurs ancêtres ont migré vers le sud avant la fonte du glacier du Wisconsin (période glaciaire), qui a fait monter le niveau de la mer et transformé cette péninsule précaire en archipel. Ces cerfs miniatures à la démarche prudente, dont les nouveau-nés pèsent de 1 à 2 kg, laissent des empreintes de la taille d'un timbre. Ils ont été décimés par la chasse et le braconnage. Réduit à une cinquantaine d'individus dans les années 1940, le troupeau s'est progressivement agrandi pour atteindre aujourd'hui environ 800 têtes, population maximale pour la taille de l'habitat. Un grand nombre de ces animaux vit à Big Pine Key et à No Name Key, l'île avoisinante (en traversant Big Pine, respectez la limitation de vitesse pour réduire le risque de renverser un animal qui pourrait s'aventurer sur la route).

Outre les cerfs, le refuge protège d'autres animaux, dont des alligators, des crotales diamantins, des couleuvres à nez retroussé et des ratons laveurs ; certaines espèces ne se trouvent que dans les Lower Keys, comme le lapin des marais et le rat du riz argenté.

Ne donnez pas à manger aux cerfs !

Que faut-il donner à manger aux cerfs des Keys que vous verrez à Big Pine Key ? Absolument rien !

Chaque jour, des dizaines de personnes nourrissent ces petits Bambis depuis leur voiture. Pourtant, ce comportement perturbe non seulement l'alimentation naturelle des animaux, mais cela les incite également à s'approcher des routes, augmentant leurs chances d'être renversés par un véhicule.

En 2010, 108 spécimens ont été tués par des voitures, ce qui réduit d'autant la population de cette espèce menacée. Près du centre des visiteurs, vous verrez deux panneaux indiquant le nombre de cerfs qui ont été victimes d'accidents au cours de l'année.

Visite du refuge

Pour rejoindre la réserve, quittez l'Overseas Highway vers l'ouest au sud du MM 31 par Key Deer Boulevard (Fla. 940), où vous apercevrez rapidement une pancarte. Bifurquez à droite dans un centre commercial pour rejoindre le **centre des visiteurs** du refuge. Prenez-y des renseignements, une carte et la brochure générale pour vous orienter sur la boucle du **Jack Watson Nature Trail**.

Ce dernier (du nom du directeur du refuge qui a fait interdire la chasse au cerf des Keys) continue vers Key Deer Boulevard sur 2,4 km jusqu'à une ancienne carrière, **Blue Hole**, remplie d'eau douce phréatique et d'alligators. Vous pouvez y laisser votre voiture, jeter un coup d'œil aux reptiles léthargiques, puis marcher un peu jusqu'au départ du sentier de 1,6 km qui traverse une forêt de gommiers rouges et de cornouillers de Jamaïque qui s'élèvent à 15 m de hauteur, créant une oasis d'ombre. En chemin, vous rencontrerez des dolines pleines d'eau et des groupes de palmiers *Thrinax* et argentés dominant quantité de plantes subtropicales. Le soir, vous verrez peut être un cerf tapi dans l'ombre – lui, sans nul doute, vous sentira le premier. Sachez qu'il est interdit de nourrir les cerfs des Keys (voir encadré ci-dessus).

Ensuite, marchez ou conduisez jusqu'au **Mannillo Nature Trail** voisin. Vous pouvez rejoindre les autres sentiers de randonnées de la réserve (sur No Name Key, voir p. 199) par Watson Boulevard, après Key Deer Boulevard.

No Name Boat Rentals
1791 Bogie Dr., Big Pine Key
269-569-4195
www.nonamekeyboatrental.com

Big Pine Kayak Adventures
Big Pine Key
305-872-7474
www.keyskayaktours.com

Great White Heron National Wildlife Refuge

Vous ne verrez sans doute aucune pancarte annonçant cette réserve naturelle fédérale, qui abrite l'unique lieu de nidification des États-Unis des grandes aigrettes et du pigeon à couronne blanche menacé. En regardant la carte, vous remarquerez pourtant des frontières bien droites qui englobent la majeure partie des Lower Keys du côté de la baie, presque jusqu'à Key West.

À SAVOIR

À Big Pine, ne passez pas à côté des pizzas généreusement garnies de fromage du No Name Pub (voir p. 199).

Ces 78 000 ha d'eau peu profonde, de mangroves, de *hammocks* de feuillus peu élevés et de marais salants offrent un refuge aux balbuzards pêcheurs, aigrettes roussâtres, coulicous manioc, viréos à moustaches, sarcelles à ailes vertes, harles huppés et foulques. Les ornithologues ont la chance de voir dans cet espace vraiment sauvage des spatules rosées, des ibis et des cormorans à aigrettes, parmi d'autres espèces peu communes.

Visite du refuge

Les 770 ha de terre du refuge ne sont pas accessibles en voiture, mais vous pouvez toujours les explorer en bateau. Si vous avez une demi-journée au moins, ne manquez surtout pas l'occasion. Le site est d'une beauté émouvante. Les guides de pêche locaux proposent des excursions d'une journée à bord de bateaux à tirant d'eau réduit, pour ceux qui veulent juste observer. La réserve recèle un monde extrêmement fertile où les oiseaux marins natifs et les espèces aquatiques migratoires se reproduisent, souvent perchés sur des nids flottants. Vous apercevrez aussi des tortues marines et des dauphins à gros nez. En progressant dans ce dédale d'îles recouvertes de mangrove, vous aurez l'agréable impression d'entrer dans un monde merveilleux. Pensez également à emporter des jumelles pour mieux observer dans les mangroves ombragées les yeux guettant votre arrivée.

Si vous vous sentez à l'aise en canoë ou en kayak (location de kayaks et excursion guidée au Big Pine Kayak Adventures), vous pourrez rejoindre assez facilement les **Content Keys**, à l'intérieur du refuge, depuis Big Pine Key (voir p. 196) ou les Torch Keys (voir p. 202).

En bateau à moteur (location de bateau au No Name Boat Rentals sur Big Pine Key), il est très important de réduire la vitesse et le bruit au minimum, pour ne pas chasser les oiseaux ni créer de sillages qui inondent les nids au ras du sol ou sur l'eau. Restez à une soixantaine de mètres des îles. En effet, effrayé, un oiseau qui niche prend son envol en laissant ses œufs ou sa portée sous le soleil brûlant.

Vous ne trouverez aucune installation dans le refuge : emportez de l'eau et de la nourriture. ■

No Name Key

Cette île a autrefois abrité une base d'entraînement clandestine pour les guérilleros anticastristes cubains. La base a disparu, de même que l'unique implantation de No Name. Ce petit village était desservi dans les années 1920 par un ferry de Marathon, puis une succession de routes tortueuses de roche concassée et de ponts en bois reliant Big Pine, Ramrod et Summerland Keys. Aujourd'hui, le Watson Boulevard relie No Name à Big Pine.

Les magasins de pêche de No Name Key équipent les touristes et les locaux.

L'unique vestige habité de l'époque est l'**Old Wooden Bridge Guest Cottages and Marina**, un groupe de chalets d'une ou deux chambres *(1791 Bogie Dr., tél. : 305-872-2241, www.oldwoodenbridge.com)*. Le lieu de rencontre local est le modeste No Name Pub qui sert des pizzas et des bières sur Big Pine Key, de l'autre côté du Bogie Channel, le pont qui rejoint No Name Key.

Bien que quelques routes reculées mènent aux ruines d'entreprises disparues et de rêves brisés, vous trouverez des lieux pittoresques à l'intérieur et autour du National Key Deer Refuge (voir p. 196-197) qui occupe une grande partie de No Name. Le Big Pine Bicycle Center *(tél. : 305-872-0130, www.bigpinebikes.com)* au MM 31, du côté océan de la route, loue des vélos pour adultes et enfants (casque inclus). Un parcours agréable part du MM 30.3, du côté baie de l'US1, et suit la Wilder Road qui traverse le pont Bogie Channel vers No Name. Vous pouvez aussi emprunter le Key Deer Boulevard jusqu'au refuge de Big Pine. Évitez les sentiers de randonnée qui traversent les marais : les pneus creusent le terreau, endommageant le sol et favorisant ainsi l'érosion. ■

No Name Key

Carte p. 193 G3

Depuis Watson Blvd, par le Key Deer Blvd, au MM 31, à Big Pine Key

No Name Pub

N. Watson Blvd, Big Pine Key

305-872-9115

www.nonamepub.com

Les « hamacs » de feuillus tropicaux

L'image est séduisante : somnoler dans un hamac à l'ombre d'une clairière tropicale, en écoutant le bruissement des palmes et le doux clapotis des vagues. Mais dans les Keys, il y a hamac (un terme emprunté au XVIe siècle par les explorateurs espagnols aux Caribéens natifs, qui ont inventé ce mode de couchage plus adapté au climat humide) et « hamac » *(hammock)*, un mot apparu pour la première fois en anglais chez les marins du XVIIIe siècle pour désigner une petite butte ou une colline sur une côte maritime.

Promenade au milieu d'un *hammock* tropical dans le John Pennekamp Coral Reef State Park, à Key Largo

Le long des côtes de la Floride, dans les Everglades et les Keys, les *hammocks* font référence aux forêts denses envahies de lianes qui seraient apparues, selon les géologues, il y a 100 000 à 120 000 ans, quand les anciennes mers ont reculé, laissant les fondations coralliennes des Keys apparentes et asséchées. Un mélange de végétaux et d'animaux a évolué, rivalisant avec les robustes pins des Antilles qui prospèrent au sommet du calcaire corallien fossilisé, appelés pinèdes rocheuses.

Une réserve de vie sauvage

Les *hammocks* accueillent plus d'une vingtaine d'espèces de feuillus, d'arbustes et de plantes grimpantes, pour la plupart d'origine antillaise. Les biologistes pensent que leurs graines, dans cette région, ont été rejetées sur le rivage, apportées par du bois flotté ou avec la fiente des oiseaux migratoires. Ces essences exotiques capables de résister aux faibles précipitations et au sol maigre ont colonisé les monticules coralliens dénudés, formant une canopée basse de chênes verts (à l'écorce creusée par de profonds sillons et frangée par des fougères comme de la dentelle), de mûriers rouges, d'acajous (à quelques endroits seulement) et de palmiers, au-dessus d'un enchevêtrement de lianes et d'arbustes aux noms étrangement séduisants : *Smilax*, vigne vierge et arborescente, liane-corde, callicarpa, sumac à copal, *Persea borbonia*, *Myrcianthes fragrans*, *Ardisia* du Japon, café sauvage, lime sauvage, arbre corail, bois chandelle. Et à leur pied : mousse espagnole, *Tillandsia recurvata*, *Tillandsia setacea*, *Tillandsia fasciculata*, *Tillandsia utriculata*, voire *Encyclia tampensis*.

L'absence de lien physique primitif entre le sol de la Floride et les Antilles a empêché la faune terrestre de coloniser les Keys. Les animaux qui peuplent les *hammocks* sont arrivés du continent nord-américain de manière absolument incroyable – cramponnés aux arbres emportés dans la mer par les inondations, captifs de Calusa ou encore passagers clandestins de leurs pirogues. Le pigeon à couronne blanche des Antilles a fait la traversée, ainsi que la roussette de la Jamaïque et sa cousine caribéenne, la chauve-souris, deux espèces appréciant particulièrement les moustiques qui pullulaient à cet endroit.

Prenez votre temps pour explorer un *hammock* : vous y croiserez probablement des ratons laveurs, des couleuvres des arbres, des rainettes vertes, des pics à ventre roux, des campagnols du cotonnier et des cerfs de Virginie. Si par hasard vous rencontrez un escargot *Liguus fasciatus* – vous le reconnaîtrez aux bandes colorées de sa coquille en spirale –, surtout laissez-le tranquille : il était, récemment encore, décimé par les collectionneurs. Des ailes bleu, brun et orange au-dessus de votre tête signalent un *Papilio aristodemus ponceanus*, un papillon rare. Espèce officiellement menacée, il a vu sa population fortement amoindrie après la pulvérisation de pesticides antimoustiques.

Dans les *hammocks*, de nombreuses plantes fleurissent au printemps.

Une population menacée

Les *hammocks* tropicaux s'étendent au nord jusqu'au cap Canaveral, sur le littoral atlantique, et à l'ouest jusqu'à l'embouchure de la Manatee River, sur la côte du Golfe. La plupart ont été détruits – abattus pour leur bois précieux (acajou) et la production de charbon –, laissant quelques bosquets épars et isolés. Le *hammock* tropical est désormais l'une des communautés de plantes les plus rares de Floride.

Cependant, il reste plusieurs *hammocks* de bonne taille dans les Keys, protégés dans des parcs et refuges nationaux. S'ils ne tomberont peut-être jamais sous la hache du bûcheron, ils sont pourtant menacés. Élévation du niveau de la mer, marées de tempête et grands vents provoqués par les ouragans, espèces invasives de plantes et d'animaux, baisse du niveau des nappes phréatiques et températures très basses : tous ces facteurs ont des conséquences néfastes sur cet écosystème fragile.

Le Dagny Johnson Key Largo Hammock Botanical State Park (voir p. 165-167) et le John Pennekamp Coral Reef State Park (voir p. 163-165), situés tous deux sur Key Largo ; le Lignumvitae Key Botanical State Park (voir p. 176-177) ; ainsi que le National Key Deer Refuge sur Big Pine Key (voir p. 196-197) sont d'autres forêts primitives des Keys.

Torch Keys

Les cayes Torch – Little, Big et Middle – doivent leur nom au bois chandelle (*torchwood* en anglais), riche en sève, qui y prospère. L'arrivée de l'Overseas Highway, à la fin des années 1930, a concentré la circulation sur la nouvelle route et affamé les petites communautés installées au bout des modestes chemins de marne. Tout cela appartient au passé, vous le découvrirez en parcourant la Dorn Road, une route pittoresque qui zigzague sur 13 km à travers l'intérieur marécageux de Big Torch et s'achève dans une forêt de jungle et de mangrove.

Tranquillité et silence sont les principaux attraits des Torch Keys.

Torch Keys
Carte p. 193 F3

Little Palm Island Resort and Spa
Carte p. 193 F2
305-872-2524
www.littlepalmisland.com

Cette atmosphère retirée amplifie le charme du **Little Palm Island Resort and Spa** (voir p. 255), une retraite privée de 2 ha, luxueuse et intime, au sud de Little Torch Key. Des cocotiers se balancent au-dessus des cabanons ouverts au toit de chaume, construits sur pilotis. Une moustiquaire enveloppe les lits et des ventilateurs brassent l'air doux. Il n'y a pas de téléviseur, et un seul téléphone (à l'accueil). L'îlot n'est accessible qu'avec une vedette privée qui fait la navette toutes les heures depuis la Dolphin Marina, sur Little Torch Key, au MM 28.5.

De nombreux visiteurs s'y rendent pour la Dining Room de l'hôtel à Little Palm (voir p. 255), dont les tables en bambou et en rotin dominent les flots. Elle est invariablement classée meilleur lieu de restauration des Keys en dehors de Key West. Le restaurant propose une savoureuse cuisine tropicale moderne, une bonne carte des vins et un service de première classe. L'île de Little Palm se situant dans une réserve naturelle de 18,5 km², la **Coupon Bight Aquatic Preserve**, la pêche et la plongée y sont extraordinaires. ■

À DÉCOUVRIR Looe Key

Les passionnés considèrent souvent Looe Key, qui fait partie du vaste Florida Keys National Marine Sanctuary *(tél. : 305-292-0311, www.floridakeys.noaa.gov)*, comme le premier spot de plongée sous-marine d'Amérique du Nord. Ramrod Key, un petit monticule de calcaire, sert d'étape aux plongeurs partant pour les récifs de Looe Key, située 8 km plus loin dans l'Atlantique.

La réserve naturelle de 1 372 ha autour de Looe Key *(carte p. 193 F1)* abrite la communauté corallienne la plus diversifiée des Lower Keys, un monde merveilleux regorgeant de poissons et d'autres créatures, dont les eaux peu profondes satisfont les plongeurs et amateurs de snorkeling de tous niveaux.

Looe Key – un récif plus qu'une caye – rend hommage au malheureux *Looe*, un bateau de guerre britannique qui y a coulé dans les années 1700 (des lests de pierres de la frégate sont visibles au fond). Vue du ciel, la caye s'étale, masse sombre en forme de Y courbé sur le sable clair, sur près de 700 m de long et 180 m de large. Ses concrétions massives ou contreforts de corail pilier affleurent à la surface depuis une profondeur qui peut atteindre 11 m. Dans les creux sableux, entre ces magnifiques piliers, se trouvent de volumineux coraux-cerveau arrondis ; au milieu patrouillent des homards et des raies. Des poissons multicolores convergent par centaines, se déplaçant en bancs bien ordonnés ou filant comme des flèches parmi les branches des coraux-cornes d'élan. Des gorgones pourpres flottent paisiblement dans le Gulf Stream, qui déferle au-dessus de groupes d'éponges et d'oursins : une scène irréelle.

La plupart des magasins de plongée de la région proposent des excursions d'une demi-journée à Looe Key deux fois par jour, équipement compris *(env. 75 dollars/58 euros)*.

Le **Looe Key Dive Center** *(27340 Overseas Hwy, Ramrod Key, tél. : 305-872-2215, www.diveflakeys.com)* propose un forfait de trois plongées dans les récifs pour 84 dollars (65 euros). Le Florida Keys National Marine Sanctuary encourage les visiteurs à choisir les voyagistes du programme Blue Star, engagés dans l'éducation et la conservation du récif corallien. Vous en trouverez une liste sur son site Internet.

Bien que l'eau soit chaude, la température du corps chute progressivement pendant l'exploration du récif. Pour nombre de visiteurs, la location d'une combinaison de plongée évite la faiblesse, le manque de souffle et la nausée qui peuvent survenir après une heure de plongée tranquille.

Des bateaux de plongée flottent au-dessus des formations coralliennes colorées de Looe Key.

Sugarloaf Key et ses alentours

Les colons anglo-américains revendiquèrent des terres sur ces deux petites îles à la fin du XIXe siècle. Puis, en 1912, l'entrepreneur d'origine anglaise Charles Chase créa une ferme d'éponges sur le littoral de Sugarloaf Key. Chase prit rapidement possession de la majeure partie de la caye et donna son nom à la première ville. Deux ans plus tard, à la suite de difficultés bancaires, la Florida Sponge and Fruit Company de Chase fit faillite. Il la vendit alors à R. C. Perky, un agent immobilier qui souhaitait développer Sugarloaf. Ce dernier donna son nom au village nouvellement acquis, mais la chance le quitta également.

Sugarloaf Key
Carte p. 193 E2

Saddlebunch Keys
Carte p. 192 D2

Big Coppitt Key
Carte p. 192 D2

Boca Chica Key
Carte p. 192 C2

Rockland Key
Carte p. 192 C2

Vous n'aurez aucun mal à imaginer pourquoi Chase et Perky nourrissaient de grands rêves. L'agréable langueur de Sugarloaf vide l'esprit et invite à la méditation. Pour expérimenter cette accueillante sérénité sur les petites routes envahies de végétation, quittez l'US1 au MM 20 – l'embranchement est tout près du Mangrove Mama's (*tél. : 305-745-3030*; voir p. 254), un bar-restaurant ravissant et original – et prenez la Fla. 939 ou 939A, qui revient vers la nationale au MM 17. En bifurquant sur l'Old State Road (Fla. 4A), vous traverserez des fourrés de mangrove interrompus par des éclairs bleu-vert de l'Atlantique, franchirez un chenal étroit et arriverez à Upper Sugarloaf Key et à une impasse dans Sugarloaf Boulevard. Tel est le décor qui attendait les automobilistes dans les Keys au début des années 1930.

Au sud de la **Bat Tower de Perky** (voir encadré ci-contre), au MM 17, se tiennent l'hôtel et le restaurant appréciés du Sugarloaf Lodge (*tél. : 305-745-3211*), une marina et une piste d'aviation.

La Bat Tower de Perky

L'agent immobilier R. C. Perky rêvait de faire de Sugarloaf la plus belle station balnéaire de Floride du Sud, mais se posait le problème des nombreux moustiques. Un responsable de la santé du Texas, le Dr Charles Campbell, prétendait avoir développé un système pour les éradiquer en recourant aux chauves-souris. Suivant ses instructions, Perky construisit une tour à chauves-souris de 10 m de haut, qui employait l'appât secret de Campbell pour attirer les créatures dans la construction. Elles ne vinrent pas et Perky fit faillite, laissant son obélisque vide.

Les alentours

Seuls 11 ponts vous séparent de Key West. Le plus long fait 800 m ; le plus court et le dernier – reliant Stock Island à Key West – à peine 48,5 m. Six travées sont nécessaires pour traverser les **Saddlebunch Keys**, de simples collines basses de corail recouvertes de mangroves.

Au sud des Saddlebunch Keys se trouve **Big Coppitt Key**. Elle héberge pour l'essentiel une communauté-dortoir pour la base aéronavale de **Boca Chica Key**, sa voisine située plus au sud. Ses plages sont généralement hors d'atteinte. Comme Boca Chica, **Rockland Key** a été revendiquée par l'industrie, une cimenterie. Devant elle s'étend Key West, et le terminus de l'Overseas Highway au Mile Zero. ■

Il n'existe probablement aucune communauté en Amérique aussi éloignée de tout que Key West, un avant-poste étrange et captivant, excentrique et plein de charme, situé en bout de route.

Key West et les Dry Tortugas

Chat à six orteils – l'un des descendants des chats polydactyles d'Hemingway

Key West et les Dry Tortugas

Key West est la ville continentale la plus méridionale des États-Unis et la plus ancienne localité de la Floride du Sud, créée en 1829. Beaucoup trouvent son isolement irrésistiblement exotique. Son mode de vie paisible et décontracté a conduit de nombreux voyageurs à compulser les annonces de location du *Key West Citizen*.

La réalité quotidienne de Key West est très différente de celle du reste de l'Amérique, au point de défier toute présentation désinvolte. Même les habitants, dans leurs moments de tendre exaspération, hochent la tête et marmonnent « *Key Weird* » (« quel endroit étrange »).

L'île surprend les nouveaux arrivants, déconcertés par son apparent mépris pour les attitudes conformistes. Les personnes guindées la trouvent débauchée, exaspérées par ses manières incorrectes : ses trottoirs abîmés par les racines des banians, ses maisons entourées de plantes grimpantes et de tonnelles de flamboyants

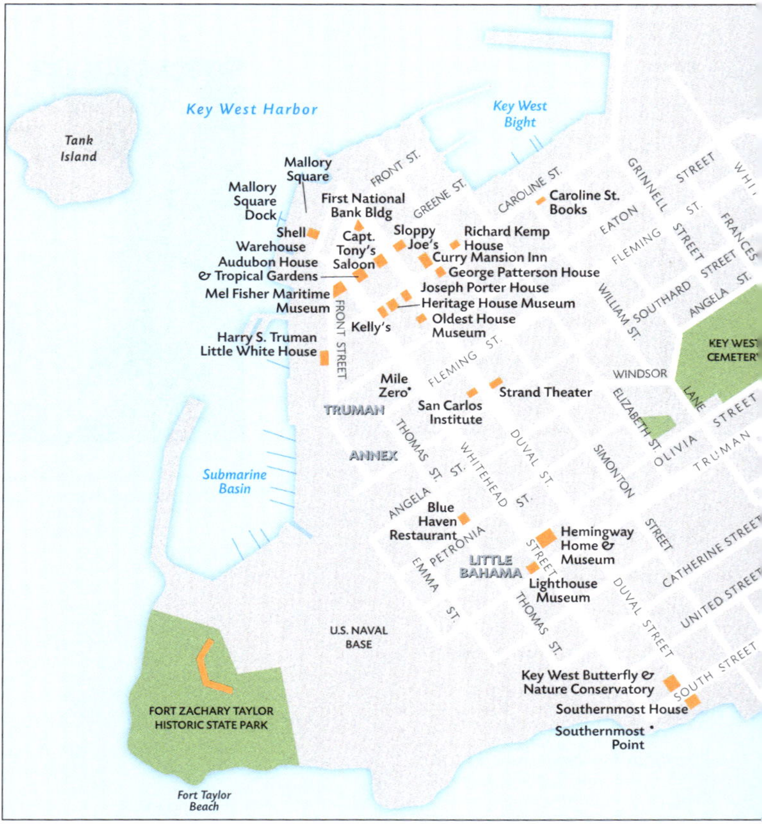

royaux orange. Le fait d'aimer Key West ou non dépend des attentes de chacun. Sans doute vaut-il mieux ne pas en avoir, hormis la volonté de découvrir l'inhabituel et de goûter à l'excentrique.

Au XIXe siècle, les Cubains appelaient l'île Stella Maris, « Étoile des mers ». C'était pour eux un pays prospère, où la pêche et la confection de cigares offraient un bon niveau de vie et une échappatoire aux champs de canne cubains et à l'autoritarisme des colons espagnols. Les premiers explorateurs espagnols la découvrirent jonchée de squelettes humains (nul n'en connaît l'origine, il s'agirait peut-être d'un cimetière indien ou d'un champ de bataille) et la baptisèrent Cayo Hueso, « île des Os ». Aujourd'hui, Key West reste un lieu de mystères et de contradictions, d'extrêmes et de contrastes.

À NE PAS MANQUER

Le coucher du soleil à Mallory Square **214-215**

Les butins issus des naufrages exposés au Mel Fisher Maritime Museum **215, 218**

L'élégante Audubon House and Tropical Gardens **218-219**

La table de poker de Truman à Little White House **221-222**

Une promenade en kayak dans les Keys **224**

Une visite de l'Hemingway Home and Museum **225-226**

Un verre au Captain Tony's Saloon, fréquenté par Hemingway **228**

Les ruines du Fort Jefferson sur Garden Key, dans les Dry Tortugas **234-236**

Un monde à part

Île hédoniste et égocentrique, Key West ne possède pas de source d'eau douce. Souffrant de sa popularité touristique, elle repose au milieu d'un vaste désert aquatique.

Elle est tour à tour raffinée et tape-à-l'œil : pour chaque belle galerie d'art, librairie et boutique d'antiquités, on compte une dizaine de magasins de T-shirts. Pour chaque table de restaurant raffinée, on trouve une échoppe populaire qui sert des montagnes de beignets de conques et de frites aux clients attablés sous un toit de tôle. Le quartier de Mallory Square, dans le centre-ville, ressemble par endroits à un parc de loisirs aux curiosités touristiques clinquantes et aux vendeurs de babioles. Mais, derrière cette agitation, la magnifique mer subtropicale qui s'étend à l'infini et scintille sous le ciel pur vous ramène aux origines de ce cadre tout à fait exceptionnel. Éloignez-vous

Les cerfs-volants de la Key West Kite Company participent à l'ambiance festive de Key West.

des demeures bourgeoises d'Old Key West et des résidences récentes pour vous promener dans les allées envahies de végétation et les quartiers de bungalows misérables, survivants des revirements abrupts de l'économie de l'île, qui ont détruit bien des rêves. Dans les vieux quartiers cubains et bahamiens, à quelques rues du marché animé de Duval Street, les poules grattent la terre devant de modestes maisonnettes, pendant que les familles caribéennes discutent sous les vérandas.

Les Conchs

Prononcé comme le français « conque », le terme « conch » fait référence à une personne née à Key West et implique un sentiment politique de libre pensée, acerbe et indépendante. Ce surnom remonte à 1646, lorsqu'un groupe de sujets britanniques établit une colonie bahamienne, se déclarant exempts des taxes royales et libres de vénérer qui bon leur semblait. Lorsque la Couronne voulut prélever des impôts, ils annoncèrent avec défi qu'ils préféraient manger des conques (ce qu'ils faisaient déjà) plutôt que de payer. Ils furent ainsi appelés Conchs. La créature à laquelle ils doivent leur nom n'abonde plus. C'est officiellement une espère menacée : les coquillages servis dans les Keys arrivent congelés des Bahamas, de Belize ou des Caraïbes.

Aujourd'hui, les Conchs natifs sont moins nombreux que ceux que l'on appelle les « Conchs d'eau douce », des gens qui, pour diverses raisons, ont adopté la ville. Key West attire surtout ceux qui souhaitent vivre dans un lieu aussi peu conventionnel qu'eux. Elle accueille donc une population significative d'artistes, d'écrivains, de musiciens, d'adeptes d'un mode de vie particulier, ainsi que d'autres personnes qualifiées d'excentriques. L'île abrite aussi une communauté homosexuelle assez importante, qui joue un rôle déterminant dans les progrès civiques, la conservation du patrimoine et le renouveau du tourisme d'accueil. De nombreux habitants de Key West ont opté pour une nouvelle vie – salariés devenus hôteliers, entrepreneurs ou artistes –, encouragés par l'isolement apparent de l'île, qui confère un sentiment dynamisant de liberté individuelle et de potentialités.

Un festin pour les sens

Plus que tout, Key West éveille les sens. Le soir, la lumière subtropicale déploie sur l'eau des couleurs fabuleuses : cela conduit la foule à se rassembler sur Mallory Square pour

À SAVOIR

Goûtez le Key lime fudge du Kermit's Key West Key Lime Pie Shoppe *(200A Elizabeth St.)*, il est exceptionnel.

applaudir le soleil qui glisse dans la mer, lors de la « Sunset Celebration ». L'air moite exhale un parfum d'eau salée, de plantes fleuries et d'orchidées sauvages, auquel se mêlent les senteurs du vieux bois et des jardins humides. La température avoisine les 26 °C et l'océan chaud est d'un bleu translucide. La fumée des braseros qui s'échappe des arrière-cours des restaurants se mêle dans les rues aux odeurs d'épices des plats bahamiens et cubains, souvent servis au rythme des guitares. Vous y trouverez des cartes pour tous les goûts et des bistrots pour toutes les humeurs.

Les sites

Old Key West, la « vieille ville », se visite de préférence à pied. Ses rues recèlent une collection pittoresque d'architecture locale et de monuments historiques, des jardins tropicaux, des musées hors du commun et un front de mer toujours intéressant. Son passé peuplé de marins explique sans doute l'abondance de bars. La grande diversité des prises rapportées par les nombreux pêcheurs permet aux chefs cuisiniers de créer des plats de fruits de mer que l'on trouve rarement ailleurs. Des endroits reculés comme la plage et l'aire de pique-nique ombragée du Fort Zachary Taylor Historic State Park, l'ancien phare de Key West, le cimetière de la ville et les jardins d'Audubon House offrent des retraites paisibles loin de l'agitation du centre-ville. Comme dans nombre de villes où la vie n'est pas toujours facile, il existe des secteurs à éviter la nuit. Le jour, le quartier de Little Bahama, au sud du centre-ville, est tout à fait charmant. Ses habitants vous déconseilleront néanmoins d'arpenter ses ruelles sombres de nuit.

Tout autour s'étend la mer délicieusement bleue. Une armada de bateaux proposent des sorties de snorkeling d'une journée sur les récifs qui encerclent Key West. Vous pouvez somnoler paisiblement sur les superbes plages, ou louer des voiliers sur celles plus animées. Et bien qu'une borne indique le Mile Zero (kilomètre zéro) à l'angle de Whitehead et de Fleming Streets sur l'Overseas Highway (US1), les Keys ne s'achèvent pas vraiment là, mais à quelque 110 km à l'ouest, dans les Dry Tortugas. Un immense fort de la guerre civile américaine et un phare du XIXe siècle veillent sur cette constellation solitaire de petites îles aux airs d'atolls entourées de bancs de sable et de récifs coralliens. ■

Les arts dans les Florida Keys

Le milieu artistique des Keys est dynamique et florissant. En collaboration avec un groupe d'habitants des îles au sud de Miami, le Florida Keys Council of the Arts *(www.keysarts.com)* a pour objectif de mettre en relation le public et les 225 galeries, théâtres, musées, festivals et centres d'arts scéniques locaux.

Fondée en 1996 et implantée à Key West, capitale des arts des Keys, l'organisation à but non lucratif a été créée pour développer les arts. Dans ce rôle, le FKCA octroie des subventions, encourage l'art dans les lieux publics et promeut l'archipel en tant que destination culturelle et artistique. Il fournit également des services et soutient les artistes visuels et de scène, les organismes d'art et les étudiants.

Le FKCA tient un registre des artistes et publie un calendrier semestriel des manifestations culturelles et un guide des galeries d'art. Consultez la page « Your Visit » sur son site Internet pour connaître les événements en cours.

L'arrivée à Key West

En approchant de Key West par l'Overseas Highway, après avoir dépassé le chaos commercial de Stock Island – dont les magasins d'équipement marin et de matériel sportif ne laissent rien présager de la ville plus ancienne et séduisante qui se trouve un peu plus loin –, les conducteurs ont le choix entre deux routes pour rejoindre Old Key West : continuer sur l'US1 ou prendre la Fla. A1A. Optez pour la seconde, plus pittoresque et intéressante.

Smathers Beach, une plage appréciée des véliplanchistes

Après la traversée du pont de Stock Island à Key West, vous atteindrez une intersection en T avec Roosevelt Boulevard. Repérez alors les pancartes autoroutières de la Fla. A1A vers la gauche (au sud) indiquant « Beaches/Airport ». Bifurquez à gauche et suivez S. Roosevelt Boulevard, bordé de palmiers, vers le sud, en passant devant le Key West International Airport, puis continuez vers l'ouest du côté atlantique de l'île. Ce secteur situé à l'est de White Street est considéré comme la « ville nouvelle » (New Town), essentiellement construite sur des marécages remblayés. Officiellement, les quartiers à l'ouest de White Street constituent la « vieille ville » (Old Town).

Plages et marécages

Vers l'intérieur, le long de S. Roosevelt Boulevard, se trouvent les **Salt Ponds** marécageux, exploités jusqu'au milieu des années 1800 pour la fabrication de sel de mer par évaporation. Ces étangs salés regorgent désormais de crustacés et de petits poissons qui attirent les oiseaux marins, particulièrement aux premières lueurs de l'aube, lorsque les ornithologues convergent vers leurs rives. Une partie des marécages herbeux est intégrée au **Riggs Wildlife Refuge** – repérez le portail vert –, qui possède une belle plate-forme d'observation. De l'autre côté du marais salant se situe une autre réserve naturelle appelée **Little Hamaca Park**, située tout près de Flagler à l'angle de Government Road. Ce refuge original recèle une enclave immaculée d'histoire biologique vivante. Une promenade en planches permet d'explorer la réserve sans abîmer les marécages fragiles en dessous.

La grève qui s'étend en face sur 3 km est **Smathers Beach**, appréciée des véliplanchistes et des amateurs de Hobie Cat. Vous pouvez y louer des catamarans pour deux, peu onéreux, faciles à manœuvrer et très stables (sauf quand le vent s'emballe), mais vous n'avez pas le droit de sortir du champ de vision des loueurs.

Fort East Martello

La Fla. A1A mène aussi au Fort East Martello, l'une des plus anciennes structures en briques de l'île, un fort cylindrique de la guerre civile, qui abrite la collection éclectique des **Fort East Martello Museum and Gardens** *(3501 S. Roosevelt Blvd, tél. : 305-296-3913, www.kwahs.com/martello.htm, €€)*. Idéal pour se dégourdir les jambes après la longue route, le lieu lie des visages humains aux périodes historiques qui composent les branches de l'arbre généalogique complexe de Key West : pirates, soldats, ouvriers des chemins de fer, pêcheurs d'éponges, trafiquants de rhum, constructeurs de bateaux, fabricants de cigares et réfugiés politiques des Caraïbes. Vous y découvrirez des expositions d'artistes locaux et une salle dédiée au palmarès de grands écrivains de Key West, dont sept ont été honorés du prix Pulitzer. N'oubliez pas de grimper les 48 marches menant à la plate-forme d'observation de la tour, effort récompensé par une vue splendide sur l'océan.

À SAVOIR

Promenez-vous sur les sentiers du Little Hamaca Park. Il se trouve près d'une batterie de missiles Hawk qui rappelle la crise des missiles de Cuba. Marchez jusqu'à sa plate-forme, ses tours et ses bâtiments.

L'arrivée dans la vieille ville

Après avoir longé la plage de Smathers Beach, S. Roosevelt Boulevard quitte le littoral et devient Bertha Street. Un peu plus loin, tournez à gauche (vers l'ouest) dans Atlantic Boulevard pour rejoindre un quartier résidentiel. L'Atlantique s'arrête à White Street, la frontière nord du secteur d'Old Town. ■

Key West
Plan p. 206-207

Fort East Martello
Plan p. 207

L'ancien quartier historique de Key West

Le centre historique de Key West n'occupe pas son cœur géographique mais s'étend le long du Key West Harbor et du port de commerce de la ville ancienne, Key West Bight (dont les docks restaurés sont désormais appelés Harbor Walk). Son centre officiel est Mallory Square, où la Mallory Steamship Company embarquait jadis les voyageurs à destination de Cuba.

L'ancien First National Bank Building, au croisement de Duval et de Front Streets

Key West
Plan p. 206-207

L'histoire de Key West

En 1822, un groupe de la marine américaine commandé par le lieutenant Matthew Perry (qui ouvrit ensuite aux États-Unis les routes commerciales vers le Japon) aurait hissé pour la première fois la bannière étoilée sur l'île. Le site marécageux et infesté par le paludisme avait été acheté la même année par un spéculateur de l'Alabama, John Simonton, à un propriétaire terrien espagnol, Juan Pablo Salas, pour 2000 dollars.

Simonton en obtint la propriété et les États-Unis son mouillage en eau profonde, une rareté sur le littoral de la Floride. Key West devint alors une base avancée pour le West India Squadron de la marine, chargé de chasser les pirates. Il lança une campagne brutale de huit ans pour déloger les boucaniers de leurs cachettes dans les profondes criques de mangrove sur toute la longueur des Keys. Pendant ce temps, une centaine de colons, principalement des baleiniers, des marins marchands et des sauveteurs maritimes de Nouvelle-Angleterre et des Bahamas britanniques y fondèrent une communauté multiculturelle.

Alors que la flotte marchande américaine se développait et opérait plus loin, les récifs autour de Key West accueillirent un nombre croissant de bateaux. Par temps calme et sous la lumière vive du soleil, ces râpes de corail dentelées restent invisibles jusqu'à la collision. Pendant la saison des ouragans, les coups de vent violents empêchent toute manœuvre d'évitement. À l'époque, comme de nos jours, c'était l'un des couloirs de navigation les plus fréquentés de l'hémisphère ouest, ce qui conduisit des centaines de voiliers à s'échouer sur les récifs. Leurs cargaisons, souvent dispersées sur le littoral de Key West, engendrèrent un essor économique phénoménal. La loi américaine sur le sauvetage maritime, fondée sur la notion que les objets appartiennent à ceux qui les trouvent, fut largement écrite par les juges de Key West. Les « naufrageurs » de l'île meublèrent ainsi leurs belles demeures avec les butins du malheur.

La chance tourna dans les années 1850 lors de l'installation des phares. Avec la diminution des naufrages, la récolte des éponges s'accrut, suivie à la fin du XIXe siècle par l'arrivée des immigrants cubains experts en fabrication de cigares. La pêche commerciale devint très rentable et, en 1890, Key West devint la ville la plus riche de Floride, comptant quelque 25000 habitants.

Tout s'arrêta pendant la Grande Dépression. Les éponges disparurent, les ateliers de cigares déménagèrent vers le nord à Tampa, et les bateaux contournèrent le port pour des destinations septentrionales. La marine elle-même ferma sa base sur l'île. On estime que quatre habitants sur cinq connurent le chômage en 1934. Les pères de la ville placèrent Key West sous tutelle de l'État, transférant rapidement sa population affamée sous l'aile du gouvernement fédéral. Celui-ci décida de transformer Key West en destination touristique, grâce aux fonds publics et au travail bénévole.

Key West dans la littérature

Le roman d'Ernest Hemingway *En avoir ou pas*, publié en 1938, conte l'histoire tragique d'un pêcheur de conques et contrebandier, Henry Morgan, et évoque le désespoir de la Grande Dépression à Key West et l'autonomie de ses habitants qui forçait l'admiration de l'auteur. Autre habitante de Key West, lauréate du prix Pulitzer, Elizabeth Bishop, poète et écrivain, a vécu au 624 White Street de 1938 à 1942. L'essentiel de son œuvre a pour cadre l'île et le reste des Keys.

Le renouveau

Près de 4000 insulaires œuvrèrent pendant six mois pour embellir la ville. Ils plantèrent des arbres, rénovèrent les maisons, retirèrent des montagnes d'ordures et débarrassèrent les plages des algues. Les subventions fédérales permirent de rouvrir les hôtels dont le personnel sortait diplômé de l'école hôtelière de Key West, financée par le gouvernement. Nombre de musiciens furent recrutés au sein du Key West

Mallory Square
Plan p. 206
www.mallory square.com

Hospitality Band, orchestre qui accueillait les voyageurs à la descente des trains et des bateaux. D'autres habitants furent formés à l'artisanat, en particulier à la confection de chapeaux de soleil en palmes. Vous pourrez peut-être encore voir quelques vendeurs en tresser, installés sur le trottoir de Stroll Duval Street.

Un guide touristique fut rédigé afin de mettre en valeur le moindre élément digne d'intérêt pour le visiteur. Ainsi, le site n° 12 est une « maison ancienne typique ». Le n° 35 marque l'« atelier de cigares abandonné ». Le n° 18 indique la maison d'Ernest Hemingway au 907 Whitehead Street. Dans sa « Key West Letter », qu'il écrivit pour le magazine *Esquire* en avril 1935, l'écrivain se disait assiégé par les touristes, situé comme il l'était « entre Johnson's Tropical Grove (n° 17) et Lighthouse and Aviaries (n° 19) ». Cela était « très flatteur pour votre correspondant, dont l'ego se gonflait facilement », admettait-il, « mais sa productivité en souffrait ».

C'est ainsi que commença la carrière touristique de Key West, avec cette recommandation de l'agent fédéral chargé de la transformation de l'île : « Pour apprécier Key West et son architecture typique, ses allées et ses petits chemins, son peuple chaleureux et tout son pittoresque, le visiteur doit passer au minimum quelques jours dans la ville ; un circuit éclair d'une heure ou deux ne sert à rien. Si le visiteur n'est pas prêt à rester au moins trois journées complètes ici, l'administration de Key West préférerait qu'il ne vienne pas du tout. »

Mallory Square

Des centaines de bateaux de croisière jettent l'ancre au Mallory Square Dock chaque année et des légions de voyageurs sont accueillies par les vendeurs de glaces, de coquillages, de T-shirts, de ballons et de babioles diverses. Aux terrasses des bars, les serveurs actionnent des rangées de mixeurs et déversent des breuvages colorés à base de glace, de jus de fruits et d'alcool dans des gobelets. La place fourmille de magiciens, jongleurs, danseurs de claquettes, mimes, portraitistes, cracheurs de feu, musiciens et diseuses de bonne aventure, parfois rejoints par un funambule.

La place rend hommage à Stephen Mallory, un habitant devenu en 1861 secrétaire de la Marine des États confédérés. En retrait de Front et de Greene Streets se trouve la Customs House en briques de terre cuite, le premier exemple d'architecture néoromane de la Floride. Devenu ensuite le

À DÉCOUVRIR
Hommage au crépuscule sur Mallory Square

Le rassemblement rituel pour saluer le coucher du soleil dans le golfe du Mexique est entré dans les traditions de Key West dans les années 1960 à Mallory Square. Le spectacle est sublime – Audubon s'est amplement extasié sur le sujet dans son journal. Habitants et visiteurs se rassemblent deux heures avant la tombée de la nuit pour profiter des spectacles et attendre le crépuscule.

Customs House Museum *(tél. : 305-295-6616, www.kwahs.org/visit/custom-house, €€)*, il a été érigé dans les années 1880 pour servir de bureau de poste et de palais de justice fédéral. Une exposition permanente inaugurée en 2012 célèbre le 100e anniversaire de la ligne de la Florida East Coast Railway ralliant Key West.

La foule se rassemble à Mallory Square pour admirer le soleil se coucher sur le golfe du Mexique.

Le style fleuri du **First National Bank Building** voisin doit son briquetage voyant et sa façade richement ornée au goût des fabricants de cigares cubains qui l'ont commandité au XIXe siècle.

Devant Mallory Square se dresse le plus ancien bâtiment commercial de Key West, construit avec la roche corallienne extraite du site qu'il occupe. Créé pour entreposer de la glace, il abrite aujourd'hui le Shell Warehouse, un bazar qui vend des carillons éoliens.

Mel Fisher Maritime Museum

Le capitaine Geiger (voir p. 218) ne fut pas le seul entrepreneur de Key West à s'enrichir grâce au sauvetage d'épaves. À notre époque, le plus chanceux de ces personnages fut feu Mel Fisher. Sa recherche de deux galions espagnols coulés par un ouragan en 1622 fait partie du folklore local.

Si Fisher a retrouvé une partie de la *Santa Margarita* en 1980, la *Nuestra Señora de Atocha* lui échappait toujours. Finalement, après 16 ans de recherche, le 20 juillet 1985, ses plongeurs trouvèrent le vaisseau et son trésor évalué à 400 millions de dollars.

À quelques minutes à pied de Mallory Square, à l'angle de Whitehead et de Greene Streets, le musée expose le butin récupéré. Vous y verrez un modeste échantillon de l'or, de l'argent, des bijoux et des objets nautiques rares sauvés des deux épaves, qui reposent à environ 18 m de fond : lingots d'or et d'argent, chaînes en or finement ouvragées de presque 3 m de long, énormes émeraudes non

(suite p. 218)

Mel Fisher Maritime Museum

- Plan p. 206
- 200 Greene St.
- 305-294-2633
- €€

www.melfisher.org

Explorer l'ancien Key West

C'est à pied que vous visiterez le mieux Old Key West, tous vos sens s'imprégneront de ses attraits, de ses sons, de ses parfums. Mais il existe d'autres manières de faire la connaissance de l'île.

Le Conch Train en route pour un circuit touristique sur l'île

Visites autoguidées

Le circuit autoguidé le plus célèbre est le **Pelican Path**. Conçu par l'Old Island Restoration Foundation, il couvre 25 pâtés de maisons et permet de découvrir une dizaine de rues et 50 édifices historiques à l'architecturale remarquable. Retirez la brochure gratuite *« A Guide to Historic Key West on the Pelican Path »* à la Chamber of Commerce *(510 Greene St., tél. : 305-294-2587, www.keywestchamber.org)*, où commence et se termine le parcours. Cette brochure est aussi disponible à l'Oldest House Museum *(322 Duval St.)*; vous pouvez contacter l'Old Island Restoration Foundation pour plus d'informations *(tél. : 305-294-9501, www.oirf.org)*. La promenade dure plusieurs heures, avec une pause déjeuner en route. La plupart des bâtiments sont privés et fermés au public, mais, de janvier à mars, pendant la fête des Old Island Days, la fondation organise plusieurs visites guidées à thème dans les maisons et les superbes jardins.

Le **Cuban Heritage Trail**, une autre promenade intéressante, présente près de 40 demeures, bâtiments et sites concernant les relations historiques entre l'île et Cuba. Vous aurez besoin du guide et de la carte disponibles gratuitement à la Historic Florida Keys Foundation *(510 Greene St., tél. : 305-292-6718, www.historicfloridakeys.org)*. À la fondation, consultez l'excellente carte annotée

Un tramway à thème attend la tombée de la nuit pour faire découvrir le côté macabre de Key West.

du quartier historique de Key West, un guide complet sur les vestiges de l'histoire insulaire, incluant un circuit en voiture sur l'Overseas Highway jusqu'à Key Largo. Il comprend aussi des descriptions évocatrices de Pigeon Key et de la Bat Tower de Sugarloaf Key. Vous y trouverez également une brochure utile pour visiter le cimetière historique de Key West (voir p. 231).

Le **Key West Historic Marker Tour** *(www.keywesthistoricmarkertour.org)* est un autre très bon circuit. Imprimez la carte que vous trouverez sur le site ou téléchargez-la sur votre smartphone. À chacun des 68 sites historiques numérotés de la balade, entrez le numéro du lieu sur la page Internet ou appelez la boîte vocale de l'organisme *(tél. : 305-507-0300)* pour en apprendre davantage.

Visites en train et en tramway

Pour varier les plaisirs, montez dans le **Conch Train** *(9 h 30-16 h 30, tél. : 888-916-8687, www.conchtourtrain.com, €€€€€)*, qui suit un circuit de 22 km pendant 1 h 30 à travers l'île. Ces wagons ouverts tirés par un tracteur motorisé déguisé en locomotive miniature partent de Mallory Square, au 303 Front Street, toutes les demi-heures. Vous pouvez également embarquer à Flagler Station, située au 901 Caroline Street.

Similaire au Conch Train, l'**Old Town Trolley** *(9 h-16 h 30, tél. : 888-910-8687, www.trolleytours.com/Key-West, €€€€€)* est un petit tramway qui démarre de la place à l'angle de Roosevelt Boulevard toutes les demi-heures. Ses circuits de 1 h 30 suivent un parcours assez différent ; vous pouvez descendre et remonter librement à n'importe quel arrêt.

La République conch

Le 20 avril 1982, lors d'une traque aux étrangers sans papiers et aux trafiquants de drogue, la patrouille frontalière américaine bloqua l'Overseas Highway au sud de Florida City, exigeant des automobilistes qu'ils prouvent leur nationalité américaine. Ce fut une catastrophe en matière de relations publiques et les habitants des Keys furent scandalisés de se voir traités ainsi. Trois jours après, les dirigeants de Key West annoncèrent leur sécession des États-Unis. Lors d'un rassemblement sur Mallory Square, l'île fut proclamée nation indépendante sous le nom de République conch. Elle hissa un drapeau conch, émit des visas et imprima sa monnaie. Très vite, la nation rebelle « capitula », demandant l'aide américaine, et festoya pendant une semaine. Chaque année, en avril, le souvenir du « printemps conch » donne lieu à la Conch Republic Independence Celebration.

Audubon House and Tropical Gardens

Plan p. 206

205 Whitehead St.

305-294-2116

€€

www.audubonhouse.com

taillées et crucifix ornés de pierres précieuses. L'une des salles abrite une émeraude brute de 77 carats, tandis que d'autres présentent des ancres, des canons et des objets de la vie quotidienne en mer. La présentation historique laisse espérer des trouvailles encore plus importantes, tandis que d'autres objets évoquent la réalité moins rose de la chasse au trésor : des dépenses stupéfiantes, des années de labeur éreintant et les dangers inhérents au travail sous la mer (Fisher a perdu un fils et une belle-fille lors du naufrage de leur bateau).

La somptueuse maison familiale des Geiger, aujourd'hui baptisée l'Audubon House

Audubon House and Tropical Gardens

Tout près de Mallory Square, dans Whitehead Street, une charmante maison blanche de deux étages se dresse au milieu d'un jardin regorgeant d'arbres, de plantes et de buissons fleuris, un véritable éden tropical.

C'est certainement la demeure historique la plus élégante de l'île, au séduisant mélange de meubles d'époque et d'objets décoratifs : peintures, porcelaines, vêtements, poupées et jouets. Le nom de « maison Audubon » est néanmoins trompeur, car elle n'a avec le célèbre ornithologue et peintre d'oiseaux sauvages qu'une relation sentimentale.

John James Audubon, qui a brièvement visité Key West et les Dry Tortugas en 1832, n'a jamais résidé ici. C'était la demeure de John Geiger, un capitaine qui, comme nombre d'habitants de Key West, fit fortune en sauvant la cargaison de navires échoués sur le récif floridien. Il construisit cette résidence dans les années 1830 pour sa famille. Ses héritiers y vécurent jusqu'en 1958. Sa proximité avec Mallory Square la vouait à la démolition, mais les défenseurs du patrimoine locaux ont rénové la maison et son jardin pour en faire un musée commémorant le passage d'Audubon à Key West.

Les visiteurs peuvent arpenter librement la vaste demeure. La chambre des enfants, au dernier étage, est remplie de jouets des années 1830, dont de vieux patins à roulettes. Vous découvrirez aussi dans la maison des gravures et des

À SAVOIR

John James Audubon incorporait à ses tableaux des plantes qu'il avait cueillies dans le jardin des Geiger : *The White-Crowned Pigeon* est toujours accroché au mur de la demeure des Geiger, rebaptisée Audubon House.

peintures originales d'Audubon et, au deuxième étage, ses notes concernant 22 oiseaux des Keys. Le jardin ceinturé de briques, parsemé d'orchidées et doté d'une pépinière des années 1840, est un endroit où il fait particulièrement bon s'attarder.

Caroline Street

Les raisons de parcourir cet échantillon pittoresque d'Old Key West, qui s'étire de la Truman Little White House (voir p. 220-222) dans Front Street jusqu'au désordre de Key West Bight, sur le front de mer, ne vous manqueront pas.

Face à l'entrée officielle de l'ancienne base de la marine se trouve une maison blanche en clin de bois, largement rénovée, qui a abrité le siège d'Aeromarine Airways. Au début des années 1920, cette compagnie pionnière transportait les passagers et le courrier vers Cuba à bord d'hydravions Curtiss F5-L ayant appartenu à la patrouille côtière de la marine. Chacun emportait un pigeon voyageur en cas d'amerrissage forcé. Le vol inaugural d'Aeromarine vers La Havane, le 1er novembre 1920, ouvrit l'une des premières lignes aéropostales officielles d'Amérique. La compagnie choisit ce lieu pour la proximité du front de mer – le remblayage effectué par la marine a finalement repoussé le littoral jusqu'aux anciens abris pour sous-marins, devenus une luxueuse marina-promenade. Le vol de 168 km jusqu'à La Havane (50 dollars) durait, en fonction du temps et des vents, entre 1 h 30 et 2 h (contre une journée et 19 dollars avec un ferry Mallory Steamship). En 1921, Aeromarine ajouta une ligne de 296 km vers Nassau (85 dollars), dans les Bahamas, et prit le nom d'Aeromarine West Indies Airways. En deux ans, la compagnie transporta 20000 passagers en toute sécurité, mais ses pertes financières la contraignirent à fermer en 1923. Peu de gens

Architecture conch

Mélange réellement subtil des styles du XIXe siècle, parfois qualifiés de « bahamiens », les édifices de style conch de Key West reflètent les techniques des charpentiers navals qui les ont construits. Ils ont été conçus pour supporter chaleur, humidité et orages subtropicaux, avec des volets basculants, des greniers ventilés, des toits pentus en acier galvanisé (pour orienter l'eau vers des citernes), des vérandas ombragées à colonnes et des piliers à la place des fondations pour les protéger des inondations. La plupart étaient en pin des marais et, jusqu'à la reconversion touristique de Key West dans les années 1930, rarement peints.

Caroline Street

Plan p. 206

Harry S. Truman Little White House
Plan p. 206
111 Front St.
305-294-9911
€€€
www.trumanlittle whitehouse.com

se souviennent d'elle, mais le restaurant qui occupe le bâtiment, **Kelly's** *(tél. : 305-293-8484;* voir p. 257*)*, est généralement associé aux jeunes années de la compagnie quasi mythique Pan American Airways Inc., qui a repris la première ligne ouverte en 1927. Le globe bleu du logo de la Pan Am orne le toit du restaurant.

Voisine du Kelly, la séduisante petite **Heritage House** *(410 Caroline St., fermée au public)* préserve l'histoire de Key West dans une résidence de style conch datant des années 1830 et occupée par sept générations d'un ancien clan de Key West. Derrière la maison, dans un charmant jardin tropical, se dresse une maisonnette qui hébergea parfois le poète Robert Frost.

Le secteur de quelque 500 pâtés de maisons autour de Caroline Street constitue sans doute le plus beau quartier résidentiel d'Old Town. Il regroupe des demeures imposantes, dont la plus impressionnante est la **Curry Mansion Inn** *(511 Caroline St., tél. : 305-294-5349;* voir p. 255*)*. Elle fut érigée en 1905 par un fils de William Curry, le plus grand entrepreneur de Key West au cours du XIXe siècle (et probablement le plus riche de Floride jusqu'à sa mort en 1898). Inspirée par les somptueuses demeures aristocratiques de Newport (Rhode Island), la maison arbore une allure d'hôtel particulier. Elle est ouverte aux visites guidées (€) et le belvédère du toit offre une vue splendide sur Old Town.

En 1886, un incendie dévastateur détruisit de nombreuses maisons anciennes du quartier. Elles furent remplacées par des demeures encore plus imposantes comme la **George Patterson House** *(522 Caroline St.)*, une interprétation exubérante du style Reine Anne, ou la **Richard Kemp House** *(601 Caroline St.)*, à l'angle de la rue suivante. Cette dernière est considérée comme un magnifique exemple de fioritures conch mêlées de touches néoclassiques – un mélange réalisé par des charpentiers navals. Richard Kemp, un Britannique venu des Bahamas, fut le fondateur de l'industrie de l'éponge à Key West.

En longeant les deux pâtés de maisons suivants jusqu'au front de mer, vous pourrez encore découvrir d'autres versions du style néoclassique, de fières demeures qui détonnent complètement à côté de l'atmosphère décontractée et relativement terre à terre des docks de Key West Bight.

À SAVOIR

Gardez un peu de temps pour vous promener dans les jardins luxuriants de la Truman Little White House. Une brochure vous aidera à identifier les plantes tropicales.

Harry S. Truman Little White House

En dépit de son conflit avec le gouvernement fédéral, Key West a accueilli de bonne grâce l'armée depuis les années 1820 et est l'une des rares villes américaines qui soit devenue une annexe de travail de

L'ameublement officiel de la Little White House était couvert de poussière : Truman préférait travailler à sa table de poker.

l'exécutif. Ce statut lui fut accordé à l'arrivée à la présidence de Harry Truman, en 1945, après le décès de Franklin Roosevelt. En public, le président Truman affichait une détermination et une confiance inébranlables, mais il était à bout. Après avoir présidé à la victoire des Alliés pendant la Seconde Guerre mondiale, il devait assumer la difficile mission de servir les intérêts américains dans le monde inconnu d'après guerre. En 1946, son épuisement inquiétait les médecins. Il ne pouvait prendre de véritables vacances tant la tâche était lourde et avait besoin d'une retraite sûre loin du froid hivernal de Washington où il pourrait travailler, prendre l'air, se détendre avec ses conseillers et ses amis, et d'où la capitale était rapidement accessible si besoin.

Southern White House

La Key West Naval Base faisait l'affaire et les quartiers du commandant étaient justement vides. Ce vaste duplex construit en 1890, doté de vérandas ombragées, de stores tropicaux et de pièces spacieuses, ressemblait davantage à un country-club qu'à une résidence militaire. L'hôpital de la marine n'était pas loin et dans l'enceinte de la base se trouvait la plus belle plage de Key West (aujourd'hui intégrée au Fort Zachary Taylor Historic State Park, voir p. 223). En novembre, Truman et son équipe réquisitionnèrent la maison, convertie en résidence indépendante pour, de là, diriger le pays. Dans la salle de réception, une table de poker faisait office de bureau présidentiel, tandis qu'un marin se tenait au bar du matin au soir. La sécurité était telle qu'un seul agent des services secrets s'avérait suffisant ; son travail consistait essentiellement à répondre au téléphone.

Grâce à un régime mêlant travail, parties de poker, baignades dans l'océan et rendez-vous autour d'un verre, Harry Truman retrouva sa force et son courage. « J'avais dans l'idée, confessa-t-il à moitié sérieux, de déménager la capitale à Key West et d'y rester ». Pendant les six dernières années de son mandat, il revint une dizaine de fois sur l'île, marchant parfois dans le centre-ville, où il réglait ses cafés à l'aide de billets de banque autographiés. Les présidents Franklin Eisenhower et John F. Kennedy ont également profité de la « Maison Blanche » d'hiver de Truman.

Les choses ont tellement changé depuis, notamment en ce qui concerne la conduite présidentielle, que la visite d'une demi-heure de la « Petite Maison Blanche » évoque avec nostalgie une époque simple et un rythme paisible. La table de poker garnie de feutrine, fabriquée par les charpentiers de marine et toujours exposée, comporte des boîtiers en obus en guise de cendriers et des fume-cigare confectionnés avec des cartouches de mitrailleuse de calibre 50. Très soucieux des convenances, Harry Truman avait fait fabriquer un dessus de table assorti en bois brut qui lui permettait, à lui et à ses partenaires de jeu, de dissimuler rapidement la partie de poker en cours à l'arrivée de personnes extérieures. C'est ainsi qu'il a signé, au-dessus du jeu, le plan Marshall, le programme de redressement d'après guerre offrant l'aide financière américaine aux pays d'Europe de l'Ouest.

À DÉCOUVRIR

La pêche du jour

Pour déguster du poisson frais, après une excursion sur un bateau de pêche – essayez d'attraper un vivaneau à queue jaune, un mérou ou un mahi mahi, considérés par les habitants comme les poissons les plus savoureux –, demandez à un membre de l'équipage de découper votre prise en filets et de l'envelopper dans de la glace. Rendez-vous ensuite dans un restaurant qui acceptera de la cuisiner. Le chef préparera le poisson grillé, noirci ou frit à la poêle, et le servira accompagné de pommes de terre ou de légumes vapeur.

Parmi les restaurants qui acceptent de cuisiner votre pêche figurent notamment le Sun Sun *(1500 Reynolds St., tél. : 888-303-5717)*, le Conch Republic Seafood Company *(631 Greene St., tél. : 305-294-4403)* et le Blue Heaven (voir p. 256). La plupart demandent de 10 à 15 dollars (de 7 à 11 euros), mais appelez à l'avance pour confirmer.

Truman Annex

Autour de la retraite du président Truman s'étend l'annexe de Truman, un élégant complexe paysager tropical d'appartements en copropriétés, d'hôtels particuliers et de maisons, le tout construit dans le style conch sur environ 40 ha qui appartenaient, jusque dans les années 1980, à la marine. L'hôpital où étaient soignés les marines américains atteints de paludisme accueille désormais des appartements donnant sur une marina et une promenade sur le quai.

Cet ensemble clôturé est ouvert de 8 h au crépuscule. Une promenade sur ses agréables trottoirs permet de faire le tour des sites de Whitehead Street et des alentours – le **Hemingway Home and Museum** (voir p. 225-226) et l'ancien **Key West Lighthouse** (voir p. 226); le quartier de Little Bahama dans Thomas Street, où la demeure et la cour du n° 729 abritent le restaurant **Blue Heaven** *(tél. : 305-296-8666;* voir p. 256*)*, réputé pour sa carte antillaise; et Southard Street, qui débouche sur le **Fort Zachary Taylor Historic State Park** (voir ci-contre) et sur la jolie plage corallienne ombragée où nageait Truman. ■

Fort Zachary Taylor Historic State Park

En approchant de la plage, vous apercevrez à droite le bâtiment bas de l'armée qui a donné son nom à ce parc de 35 ha.

Le champ de manœuvre du fort accueille aujourd'hui des pique-niques et des concerts.

Sa réalisation a commencé en 1845, pour dissuader les aventuriers étrangers d'entrer dans le Golfe et les Caraïbes. Le site se trouvait alors à 365 m au large ; l'amoncellement de sable et le remblayage ont fini par le relier à l'île, imposant de construire ses fondations dans le substrat rocheux en blocs de granit. La fièvre jaune décima les rangs des esclaves afro-américains qui travaillaient à l'ouvrage et les maçons allemands et irlandais qui les supervisaient. Il fallut 21 ans et beaucoup de vies humaines pour achever le projet. Le fort accueillait 500 hommes et environ 200 canons puissants.

Les modernisations maintinrent le fort en service pendant la Seconde Guerre mondiale. En 1968, des archéologues bénévoles locaux mirent au jour des armureries, des canons et des munitions recouverts depuis 1898, offrant au musée du bastion la plus vaste collection américaine d'armes de la guerre civile.

Le fort, qui s'élève sur trois niveaux à partir d'un champ de manœuvres situé en contrebas, révèle une architecture remarquable. Vous pouvez le visiter seul ou rejoindre la visite guidée de 30 min qui est proposée à midi *(gratuite)*.

Fort Taylor Beach

Le seul inconvénient de cette très jolie plage située au sud du parc est le gravier corallien, qui écorche les pieds ; emportez de bonnes chaussures. Une fois dans l'eau, le charme opère. Vous y trouverez des tables de pique-nique, des barbecues, des cabines, des douches extérieures et un petit stand alimentaire. ■

Fort Zachary Taylor Historic State Park

Plan p. 206

Au bout de Southard St., près de Truman Annex

305-292-6713

€€

www.floridastateparks.org/forttaylor

À DÉCOUVRIR Les Keys en kayak

Outre la plongée et la pêche, le kayak est un excellent moyen de partir à l'aventure dans les Keys. Profitez de leurs eaux calmes et découvrez les prairies sous-marines d'herbes ondoyantes, les passages cachés à travers les mangroves, les éclatants soleils couchants, les oiseaux prenant leur envol ou se posant sur l'eau et les animaux sauvages aquatiques comme les dauphins, les lamantins, les jeunes requins et les méduses. Au large de Key West, vous pourrez croiser d'énormes bateaux de croisière et rejoindre des sites touristiques.

Des kayakistes pagaient sur les eaux peu profondes de Florida Bay.

Les kayakistes avertis pourront faire des excursions de plusieurs jours, guidées ou non, et camper sur les îles la nuit. Les débutants s'initieront d'abord à quelques mètres du rivage avant de partir en balade organisée pendant une demi-journée. Chaque région a ses propres atouts.

Upper Keys

Accessibles en kayak, des passages couverts à travers la mangrove se cachent dans les îles inhabitées des Upper Keys. Partez à la recherche de monticules funéraires indiens, de morceaux d'épaves et d'animaux sauvages. Les lamantins se rassemblent parfois dans les eaux de Dusenberry Creek. Les dauphins s'ébattent un peu partout, mais vous ne les verrez pas toujours. Louez votre kayak chez **Florida Bay Outfitters** *(MM 104, Key Largo, tél. : 305-451-3018, www.kayakfloridakeys.com)*, au **John Pennekamp Coral Reef State Park** *(MM 102.5, Key Largo, tél. : 305-451-6300, www.pennekamppark.com/kayak.html)*, chez **Backcountry Cowboy Outfitters** *(MM 82.2, Islamorada, tél. : 305-517-4177, www.backcountrycowboy.com)* ou **Kayak Shack** *(Robbie's Marina, MM 77.5, Lower Matecumbe, tél. : 305-664-4878, www.kayakthefloridakeys.com)*.

Middle Keys

Les Middle Keys recèlent encore plus de trésors à découvrir en kayak. Mais il vous faudra pagayer davantage en mer, ce qui implique de vous confronter à des courants plus forts. Il y a peu de boutiques de location dans la région. **Marathon Kayak** *(Marathon, tél. : 305-395-0355, www.marathonkayak.com)*, qui n'a pas d'adresse physique, est la meilleure option. Appelez pour prendre rendez-vous avec Kayak Dave qui vous apportera le matériel.

Lower Keys

Les eaux des Lower Keys regorgent de concombres de mer, de méduses Cassiopée et de jeunes requins, tandis que les terres, plus étendues que dans le reste des Keys, hébergent une multitude d'oiseaux dans les arbres et les mangroves. À marée basse, vous pourrez sillonner à travers les kilomètres de bancs de sable. Pour la location de matériel ou les circuits organisés, adressez-vous à **Big Pine Kayak Adventures** *(Watson Blvd, Big Pine Key, tél. : 305-872-7474, www.keyskayaktours.com)* ou au **Bahia Honda State Park** *(MM 37, Big Pine Key, tél. : 305-872-3210, http://bahiahondapark.com/kayaking.html)*.

Key West

Vous pourrez explorer les alentours de Key West en toute tranquillité sur les eaux calmes et peu profondes de l'arrière-pays ; en revanche, évitez les lieux touristiques comme Smathers Beach et Mallory Square, où l'océan peut être agité. **Lazy Dog Island Outfitters** *(MM 4.2, Stock Island, tél. : 305-295-9898, www.lazydogadventure.com)* et **Clearly Unique Charters** *(631 Greene St., Key West, tél. : 877-282-5327, www.clearlyuniquecharters.com)* sont deux bonnes adresses.

Hemingway Home and Museum

En décembre 1931, Ernest Hemingway et Pauline Pfeiffer emménagèrent dans cette maison, la seule de Key West dotée d'un sous-sol, creusé lorsque le soubassement de corail fut extrait pour construire les murs. Aménagée environ 30 m en retrait, sur un terrain d'angle d'un demi-hectare planté de banians, de palmiers-dattiers, de sagoutiers et de sabals, c'est vraiment l'une des demeures les plus typiques de l'île, une villa à étage entourée de balcons, avec d'épais murs de calcaire, un toit mansardé, des portes-fenêtres et de grands volets verts.

Quand le couple Hemingway l'acheta (pour l'équivalent de 8 000 dollars), c'était une ruine appelée Asa Tift House, du nom du constructeur naval qui l'érigea en 1851. La riche épouse de l'écrivain entreprit de la restaurer, voulant en faire un havre conjugal entretenu par des domestiques, et un sanctuaire créatif pour son génie lunatique réclamant une intense concentration (écrire 500 mots pouvait le laisser dans un état d'épuisement). Pour sa part, Hemingway avait besoin d'un silence absolu, qu'il trouva dans un bureau aménagé au-dessus de la remise, à l'arrière. Pauline (ancienne correspondante de *Vogue* à Paris) investit l'équivalent de 20 000 dollars pour faire creuser une piscine d'eau marine de 20 m de long dans le soubassement calcaire – une extravagance étonnante dans le Key West de la Grande Dépression.

L'écrivain vécut là jusqu'à leur divorce, en 1940. Pendant les 12 années passées à Key West (dont 8 à cette adresse), l'écrivain, dont la vie fut jalonnée par de célèbres épisodes de pêche, de chasse, de boisson, de voyages, de reportages de guerre et d'aventures amoureuses, produisit le meilleur de son œuvre, dont *Mort dans l'après-midi, Les Vertes Collines d'Afrique, En avoir ou pas*, et une collection de nouvelles extraordinaires comme *L'Heure triomphale de Francis Macomber* et *Les Neiges du Kilimandjaro.*

Les visiteurs fascinés par la prose et la vie quasi mythique d'Hemingway succomberont à la magie qui règne à l'intérieur des murs en briques de la propriété. Des visites guidées d'une demi-heure font découvrir la maison,

Hemingway Home and Museum

- Plan p. 206
- 907 Whitehead St.
- 305-294-1575
- €€€

www.hemingwayhome.com

La deuxième épouse d'Hemingway ajouta des décorations et meubles élégants à leur demeure de Key West.

De sa passerelle, le Key West Lighthouse offre un panorama à 360 degrés de la ville.

Key West Lighthouse
Plan p. 206
938 Whitehead St.
305-294-0012
€€
www.kwahs.com/lighthouse.htm

qui abrite des meubles et objets de l'écrivain, dont des lustres en verre de Venise richement ornés dans la salle à manger. Une petite librairie et une boutique de souvenirs confèrent au rez-de-chaussée un air institutionnel qui décevra les passionnés. Mieux vaut probablement arpenter les lieux à votre guise et méditer sur le nid d'aigle du maître. Rempli de livres, il n'a guère changé depuis ses journées de travail solitaire, assis sur une chaise de cigarier, devant une petite table ronde. Sa machine à écrire, une Smith-Corona d'époque, n'est plus là; Hemingway écrivait presque toujours à la main et faisait taper ses manuscrits. ■

Key West Lighthouse

La nuit, le faisceau de l'ancien phare, au bas de Whitehead Street, balayait la cime des arbres de Key West. La tour massive, à l'origine haute de 17 m, est entrée en service en 1848. Le gardien vivait avec sa famille dans une agréable maisonnette en clin de bois, près de sa base (ce qui n'arrangeait pas les affaires des chasseurs d'épaves; l'aide à la navigation signifiait moins de naufrages et le déclin de leur profession). À mesure que les arbres et les bâtiments prenaient de la hauteur, les maçons rehaussaient celle de la tour. Elle a finalement atteint 28 m, pour être visible des quatre points cardinaux.

Le faisceau s'est définitivement éteint en 1969, remplacé par des balises automatiques installées ailleurs, mais vous pouvez monter les 88 marches en spirale jusqu'à la passerelle qui fait tout le tour du phare. Le panorama à 360 degrés est merveilleux, même si ce n'est pas le point culminant de la ville. Cet honneur revient au Top, un bar installé au-dessus des six étages du Crowne Plaza Key West La Concha *(430 Duval St., tél. : 305-296-2991).*

La maison du gardien, érigée en 1887, a été si bien rénovée qu'elle paraît neuve. Des maquettes de bateaux, des cartes marines, de vieilles photographies et du matériel issu des anciens phares des Keys la décorent. Vous verrez aussi quelques objets de l'USS *Maine*, un navire américain qui s'est ravitaillé en charbon dans les Dry Tortugas avant de connaître un triste sort dans le port de La Havane, en 1898. La lentille de Fresnel originale du phare est toujours là, avec son astucieuse géométrie qui permet d'amplifier une lueur de lanterne en faisceau vital visible à une très grande distance.

Duval Street et ses alentours

Baptisée du nom du premier gouverneur du territoire de Floride, Duval Street offre de tout : depuis les pièces d'argent espagnoles et les bijoux sauvés des galions naufragés jusqu'aux lunettes griffées et aux gâteaux. Vous trouverez sans doute plus de T-shirts et de Bikini à vendre dans cette artère d'Old Town que dans toutes les autres rues des États-Unis. Les fast-foods côtoient les tables gastronomiques, mais la plupart des restaurants se situent entre les deux, avec le même atout : se trouver à Key West.

Jusqu'aux années 1920, Duval Street était en terre. Les insulaires y ont posé des briques pendant la campagne de la Dépression destinée à embellir la ville pour le tourisme. Quand la rue a enfin été pavée, dans les années 1930, beaucoup de ces briques ont fini dans le mur entourant la maison d'Hemingway. Les anciens Conchs se souviennent de l'époque où elle était jalonnée de bars tapageurs, évoquant avec affection les bouges et cafés cubains disparus, les maisons des cigariers et les films au vieux **Strand Theater** *(527 Duval St.)*, construit par des artisans cubains en 1918. La façade du Strand Theater est aujourd'hui la devanture du Walgreen's. Les Conchs se rappellent avec nostalgie le temps où Duval était une rue qui intimidait les visiteurs plus qu'elle ne les amusait.

De nos jours, Duval regroupe des bars accueillants et bruyants, où les touristes et les étudiants en vacances remplacent les ouvriers du chemin de fer au chômage, les pêcheurs à la peau tannée et les marins en quête de bateaux. Vous pouvez parcourir la rue en voiture, mais mieux vaut l'arpenter à pied, de Mallory Square à Truman Avenue, où s'arrête la fièvre commerçante.

Selon votre humeur, Duval vous paraîtra affreusement passionnante ou passionnément affreuse. Durant leurs congés de printemps, les étudiants affluent et parcourent les rues sur des mobylettes dont le minuscule moteur à deux temps constitue le fléau de l'île. Pour être traité avec respect par les plus de 19 ans, louez un vélo, pas une mobylette.

À SAVOIR

Pour une soirée conviviale, allez au Bagatelle, un bar à ciel ouvert. Votre voisin de table sera peut-être un touriste qui est venu passer ses vacances ici et n'est jamais reparti.

Sloppy Joe's

Entre Greene et Caroline Streets, Duval est bordée de bars, de saloons, de pubs et d'autres bars. Sloppy Joe's, au 201 Duval Street, est décrépit, populaire et généralement bondé de touristes qui regardent les nombreuses photographies d'Hemingway, autrefois un habitué du premier Sloppy Joe's, dans

Duval Street
Plan p. 206

Bagatelle
115 Duval St.
305-296-6609
www.bagatellekeywest.com

Sloppy Joe's
Plan p. 206
201 Duval St.
www.sloppyjoes.com

Joseph Porter House
Plan p. 206
429 Caroline St.

la rue suivante au 428 Greene Street – devenu le **Captain Tony's Saloon**, un autre vieux bistrot *(www.capttonyssaloon.com)*. Sloppy Joe était Joe Russell, un ancien trafiquant de rhum décrit par Carlos Baker, le biographe d'Hemingway, comme un « petit homme dur au visage lisse » et surnommé Josie Grunts. Russell et Hemingway s'entendaient bien et l'auteur louait son cruiser de 9 m pour ses sorties de pêche. Lors d'une de ses expéditions, Hemingway découvrit la pêche au marlin, un sport qui ne cessera de le captiver. Russell a inspiré le malheureux héros de l'une de ses nouvelles, devenue son roman *En avoir ou pas*.

Joseph Porter House

À l'angle sud-ouest de Duval et de Caroline Streets se dresse la Joseph Porter House *(n° 10 sur le circuit des maisons de Pelican Path*; voir p. 216), l'un des meilleurs exemples d'architecture conch de l'île, un curieux mélange des styles créole, de la Nouvelle-Angleterre et des Bahamas. En partie privé, le rez-de-chaussée abrite deux boutiques, ce qui permet de flâner sur la véranda. La jolie demeure porte le nom d'un médecin, né ici en 1847, auteur de progrès majeurs dans le traitement de la fièvre jaune et premier inspecteur de santé publique de la Floride. Il mourut dans cette maison, où il était également né, à l'âge de 80 ans.

C'est au Sloppy Joe's d'origine qu'Hemingway a rencontré Martha Gellhorn, sa troisième épouse.

Oldest House Museum

Un peu plus bas dans la rue, l'Oldest House Museum occupe un autre bâtiment conch typique connu, comme son nom l'indique, pour être la plus ancienne maison de Key West. L'édifice à clin de bois blanc est un parfait exemple classique des premières demeures locales (le propriétaire d'origine était un capitaine, Francis Watlington). Érigé en 1829 dans Whitehead Street, il a été déplacé ici trois ans plus tard (une pratique très courante à cette époque) et installé sur des piliers de 90 cm pour être maintenu au sec lors de la montée des eaux dues aux fréquentes tempêtes. Le petit musée qui occupe six belles salles expose des antiquités des XVIIIe et XIXe siècles et des maquettes de bateaux. Ses expositions permettent de voir à quel point le « naufrage » fut un commerce non seulement respectable, mais extrêmement lucratif. Ne manquez pas l'arrière-cour, où se trouve la dernière cuisine extérieure de Key West, un aménagement autrefois répandu.

San Carlos Institute

Jusqu'en 1961, date à laquelle Cuba et les États-Unis ont rompu leurs relations diplomatiques, La Havane finançait l'Institut San Carlos, un centre politique et social. Au début, c'était aussi une salle d'opéra dotée, selon certains, de la meilleure acoustique du Sud. Du balcon, le patriote cubain José Martí (voir p. 231) fit des déclarations qui embrasent toujours la communauté cubaine de Miami. Le lieu est devenu un musée et fonds d'archives centré sur le rôle joué par les Cubains dans l'histoire et la culture de Key West.

Le premier bâtiment permanent de l'institut, érigé en 1884 dans Fleming Street, a été baptisé du nom de Carlos Manuel de Cespedes, un propriétaire de plantation cubain qui aurait lancé le slogan révolutionnaire « *Cuba libre !* ». Le week-end, vous pouvez voir un passionnant documentaire d'une heure, *Nostalgia Cubano*, consacré aux années 1930 à 1950; les troubles sociaux qui ont conduit au renversement du régime de Batista par Castro s'effacent derrière de somptueuses images de la culture cubaine. N'oubliez pas de jeter un coup d'œil dans le théâtre, dont les toiles de fond ont été soigneusement restaurées pour retrouver la splendeur d'antan. Le hall est décoré de carreaux en majolique

La *guayabera*

Pour affronter la chaleur et l'humidité du sud de la Floride, adoptez la *guayabera* – la chemise traditionnelle cubaine, souvent aux manches courtes – arborée à Miami et dans les Keys. Confectionnée en lin blanc et à la coupe plutôt large, elle peut aussi être offerte en souvenir. À Key West, la boutique du restaurant El Meson de Pepe *(410 Wall St., tél. : 305-295-2620, www.elmesondepepe.com)* est le meilleur endroit pour en acheter une.

Oldest House Museum
- Plan p. 206
- 322 Duval St.
- 305-294-9501
- Fermé mer. et dim.
- €€

www.oirf.org

San Carlos Institute
- Plan p. 206
- 516 Duval St.
- 305-294-3887
- Fermé le matin et lun.-jeu.
- €

www.institutosancarlos.org

Cuba se trouve à 144 km derrière Southernmost Point, à Key West.

Southernmost Point
Plan p. 206

espagnols peints à la main et joliment détaillés. Vous découvrirez aussi de jolies estampes d'oiseaux sauvages cubains et de passionnantes œuvres historiques.

Southernmost Point

En regardant vers le sud dans Duval Street, vous apercevrez à son extrémité le bleu vif de la mer et du ciel. Duval s'achève à côté d'une grande borne en forme de balise indiquant le point le plus méridional des États-Unis. De l'autre côté de l'intersection, une magnifique demeure à tourelles de style Reine Anne, un musée et une auberge flanqués de palmiers composent **Southernmost House** *(1400 Duval St.)*.

La maison et la borne sont l'occasion de photographies mémorables et spectaculaires, mais Southernmost Point n'est pas vraiment ce qu'il prétend être. L'endroit de Key West le plus éloigné vers Cuba est un bout de terre situé à 800 m à l'ouest, dans la base navale américaine, hors de portée du public. Le fait que ce mérite soit revendiqué par une partie de l'île inaccessible au commun des citoyens heurte les sensibilités locales. Et comme la différence entre réalité et fiction ne tient qu'à quelques centaines de mètres, ce détail technique n'intéresse que les personnes dénuées de romantisme. Peu importe également que la modeste habitation à l'intersection de Whitehead et de South Streets, une rue à l'ouest, soit beaucoup plus au sud que la charmante demeure victorienne de Duval.

Le point le plus méridional du sol américain est en fait très loin d'ici, dans les îles Hawaï, à la même latitude que Mexico. Mais il est vrai que les jours de hautes vagues, la mer envahit la rue, mouille les roues des voitures et rend crédible l'idée qu'ici se trouvent la fin de l'Amérique (continentale) et le début des Caraïbes. ■

Key West Cemetery

Comme beaucoup de bâtiments originellement situés ailleurs dans Key West, le cimetière de la ville a été déplacé (à la suite d'un ouragan qui a inondé le site en 1846) à la lisière d'Old Town. Il occupe un paisible quartier de maisonnettes, certaines bien rénovées et d'autres inchangées depuis des décennies.

Le « nouveau » cimetière étant installé sur de la roche corallienne avec un niveau hydrostatique peu profond, ses tombes sont des caveaux de surface qui rappellent les cryptes de La Nouvelle-Orléans. L'humour caustique de Key West ressort dans ses épitaphes. « Je vous ai dit que j'étais malade », avertit par exemple l'une d'elles.

À SAVOIR

Une balade dans ce cimetière révèle le caractère excentrique de Key West mieux que n'importe quel cours d'histoire.

Anges de pierre endeuillés, cygnes courbant la tête et agneaux mélancoliques pleurent les fins prématurées : « Le jour s'en est allé et demain ne sera plus jamais à moi. » Dans un petit site clôturé, autour d'un poteau imitant un mât et d'un marin prêt à ramer, se trouvent les tombes des 22 matelots emportés par l'explosion de l'USS *Maine* dans le port de La Havane en 1898, le déclic de la guerre hispano-américaine.

Un monument rend hommage aux Cubains morts en défendant l'indépendance de leur île face à l'Espagne, et un endroit est réservé aux tombes juives; cette diversité révèle des chapitres de l'histoire culturelle de Key West invisibles ailleurs. Si vous en avez le temps, faites un circuit guidé *(mar. et jeu. à 9 h 30, gratuit)* avec un bénévole bien informé de la Historic Florida Keys Foundation, au départ du bureau du sacristain, à l'entrée de Margaret Street. La promenade de 1 h 30 a lieu avant que le soleil n'embrase les allées gravillonnées. Le cimetière est ouvert du lever au coucher du soleil. ■

Key West Cemetery

Plan p. 206

Angela, Frances, Olivia et Windsor Sts.

305-292-6718

L'héritage cubain de Key West

En 1890, Key West était la ville la plus riche de Floride. Parmi ses éminents citoyens figuraient des banquiers et des cigariers cubains. Ils furent rejoints par des centaines de Cubains opposés au régime colonial espagnol et dirigés par le charismatique José Martí, qui fit de Key West la base de son Partido Revolutionario Cubano. Début avril 1895, Martí et le général Máximo Gómez quittèrent Saint-Domingue pour la côte cubaine, déclenchant la guerre d'indépendance. Malgré des décennies d'antagonisme entre Washington et La Havane, nul n'oublie que Key West a jadis été le berceau de l'indépendance cubaine.

West Martello Tower

La tour West Martello arbore un air assez délabré qui remonte à l'époque où les artilleurs installés au Fort Zachary Taylor, de l'autre côté de l'île, l'utilisaient comme cible d'entraînement. Édifiée en 1861 en qualité de poste d'observation et de batterie, elle a survécu aux tirs et repris ses services pendant la guerre hispano-américaine. C'est aujourd'hui le domaine des enfants du Key West Garden Club.

Dans cet ancien poste de guet, les bénévoles plantent aujourd'hui des fleurs exotiques.

West Martello Tower
Plan p. 207
Atlantic Blvd et White St.
305-294-3210
www.keywestgardenclub.com

Le club a rempli la tour de plantes, de livres d'horticulture et d'œuvres d'art. Une exposition d'orchidées s'y déroule au printemps. La végétation de la tour constitue une encyclopédie vivante de plantes tropicales et d'orchidées, située près d'une plage agréable, **Higgs Beach**, sur laquelle se trouve un cimetière africain (voir encadré ci-dessous).

La retraite du dramaturge

Depuis la tour, White Street part vers l'intérieur jusqu'à Old Town, par un plaisant parcours à travers des quartiers anciens. En chemin, faites un détour de 4 min par la droite dans Duncan Street, pour un coup d'œil rapide à la construction modeste et accueillante située au n° 1431, qui a jadis hébergé Tennessee Williams *(fermée au public)*. L'auteur d'*Un tramway nommé désir* était le propriétaire du lieu de 1949 à sa mort, en 1983. Williams a ajouté un atelier d'écriture et une piscine à l'arrière, où il a passé des années agréables et productives. La maison a servi pour le tournage de *La Rose tatouée* (1955), avec Burt Lancaster et Anna Magnani. Tourné en noir et blanc, le film, tiré de la pièce, donne de Key West une image sensuelle et étouffante. ■

Cimetière africain

À l'ombre de West Martello Tower s'étend le cimetière africain, même si vous n'y verrez aucune pierre tombale. Une plaque rend hommage aux 294 esclaves qui sont morts en 1860 sur la route de Cuba et que l'on a enterrés à Higgs Beach. En 2002, environ 15 sépultures ont été redécouvertes et, en 2011, un radar géologique a permis d'en retrouver d'autres. Au début des années 1860, la plupart des ossements furent déplacés pour construire des fortifications lors de la guerre de Sécession. Aujourd'hui, personne ne sait où sont inhumées les dépouilles. Une partie du terrain est clôturée par une barrière ; on y trouve des cartes africaines, des symboles et des piliers.

Dry Tortugas National Park

En 1928, Ernest Hemingway loua les services d'un guide et un bateau pour emmener deux amis en expédition de pêche dans les Dry Tortugas. Cet archipel regroupe sur 11 km sept petits points et croissants coralliens et sableux de faible hauteur, à une centaine de kilomètres à l'ouest de Key West. L'écrivain fut captivé par les paysages sauvages de ces îles désertiques, les nuits étoilées, les tourbillons d'oiseaux marins, ainsi que les eaux aux couleurs éclatantes foisonnant de poissons. S'y trouvaient aussi les ruines étonnantes du Fort Jefferson, édifié à partir de 1846 et jamais achevé, qui demeure la plus grande forteresse en briques de l'hémisphère ouest.

En 1930, Hemingway, son éditeur Maxwell Perkins et trois autres personnes passèrent 17 joyeux jours, bloqués par la tempête, à jeter des lignes dans le lagon bleu, à l'abri du fort. Une photographie de l'auteur et de son éditeur les montre debout près de l'entrée du vieux fort, devant les gueules béantes des canons. Le décor n'a pas changé depuis, tout comme l'immensité azurée qui encercle l'île.

En 1992, les îles ont été intégrées dans un des parcs nationaux américains les plus récents et les plus originaux, une réserve d'oiseaux et de vie marine, dont les 26000 ha englobent certains des récifs coralliens les plus sains de l'ensemble du littoral nord-américain. À moins de faire le trajet express d'environ 40 min en hydravion, la visite des Tortugas nécessite une journée entière, dont la moitié s'écoule à bord d'un bateau d'excursion faisant la traversée de 3 h depuis Key West. Dans les deux cas, ce sera une journée vraiment inoubliable.

Dry Tortugas National Park

☎ 305-242-7700

€

www.nps.gov/drto

NOTE : Le Dry Tortugas National Park est administré par l'Everglades National Park *(40001 Fla. 9336, Homestead, tél. : 305-242-7700)*. Il n'y a actuellement aucun bureau à Key West.

Seuls 34 ha du parc se trouvent hors de l'eau et les visiteurs accostent sur **Garden Key**, dont 4,5 ha (sur 6,5 ha) sont occupés par l'imposant hexagone du Fort Jefferson. Les trois îles situées à l'est ont pour seul décor un banc de sable et les deux îles qui jouxtent Garden Key, **Bush Key** et **Long Key**, sont des réserves naturelles (Long est inaccessible et une barre de sable relie depuis peu Bush et Garden). Les Tortugas se terminent à 5 km à l'ouest avec les 12 ha de **Loggerhead Key**, où, dès 1858, un phare haut de 46 m a éloigné les marins des récifs et des bancs de sable responsables de plus de 200 naufrages depuis le XVIIe siècle.

Garden Key

Garden Key est un endroit incontournable. Son aire de pique-nique ombragée jouxte une charmante plage de baignade au doux sable blanc ; l'eau cristalline est juste assez profonde pour séduire ceux qui n'ont jamais pratiqué le snorkeling. Derrière la digue du fort, le fond descend à 1,80 m, nourrissant une « prairie » d'algues parcourue par de vifs poissons tropicaux richement colorés.

Il faut consacrer au moins une heure à l'exploration du fantomatique **Fort Jefferson**, érigé pour ancrer le contrôle américain sur le détroit de Floride. Considéré comme le « Gibraltar » du golfe floridien, ce colosse de 16 millions de

La construction du Fort Jefferson a presque doublé la superficie de Garden Key.

À DÉCOUVRIR Snorkeling à Garden Key

Il serait dommage de voyager aussi loin sans faire l'expérience du snorkeling à Garden Key. Les services de ferry continuent à louer quelques masques, tubas et palmes, mais il vaut mieux emporter les vôtres.

Le meilleur site de snorkeling près du littoral de l'île se trouve du **côté mer de la digue en briques qui entoure la douve défensive de Fort Jefferson sur un kilomètre**. Ici, dans une eau à hauteur de poitrine, au-dessus d'un banc de sable recouvert de gorgones, de coraux-cerveau, d'« herbes à tortue », vivent nombre des 442 espèces de poissons identifiées. Si vous trouvez un compagnon pour assurer mutuellement votre sécurité, vous pouvez partir de la plage de baignade du camping et longer la digue, où convergent tous les poissons. Faites particulièrement attention aux barracudas qui, bien que rarement agressifs, défendent leur territoire.

Si vous ne voulez pas entrer dans l'eau, suivez la digue en briques qui entoure la douve défensive du Fort Jefferson, un habitat abrité adopté par les lambis, les pastenagues jaunes, les vivaneaux gris et diverses créatures.

briques est toujours aussi imposant : ses murs larges de 2,5 m et hauts de 15 m forment un hexagone dont les 2000 arches massives en briques soutiennent trois niveaux d'artillerie, qui font le tour de l'édifice sur 800 m et peuvent recevoir 450 canons, notamment d'énormes Rodmans capables de lancer un boulet de 136 kg à 5 km. Mais le fort fut un véritable fiasco, craquant de toutes parts sous son poids alors que la roche corallienne friable se dérobait. Par chance, la masse impressionnante de la citadelle lui a épargné toute attaque.

En sous-effectif et dotée d'un seul canon opérationnel quand la guerre civile éclata, la garnison répondit à la demande de reddition de la marine confédérée en menaçant de la faire disparaître sous l'eau. Un barrage de 450 armes aurait été fatal si les gueules vides des canons avaient dissimulé autre chose qu'une petite poignée de soldats scrutant la flotte rebelle avec appréhension. Les conférédés battirent prudemment

À SAVOIR

À environ 3 km au nord-ouest de Loggerhead Key se trouve Loggerhead Forest, un récif spectaculaire de coraux lamellaires aux allures d'amphithéâtre qui regorge de poissons.

en retraite avant de repartir, laissant au bastion solitaire le rôle de prison pour les déserteurs de l'Union. Après la guerre, le fort détenait quatre hommes accusés de complicité dans le meurtre d'Abraham Lincoln, dont l'infortuné médecin Samuel Mudd qui (sans le savoir) ressouda la jambe brisée de l'assassin, John Wilkes Booth.

Après quelque 30 années de construction intermittente, la citadelle succomba successivement en 1874 à la fièvre jaune, subit les ravages d'un ouragan et essuya l'arrivée du nouveau canon rayé, qui rendit ses épais murs obsolètes. Rouvert en 1898 comme dépôt de charbon de la marine, le fort fut finalement abandonné en 1907.

En arrivant, jetez un coup d'œil aux panneaux des quais pour connaître les activités proposées par les gardes forestiers. Renseignez-vous immédiatement si vous voulez camper, car les emplacements sont attribués aux premiers arrivés (voir encadré ci-dessous). Le **centre des visiteurs** se trouve derrière l'entrée du fort, tout comme une librairie de la Florida National Parks and Monuments Association *(13 h-15 h)*. N'hésitez pas à consacrer quelques minutes à la projection d'orientation et suivez les pancartes explicatives pour une visite autoguidée de l'impressionnante architecture et du champ de manœuvres verdoyant du Fort Jefferson. Vous pouvez aussi participer à une visite guidée menée par un garde forestier.

Camping

Garden Key compte 10 emplacements ombragés rudimentaires avec tables de pique-nique et barbecues, attribués en fonction de l'ordre d'arrivée. Vous trouverez des toilettes à compost sur le quai. Le parc prélève un droit très raisonnable de camping par personne et par nuit, avec un maximum de 14 jours. Les groupes de 10 personnes et plus doivent demander une autorisation spéciale au centre administratif des Dry Tortugas à l'Everglades National Park (voir p. 237).

Un escalier de granit en spirale conduit à des remparts qui offrent un panorama à 360 degrés, idéal pour observer les oiseaux à l'aide de jumelles : les sternes, cormorans, goélands, fous, pluviers, pélicans, faucons pèlerins et frégates à queue double des Tortugas, qui ont attiré l'ornithologue et peintre John James Audubon à Key West en 1832. En parcourant le parapet, vous découvrirez d'imposants canons côtiers de la guerre civile exposés près du phare du fort, créé au XIXe siècle, mais depuis longtemps inactif. Asseyez-vous là-haut et regardez les frégates noires portées par les courants aériens ; le spectacle est vraiment magnifique.

À SAVOIR

Dans la cellule de Samuel Mudd, cherchez les petites tranchées que le médecin creusa dans le sol afin d'évacuer les eaux de pluie qui inondaient la pièce.

Bush Key

Grâce à un banc de sable qui s'est développé récemment, vous pouvez marcher jusqu'au jardin primitif de romarin noir, raisiniers, mangrove, *Uniola paniculata* et figuiers de Barbarie de Bush Key – un paysage qui n'a pas changé depuis l'arrivée de Juan Ponce de León, en 1513. L'explorateur espagnol ayant découvert des eaux abondantes en tortues – vertes, carets, luths et caouannes –, il les baptisa *cayos* las Tortugas.

Le phare recouvert de plaques en fer du Fort Jefferson, construit au XIXe siècle et qui n'est désormais plus en usage, se dresse au-dessus du centre des visiteurs.

Les tortues sont devenues rares, décimées par quatre siècles de chasse, mais chaque année, de mars à septembre, environ 100 000 sternes fuligineuses et noddis bruns reviennent à Bush Key pour nicher dans le sable (l'île est alors fermée aux visiteurs).

Visiter les Dry Tortugas

Comment y accéder ?

L'accès aux Dry Tortugas se fait par bateau ou par avion, suivant les conditions météorologiques. Appelez le siège du parc *(tél. : 305-242-7700)* pour des informations actualisées et une liste des taxis aériens et des compagnies maritimes agréés, puis contactez directement les transporteurs.

La traversée en bateau depuis Key West dure environ 3 h. Les navigateurs privés doivent se référer aux cartes marines Chart n° 11434 (« Sombrero Key Dry Tortugas ») et Chart n° 11438 (« Dry Tortugas ») de la NOAA (National Oceanic and Atmospheric Administration). Il n'existe pas de cale ou de mouillage public ; les bateaux doivent mouiller au large dans des zones définies. Seuls les navigateurs expérimentés et entièrement équipés peuvent tenter la traversée avec une embarcation solide. Ces eaux sont souvent peu profondes et subissent toute l'année des vents forts qui peuvent créer une mer agitée.

Le ***Yankee Freedom III***, un catamaran à grande vitesse, est le principal bateau de transport public à destination des Tortugas. Il faut compter 160 dollars (122 euros) pour un aller-retour, en plus des 5 dollars (moins de 4 euros) que coûte l'entrée du

Yankee Freedom III
✉ Lands End Marina, Key West
☎ 305-294-7009
www.yankeefreedom.com

Les eaux limpides des Dry Tortugas se prêtent à merveille au snorkeling.

parc. La traversée en bateau d'excursion revient plus cher.

Il est beaucoup plus rapide de se rendre dans les Tortugas en avion qu'en bateau – il faut compter 40 min de vol dans chaque direction –, mais l'aller-retour vous reviendra à 265 dollars (200 euros) par personne si vous ne restez qu'une demi-journée (ce qui est peu) et 465 dollars (355 euros) pour la journée entière *(Key West Seaplane Adventures, tél. : 305-293-9300, www.keywestseaplanecharters.com).*

Quand s'y rendre ?

Le parc est ouvert toute l'année. Le printemps est la saison la plus touristique, il est donc conseillé de réserver vos billets de bateau ou d'avion à l'avance. De novembre à avril, l'océan peut être houleux, ce qui se traduit par des traversées mouvementées et de mauvaises conditions de visibilité sous l'eau. Seule Garden Key est accessible pour la nuit. Bush Key est fermée de mi-janvier à septembre (pour la nidification des sternes).

Avertissement

Le quai, le centre des visiteurs et le niveau inférieur du Fort Jefferson sont accessibles aux personnes en fauteuils roulants, de même que le camping. Les chemins de briques du fort et le sol sableux du camping peuvent néanmoins réduire votre mobilité. Faites-vous confirmer l'accessibilité du bateau et de l'embarcadère au moment de la réservation.

Comme l'indique leur nom, les Dry Tortugas sont sèches : il n'existe pas d'eau douce pour les visiteurs. Pour camper, vous devrez impérativement emporter tout ce qui vous sera nécessaire : eau, nourriture, provisions et combustible. Les excursionnistes devront prendre suffisamment d'eau, un maillot de bain et une serviette, un lainage pour le soir, une veste légère, un équipement de snorkeling et des jumelles pour pouvoir observer les oiseaux et explorer les petites îles voisines.

Enfin, quelle que soit la durée de votre séjour sur ce bout de paradis subtropical, vous serez protégé des contraintes matérielles, car il n'y a ni téléphone public ni réseau pour les portables. ■

Informations pratiques

En route pour la plage, à Miami Beach

INFORMATIONS PRATIQUES

PRÉPARER SON VOYAGE

Quand partir ?

Miami est connue pour ses plages et son climat ensoleillé. Outre 916 km² d'eaux côtières, elle compte quelque 60 marinas, 90 000 bateaux et 5 000 ha de parcs. Sa température moyenne est de 23 °C.

Elle jouit d'un climat tropical aux étés chauds, lourds et humides et aux hivers tièdes : en janvier, il peut faire 20 °C, mais l'hiver, la température peut descendre à 10 °C.

La haute saison va de novembre à mi-mai – période à laquelle le quartier de South Beach est envahi par les tournages et les séances de shooting. Le temps est idéal : aux journées chaudes et sèches succèdent des soirées fraîches. Les prix des hôtels et des locations de voitures explosent, pour redescendre fin mai. De mai à octobre, le temps est plus chaud, plus humide, et de fortes pluies éclatent de manière régulière et brève. La plupart des orages tropicaux et des ouragans se produisent entre août et novembre.

La température moyenne dans les Keys atteint pratiquement 26 °C en journée et 19 °C la nuit. Des vents frais traversent l'océan Atlantique et le Golfe, et rafraîchissent l'air. Key West est la ville la plus sèche de Floride. Décembre et janvier sont les mois les plus froids, avec des températures pouvant chuter à 10 °C.

COMMENT ALLER À MIAMI ?

En avion

Miami International Airport (MIA), tél. : 305-876-7000, www.miami-airport.com.

L'aéroport international de Miami se situe à 11 km au nord-ouest du centre de Miami. Des comptoirs d'information se trouvent à l'extérieur des sorties des douanes (au niveau supérieur au hall E), et aux halls D et G du niveau inférieur du terminal.

En train

Le train de Henry Flagler a tiré la Floride de son isolement, mais les voyageurs ont redécouvert récemment les plaisirs de ce mode de transport, notamment sur la côte est, à bord du Silver Service d'Amtrak *(www.amtrak.com)* reliant New York à Miami.

COMMENT ALLER DANS LES KEYS ?

En avion

Des liaisons desservent régulièrement Key West et Marathon depuis les aéroports de Miami, Orlando, Tampa et Fort Lauderdale. Le trajet entre Miami et Key West prend 45 min.

En navette

Depuis l'aéroport international de Miami, une navette à destination de Key West marque plusieurs arrêts dans le chapelet d'îles. Le trajet jusqu'à Key West prend environ 4 h 30. Les départs de l'aéroport sont prévus tous les jours à 12 h 15 et 17 h 55. Le trajet aller-retour coûte environ 68 $ (environ 52 €) depuis/jusqu'à Marathon et environ 100 $ (environ 76,50 €) depuis/jusqu'à Key West. À moins que vous n'optiez pour l'avion au retour.
Greyhound, tél. : 800-231-2222, www.greyhound.com.

En voiture

Depuis l'aéroport international de Miami, prendre Le Jeune Road vers le sud, puis Fla. 836 west. Elle rejoint la route à péage Fla. 821 west vers le sud. À Florida City, elle aboutit à l'US1 (voir ci-dessous pour les locations de voitures à l'aéroport international de Miami).

L'US1 franchit 42 ponts reliant les Keys au continent. Entre les eaux turquoise de l'océan Atlantique côté conducteur et le bleu vif de Florida Bay côté passager, on a l'impression d'être en croisière. De Key Largo à Key West, l'Overseas Highway est la seule route menant aux Keys. Elle emprunte le célèbre pont du Seven Mile Bridge.

Des petites bornes vertes (appelées « MM » pour « Mile Marker ») sont implantées au bord de la route entre South Miami (MM 126) et Key West (MM 0). Les adresses indiquent le MM correspondant.

COMMENT SE DÉPLACER ?

Voiture

Location

La plupart des sociétés de location possèdent des agences accessibles en navette depuis les terminaux de l'aéroport. Si vous arrivez de nuit, prenez un taxi jusqu'à l'hôtel et demandez à la société de déposer la voiture le lendemain.

Un guide vous sera remis aux guichets d'information de l'aéroport, aux comptoirs de location dans la salle de retrait des bagages, ou dans les bureaux de location de voiture à l'extérieur de l'aéroport. Il comprend des plans et des instructions en plusieurs langues pour vous orienter.

Vous pouvez aussi, depuis votre smartphone, consulter le site www.miamiandbeaches.com/maps.

Voici quelques sociétés de location :

Alamo, 4332 Collins Ave., Miami Beach, FL 33140, tél. : 888-826-6893, www.alamo.com

Avis, 2318 Collins Ave., Miami Beach, FL 33139 tél. : 305-538-4441 ou 800-352-7900, www.avis.com

Budget, Miami International Airport, 3900 NW 25th St., Miami, FL 33142, tél. : 305-876-1820 ou 800-218-7992, www.budget.com

Dollar, Miami International Airport, 3900 NW 25th St., Miami, FL 33142, tél. : 866-434-2226, www.dollar.com

Enterprise, Miami International Airport, 3900 NW 25th St., Miami, FL 33142, tél. : 305-633-0377 ou 800-261-7331, www.enterprise.com

Excellence Luxury, Miami International Airport, 3900 NW 25th St., Miami, FL 33142, tél. : 305-526-0000, www.excellenceluxury.com

Hertz, Miami International Airport, 3900 NW 25th St., Miami, FL 33142, tél. : 305-871-0300 ou 800-654-3131, www.hertz.com

National, Miami International Airport, 3900 NW 25th St., Miami, FL 33142, tél. : 305-423-2104 ou 888-826-6890, www.nationalcar.com

Royal, Miami International Airport, 3900 NW 25th St., Miami, FL 33142, tél. : 305-871-3000 ou 800-314-8616, www.royalrentacar.com

Location de véhicule accessible aux fauteuils roulants

Wheelchair Getaways, West Palm Beach, Miami, FL 33416, tél. : 561-748-8414 ou 800-637-7577, www.wheelchairgetaways.com

Stationnement

Le dépassement de la durée du parcmètre est passible d'une amende de 18 $ (environ 14 €), ou de 45 $ (environ 34 €) faute de règlement dans les 30 jours calendaires.

Pour connaître l'emplacement, les tarifs et horaires des parkings, contacter Miami Parking Authority, 40 NW 3rd St. dans le centre-ville de Miami *(ouvert lun.-ven. 7h30-17h30, tél. : 305-373-6789, www.miamiparking.com)*.

En cas d'enlèvement par la fourrière, contactez la municipalité dans laquelle vous étiez garé. À Miami Beach, appelez Beach Towing *(tél. : 305-534-2128)*.

Transports depuis/vers l'aéroport

Évitez les transports en commun pour aller à votre hôtel depuis l'aéroport. Les bus reliant le centre depuis le terminal d'arrivée passent toutes les heures et sont mal reliés au réseau.

Super Shuttle

2595 NW 38th St., Miami, FL 33142, tél. : 305-871-2000, www.supershuttle.com.
Un service de minibus fait la navette pour l'aéroport international de Miami. La réservation n'est indispensable que depuis l'aéroport. Le tarif par personne de l'aéroport (MIA) aux hôtels/sites touristiques de Miami varie de 15 à 20 $ (environ 11,50 à 15 €).

Taxis

Environ 13 km séparent l'aéroport du centre de Miami, et le voyage coûte 20 $ (environ 15 €). Pour Miami Beach, compter 22 km et 25 $ (environ 19 €), ou 40 $ (environ 30,50 €) pour le nord de Miami Beach. N'hésitez pas à appeler le 305-375-2460 si vous souhaitez émettre des critiques ou faire des commentaires.

Flamingo Taxi, 198 NW 79th St., Miami, FL 33150, tél. : 305-759-8100

Florida Keys Taxi Dispatch, 6631 Maloney Ave., Key West, FL 33040, tél. : 305-296-6666, www.keywesttaxi.com

Friendly Cab Co., 422 Fleming St., Key West, FL 33040, tél. : 305-292-3333

Metro Taxi, 3595 NW 110th St., Miami, FL 33167, tél. : 305-888-8888

Transports à Miami et dans ses environs

Metro-Dade Transit gère le réseau de transports en commun de la ville de Miami. Renseignements sur les itinéraires et les horaires de Metrobus, MetroMover et Metrorail, tél. : 305-891-3131 ou site Internet : www.miamidade.gov/transit. Toutes les stations Metrorail vendent des billets et des jetons.

Metrobus

Plus de 90 lignes desservent la région de Miami et les plages. Chaque trajet coûte 2 $ (environ 1,50 €) ou 1 $ (environ 0,75 €) pour les seniors, les handicapés et les étudiants sur présentation d'une carte de bus. Prévoyez d'avoir l'appoint.

MetroMover

Miami possède un monorail ultramoderne surélevé qui parcourt 7 km dans le centre et dans les quartiers d'affaires de Brickell et Omni. Il offre une vue superbe sur Biscayne Bay, et les rames sont climatisées, propres et confortables. MetroMover passe toutes les 90 secondes, tous les jours de 5 h à minuit. Le voyage est gratuit. Il relie Metrorail aux stations Government Center et Brickell Avenue.

Metrorail

Très coûteux et boudé par les usagers, le système de transit urbain de Miami emprunte un rail surélevé de 34 km et dessert entre autres Coconut Grove, Vizcaya, Brickell Avenue et Government Center. Les rames font un passage environ toutes les 20 min (toutes les 5 min aux heures de pointe), de 6 h à minuit. Le billet coûte 2 $ (environ 1,50 €), faites l'appoint. Les passagers peuvent changer gratuitement pour le MetroMover aux stations Government Center et Brickell Ave.

South Beach Local O
Le South Beach Local, géré par Miami-Dade Transit, est un service de bus bidirectionnel qui parcourt le secteur de South Beach. Lun.-sam. 7 h 45-24 h, dim. 10 h-24 h. Plan sur www.miamidade.gov/transit.

Tri-Rail
www.tri-rail.com.
Un train rejoint West Palm Beach depuis la gare Tri-Rail/Metrorail Transfer, près du terminus Hialeah du Metrorail. Tous les trains et les gares sont équipés de rampes d'accès pour les fauteuils roulants.

Transports à Key West

Circuler en voiture n'est pas commode, surtout dans les ruelles de la vieille ville. Key West se prête mieux à la marche, au vélo ou au vélomoteur (que vous pouvez louer). Les tramways et les trains desservent aussi les lieux à visiter.

Old Town Trolley Tours
201 Front St., Key West, FL 33040, tél. : 888-910-8687, www.trolleytours.com/Key-West. Les vieux autobus de la ligne Old Town Trolley proposent une visite commentée des lieux historiques de la ville.

Conch Tour Trains
1805 Staples Ave., Key West, FL 33040, tél. : 888-916-8687, www.conchtourtrain.com.
Les trains de Conch Tour Trains sont de petits wagons recouverts de toile et tirés par une Jeep camouflée en locomotive miniature. Ils font le tour des sites historiques.

Croisières dans le port de Miami

Le port de Miami *(tél. : 305-371-7678, www.miamidade.gov/portofmiami)* est le point de départ de 27 paquebots représentant 13 sociétés de croisière et formant la première flotte au monde en fonction toute l'année. Les 12 terminaux climatisés comprennent des magasins hors taxes, un accès pour fauteuils roulants et les douanes au rez-de-chaussée.

Sur le site Internet du port, vous trouverez une liste des croisières proposées (de trois à onze jours).

CONSEILS PRATIQUES

Communications

Journaux
Le *Miami Herald (www.miamiherald.com)* est le premier journal du sud de la Floride. L'édition du vendredi comprend une section week-end : restaurants, films, musique et sorties. L'hebdomadaire *New Times (www.miaminewtimes.com)* publie également une liste complète des restaurants, expositions et activités.

Poste
Bureau de poste principal, 2200 NW 72nd Ave., Miami, FL 33126, tél. : 305-470-0222 ou 800-275-8777.
Appelez pour toute question sur le courrier et les adresses des bureaux de poste.

Permis de pêche

Florida Fish and Wildlife Conservation Commission, tél. : 888-347-4356, www.myfwc.com/license.
Les permis de pêche en eau douce et en mer sont téléchargeables sur le site Internet de la Florida Fish and Wildlife Conservation Commission ou à retirer auprès de certains magasins de matériel de pêche et enseignes de sports. Les permis pour les non-résidents sont valables de trois à dix jours ; les permis de pêche en eau douce et en mer sont valables de trois à sept jours, ou pour un an.

Voyageurs handicapés

Miami-Dade Transit Agency, Service spécial de transport, 2775 SW 74th Ave., Miami, FL 33155, tél. : 786-469-5000, www.miamidade.gov/transit, lun.-ven. 8 h-17 h.
Miami Lighthouse for the Blind (pour les personnes non-voyantes), 601 SW 8th Ave., Miami, FL 33130, tél. : 305-856-2288, www.miamilighthouse.com, lun.-ven. 8 h-17 h.

Informations touristiques

À Miami
Art Deco Welcome Center, Miami Design Preservation League (association pour la protection du patrimoine), 1001 Ocean Dr., Miami Beach, FL 33139, tél. : 305-672-2014, www.mdpl.org.
Greater Fort Lauderdale Convention and Visitors Bureau, 100 E Broward Blvd, Suite 200, Fort Lauderdale, FL 33301, tél. : 954-765-4466 ou 800-227-8669, www.sunny.org.
Greater Miami and the Beaches Hotel Association, 1674 Meridian Ave., Suite 420, Miami Beach, FL 33139, tél. : 305-531-3553, http://gmbha.com.
Greater Miami Convention and Visitors Bureau, 701 Brickell Ave., Suite 2700, Miami, FL 33131, tél. : 305-539-3000, www.miamiandbeaches.com.

Miami Beach Chamber of Commerce, 1920 Meridian Ave., Miami Beach, FL 33139, tél. : 305-674-1300, www.miamibeach chamber.com.
Miami-Dade Gay and Lesbian Chamber of Commerce, 1130 Washington Ave., Miami Beach, FL 33139, tél. : 305-397-8914, www.gogaymiami.com.
Sunny Isles Beach Visitor Center, 18070 Collins Ave., Suite 219, Sunny Isles, FL 33160, tél. : 305-792-1952, www.sunnyislesbeachmiami.com/visitor-center.
Surfside Tourist Bureau, 9301 Collins Ave., Surfside, FL 33154, tél. : 305-864-0722, www.visitsurfsidefl.com.
Tropical Everglades Visitor Association, 160 US 1, Florida City, FL 33034, tél. : 305-245-9180, www.tropicaleverglades.com.

Dans les Keys

Monroe County (Florida Keys) Tourist Development Council, 1201 White St., Key West, FL 33040, tél. : 800-352-5397, www.fla-keys.com.
Key Largo Chamber of Commerce/Florida Keys Visitor Center, 106000 Overseas Hwy, Key Largo, FL 33037, tél. : 305-451-4747 ou 800-822-1088, www.floridakeys.org.
Islamorada Chamber of Commerce, 83224 Overseas Hwy, Islamorada, FL 33036, tél. : 305-664-4503 ou 800-322-5397, www.islamoradachamber.com.
Marathon Chamber of Commerce, 12222 Overseas Hwy, Marathon, FL 33050, tél. : 305-743-5417 ou 800-262-7284, www.floridakeysmarathon.com.
Lower Keys Chamber of Commerce, MM 31/31020 Overseas Hwy, Big Pine Key, FL 33043, tél. : 305-872-2411 ou 800-872-3722, www.lowerkeyschamber.com.
Key West Chamber of Commerce, 510 Greene St., Key West, FL 33040, tél. : 305-294-2587, www.keywestchamber.org.
Key West Information Center, 313 Margaret St., Key West, FL 33040, tél. : 888-222-5590, www.keywestinfo.com.

URGENCES

Numéros d'urgence

Composez le **911** pour contacter en urgence la police, une ambulance ou les pompiers. Numéro de la police hors cas d'urgence : 305-595-6263.

Service de dépannage

AAA Emergency Road Service, tél. : 800-222-4357 ou 800-618-8734 à Miami, www.aaa.com. Les membres d'AAA bénéficient de services gratuits de dépannage et de remorquage. Les non-membres peuvent également appeler la compagnie en cas de problème, mais ils n'auront pas la priorité.

Perte et vol de carte de crédit

Pour déclarer la perte ou le vol d'une carte de crédit, contactez l'un des centres d'opposition ci-dessous.
American Express, tél. : 01 47 77 72 00 (valable en France comme à l'étranger)
Diners Club, tél. : 01 70 48 92 87 (pour les cartes délivrées en France)
MasterCard, tél. : 00 1 636 722 7111 (États-Unis)
Visa, tél. : 00 1 800 847 2911 (États-Unis).

QUE LIRE AVANT DE PARTIR ?

La Floride du Sud a inspiré de nombreux écrivains. Ceux qui sont mentionnés ci-dessous ont situé l'action d'un ou de plusieurs de leurs livres dans la région.

John D. MacDonald, *The Deep Blue Good-by* (thriller, en Floride)

Elmore Leonard, *La Brava* (roman policier, à South Beach)

Carl Hiaasen, *Striptease* (par le chroniqueur du *Miami Herald*)

Jimmy Buffett, *Where is Joe Merchant?* (l'histoire d'un guitariste de rock disparu dans les Keys)

John Hersey, *Key West Tales* (nouvelles, à Key West)

Tom McGuane, *33 °C à l'ombre* (à Key West)

Ernest Hemingway, *En avoir ou pas* (écrit lorsque l'auteur résidait dans les Keys)

Marjorie Kinnan Rawlings, *Jody et le faon* (roman, dans le centre de la Floride).

Hôtels et restaurants

Les établissements indiqués ci-après vont des bed and breakfast où la qualité de l'accueil prévaut sur l'équipement des chambres, aux hôtels luxueux occupant généralement de grands immeubles et comprenant un café et un restaurant.

Les hôtels et restaurants sont présentés par quartier, puis par ordre alphabétique en fonction des catégories de prix. Sauf indication contraire, toutes les chambres d'hôtels proposées ci-après sont équipées d'une salle de bains ou d'une douche privée. Le prix indiqué n'inclut pas les taxes (6 % de taxes de vente et 0,5 % de taxes locales). La plupart des municipalités prélèvent une taxe supplémentaire sur le prix des chambres d'hôtels, de la nourriture et des boissons. À South Beach et dans le Miami-Dade County, le total des taxes est de 12,5 %, à Surfside de 10,5 % et à Bal Harbour de 9,5 %. Le petit déjeuner est rarement inclus.

La réservation est conseillée pour les restaurants ; lorsqu'elle est indispensable, nous vous l'avons indiqué dans la notice de l'établissement. Peu de lieux proposent des menus à prix fixe, à l'exception du brunch le dimanche et des menus servis entre 16 h et 18 h. De nombreux restaurants ouvrent tôt pour le dîner (17 h) et ferment tard.

L'eau est omniprésente dans les Keys. Que vous dormiez dans un luxueux complexe hôtelier ou dans un simple bed and breakfast, les meilleurs sports aquatiques du sud de la Floride sont facilement accessibles. Les vacanciers qui souhaitent participer à une excursion de pêche iront se coucher tôt, mais les autres pourront profiter de la vie nocturne animée des Keys.

Les hôtels et les restaurants cités ne sont pas tous accessibles aux personnes handicapées. De nombreux édifices, notamment à South Beach et Key West, ont une ou deux marches à l'entrée. Il est recommandé aux visiteurs de se renseigner au moment de la réservation pour s'assurer que l'hôtel ou le restaurant répond à leurs besoins.

Les abréviations utilisées sont :
AE = American Express
D = Discover
DC = Diners Club
MC = Mastercard
V = Visa
M. = midi
S. = soir

LES QUARTIERS CENTRAUX DE MIAMI

Le centre-ville de Miami bénéficie d'une atmosphère multiculturelle. Si les restaurants de la baie proposent le poisson le plus frais de la ville, dans les restaurants de Calle Ocho (8th St.), à Little Havana, vous pourrez goûter à certaines spécialités comme le *lechón* (cochon de lait mariné dans du rhum et du citron vert) ou la *carne asada* (viande rôtie ou grillée). Les établissements cubains de South Beach, tels Yuca ou Larios on the Beach, font sensation grâce à leur « nouvelle cuisine », mais les petits restaurants plus familiaux proposent aussi des plats d'un bon rapport qualité-prix à base de porc, de poulet ou de fruits de mer accompagnés de riz, de haricots noirs ou de bananes plantain. Enfin, dans le quartier résidentiel de North Miami, se trouvent parmi les meilleurs restaurants et les plus belles boutiques de la ville.

DOWNTOWN MIAMI

INTERCONTINENTAL MIAMI
€€€€€
100 CHOPIN PLAZA, FL 33131
TÉL. : 305-577-1000
FAX : 305-577-0384
www.icmiamihotel.com
Cette luxueuse tour sur Biscayne Bay jouxte Bayside Marketplace et Bayfront Park. Chambres raffinées et équipement complet.
675 Service voiturier
Principales cartes de crédit

HOLIDAY INN PORT OF MIAMI - DOWNTOWN
€€
340 BISCAYNE BLVD, FL 33132
TÉL. : 305-371-4400
www.holidayinn.com
Un hôtel économique proche des principales attractions.
200
Principales cartes de crédit

RIVER PARK HOTEL AND SUITES
€€
100 SE 4TH ST., FL 33131
TÉL. : 305-374-5100
www.river-park-suites-hotel-miami.com
En plein cœur du centre-ville, proche de la station du MetroMover, le River Park offre des chambres et des suites spacieuses.
149
Principales cartes de crédit

CHINA GRILL
€€€
801 BRICKELL AVE.
TÉL. : 305-534-2211
www.chinagrillmgt.com

PRIX

HÔTELS
Prix indicatif pour une chambre double en haute saison.

€€€€€	plus de 215 €
€€€€	de 155 à 215 €
€€€	de 95 à 155 €
€€	de 60 à 95 €
€	moins de 60 €

RESTAURANTS
Prix indicatif pour un repas comprenant trois plats sans boisson.

€€€€€	plus de 60 €
€€€€	de 40 à 60 €
€€€	de 25 à 40 €
€€	de 15 à 25 €
€	moins de 15 €

Restaurant animé et haut de gamme, d'inspiration asiatique. Goûtez le sashimi de thon mi-cuit au poivre japonais et avocat, et les *fettucine* aux champignons sauce au saké, madère et crème. Réservation nécessaire.
500 Service voiturier
Principales cartes de crédit

BRISA BISTRO
€€-€€€
HILTON MIAMI DOWNTOWN
1601 BISCAYNE BLVD, FL 33132
TÉL. : 305-374-0000
Cuisine raffinée servie dans une salle décorée de miroirs et de marbres et dissimulée dans un coin du hall d'entrée de l'hôtel. Le poisson est rarement aussi savoureux que l'espadon saisi et servi avec une vinaigrette orientale.
100 Service voiturier
Fermé dim. et sam. M.
Principales cartes de crédit

LITTLE HAVANA FL 33130

MIAMI RIVER INN BED AND BREAKFAST
€€
118 SW SOUTH RIVER DR.
TÉL. : 305-325-0045
ou 800-468-3589
FAX : 305-325-9227
www.miamiriverinn.com
Cette auberge historique réunit cinq maisons datant de 1906. Chambres charmantes, toutes différentes, au cachet traditionnel. Jardin luxuriant.
40
Principales cartes de crédit

EXQUISITO RESTAURANT
€
1510 SW 8TH ST.
TÉL. : 305-643-0227
www.exquisitorestaurant.com
Tenu par un Cubain dont la famille avait un restaurant à La Havane, ce restaurant est situé près de l'historique Tower Theater. Entre autres spécialités : les *tamales* et les travers de porc.
50
Principales cartes de crédit

LA CARRETA
€
3632 SW 8TH ST.
TÉL. : 305-444-7501
www.lacarreta.com
Ce restaurant de style cubain fait partie d'une chaîne. Portions généreuses et cafétéria à l'arrière pour des pâtisseries ou du jus de canne.
300
Principales cartes de crédit

VERSAILLES
€
3555 SW 8TH ST.
TÉL. : 305-444-0240
www.versaillesrestaurant.com
Véritable institution cubaine au décor kitsch et une étape incontournable. Tous les plats cubains imaginables en larges portions figurent sur la carte.
400
Principales cartes de crédit

NORTH MIAMI FL 33180

TURNBERRY ISLE RESORT AND CLUB
€€€€€
19999 W COUNTRY CLUB DR., AVENTURA
TÉL. : 305-932-6200
ou 855-201-8027
FAX : 305-933-6554
www.turnberryislemiami.com
Ce complexe hôtelier, le plus spectaculaire de Miami, se tient dans une oasis isolée dans 120 ha de paysages tropicaux, près de la baie. Chambres immenses avec terrasses, deux terrains de golf et amarrage pour 117 bateaux.
392
Principales cartes de crédit

PASHA'S
€
19501 BISCAYNE BLVD, AVENTURA
TÉL. : 305-917-4007
www.pashas.com
Un restaurant de chaîne à la cuisine d'inspiration méditerranéenne simple et saine : sandwich au houmous, kebabs et soupe au tzatziki.
90
Principales cartes de crédit

MIAMI BEACH
SoBe (South Beach) est le royaume des restaurants élégants, des hôtels de style Art déco et des fantaisies architecturales dont l'un des meilleurs exemples est l'hôtel Delano de Ian Schrager. Son ouverture, en 1995, a coïncidé avec la rénovation de Lincoln Road entre Washington Avenue et Lenox Street.

MIAMI BEACH FL 33139

HÔTELS

CASA GRANDE
€€€€€
834 OCEAN DR.
TÉL. : 305-672-7003
FAX : 305-673-3669
www.casagrandesuitehotel.com
Dans ce luxueux hôtel composé de suites, les chambres avec vue sur l'océan possèdent un mobilier sculpté et des batiks.
34 Service voiturier Principales cartes de crédit

DELANO
€€€€€
1685 COLLINS AVE.
TÉL. : 305-672-2000
ou 800-697-1791
FAX : 305-532-0099
www.delano-hotel.com
Le décor de Philippe Starck est l'apothéose du luxe feutré : un blanc omniprésent, adouci par des cascades de rideaux et des objets anciens. Voir aussi le restaurant **Bianca**, p. 247.
194 200 Service voiturier Principales cartes de crédit

NATIONAL HOTEL
€€€€€
1677 COLLINS AVE.
TÉL. : 305-532-2311
ou 800-327-8370
www.nationalhotel.com
Une restauration a rendu à ce monument sur le front de mer tout son glamour Art déco. Yoga près de la piscine et équipements de luxe, tels les téléviseurs à écrans plats.
151 Service voiturier Principales cartes de crédit

SEA VIEW
€€€€€
9909 COLLINS AVE.
BAL HARBOUR, FL 33154
TÉL. : 305-866-4441
ou 800-447-1010
FAX : 305-866-1898
www.seaview-hotel.com
Complexe à l'européenne donnant sur la plage, avec des cabanes méditerranéennes face aux célèbres boutiques de Bal Harbour. Attire une clientèle conformiste fuyant l'ambiance de South Beach.
220 Principales cartes de crédit

THE TIDES
€€€€€
1220 OCEAN DR.
TÉL. : 305-604-5070
FAX : 305-604-5180
www.tidessouthbeach.com
L'un des plus fabuleux hôtels de South Beach offre des suites dominant l'océan. Les 9e et 10e étages figurent parmi les points culminants d'Ocean Drive.
45 Service voiturier Principales cartes de crédit

HOTEL IMPALA
€€€€
1228 COLLINS AVE.
TÉL. : 305-673-2021
www.impala-miami.com
Établissement discret de style méditerranéen. Chambres petites et raffinées. Le restaurant **Spiga** vaut le détour, voir p. 249.
17 100 Service voiturier Principales cartes de crédit

HOTEL OCEAN
€€€€
1230 OCEAN DR.
TÉL. : 305-672-2579
FAX : 305-672-7665
www.hotelocean.com
Depuis sa rénovation complète, l'hôtel a des airs de Côte d'Azur. Les propriétaires et les gérants sont français.
27 Principales cartes de crédit

ALBION
€€€
1650 JAMES AVE.
TÉL. : 305-913-1000
FAX : 305-531-4580
www.albionhotelmiami.com
Plage de sable blanc, salon au bord de la piscine, terrasse et suites avec solarium sur le toit distinguent ce bel hôtel.
96 Service voiturier AE, MC, V

CARDOZO
€€€
1300 OCEAN DR.
TÉL. : 305-535-6500
ou 800-782-6500
FAX : 305-702-5437
www.cardozohotel.com
Cet hôtel classique Art déco qui appartient à Gloria Estefan propose de jolies chambres dotées d'un mobilier artisanal.
43 Service voiturier Principales cartes de crédit

CAVALIER
€€€
1320 OCEAN DR.
TÉL. : 305-531-3555
Rénové, ce bel exemple d'Art déco comprend un hôtel, un restaurant et un bar prisé, le Crab Shack.
45 Service voiturier Principales cartes de crédit

DADDY O HOTEL
€€€
9660 E BAY HARBOR DR.
BAY HARBOR ISLANDS, FL 33154
TÉL. : 305-868-4141
www.daddyohotel.com/miami
Cet hôtel situé près d'Indian Creek et des boutiques de Bal Harbour fait face à la mer. Il permet de rejoindre à pied les bateaux de pêche et de plongée.
38 AE, MC, V

ESSEX HOUSE
€€€
1001 COLLINS AVE.
TÉL. : 305-534-2700
FAX : 305-531-3953
www.essexhotel.com
Charme et confort à prix correct pour cet hôtel conçu par Hohauser. Les chambres aux tons pastel sont élégantes et bien isolées. Petit déjeuner et Wi-Fi compris.
74 Principales cartes de crédit

GREENVIEW HOTEL
€€€
1671 WASHINGTON AVE.
TÉL. : 305-531-6588
FAX : 305-531-4580
www.greenviewhotel.com
Extraordinaire édifice de Henry Hohauser relooké par la famille Rubell. Intérieur raffiné et paisible.
45 AE, MC, V

HOTEL ASTOR
€€€
956 WASHINGTON AVE.
TÉL. : 305-531-8081
FAX : 305-531-3193
www.hotelastor.com
Autre édifice Art déco (datant de 1936) superbement rénové. Mobilier de bois blond, terre cuite au sol et couleurs reposantes.
41 Service voiturier Principales cartes de crédit

KENT
€€€
1131 COLLINS AVE.
TÉL. : 305-604-5068
ou 866-826-5368
FAX : 305-403-7592
www.thekenthotel.com
La réception de ce superbe hôtel Art déco est prisée pour des photos de mode. Un choix abordable.
54 Service voiturier Principales cartes de crédit

PARK CENTRAL
€€€
640 OCEAN DR.
TÉL. : 305-538-1611
ou 800-727-5236
FAX : 305-534-7520
www.theparkcentral.com
Restauré dans l'esprit des années 1940, cet hôtel de Hohauser en front de mer est plein de raffinement. Le bar du lobby attire du beau monde.
125 Principales cartes de crédit

PELICAN HOTEL
€€€
826 OCEAN DR.
TÉL. : 305-673-3373
FAX : 305-673-3255
www.pelicanhotel.com
Folie de quatre étages d'inspiration Art déco. Chambres éclectiques et thématiques (« Maison close » ou « Le pouvoir des fleurs », entre autres). Salles de bains somptueuses.
30 Service voiturier Principales cartes de crédit

AVALON
€€
700 OCEAN DR.
TÉL. : 305-538-0133
ou 800-933-3306
FAX : 305-534-0258
www.avalonhotel.com
Cet hôtel Art déco accueillant propose des chambres petites et confortables. Situé près de la plage. Petit déjeuner et Wi-Fi compris.
108 Service voiturier Principales cartes de crédit

CLAY HOTEL
€€
1438 WASHINGTON AVE.
TÉL. : 305-534-2988
ou 800-379-2529
FAX : 305-673-0346
www.clayhotel.com
Classé monument historique, cet édifice donnant sur Española Way propose des chambres simples, doubles et familiales, propres et calmes. Les couloirs sont ornés de tableaux dépeignant Miami. Cour extérieure et patio. Possibilité de long séjour.
106 MC, V

BEACHCOMBER
€
1340 COLLINS AVE.
TÉL. : 305-531-3755
ou 888-305-4683
FAX : 305-673-8609
www.beachcombermiami.com
Hôtel Art déco au cœur de SoBe, aux chambres à l'ambiance tropicale. Bon petit déjeuner et plage à proximité.
28 Principales cartes de crédit

CARLTON
€
1433 COLLINS AVE.
TÉL. : 305-672-5858
FAX : 305-534-6855
www.carltonsouthbeach.com
Situé au cœur du quartier Art déco, cet établissement familial vous réserve un bon accueil.
67 Principales cartes de crédit

RESTAURANTS

RECOMMANDÉ

BIANCA
€€€€
DELANO HOTEL
1685 COLLINS AVE.
MIAMI BEACH
TÉL. : 305- 674-6400
www.delano-hotel.com
Installé dans l'hôtel Delano (voir p. 246), le restaurant Bianca a ouvert en 2012. Il propose une cuisine italienne élaborée à partir de produits bio locaux, dans la lignée du mouvement slow food.
250 Service voiturier D, MC, V

ESCOPAZZO
€€€€
1311 WASHINGTON AVE.
TÉL. : 305-674-9450
www.escopazzo.com
Ce restaurant, intimiste et tenu par une équipe passionnée, compte parmi les meilleurs italiens de South Beach. Essayez le soufflé aux fruits de mer dans un fumet aux herbes et le risotto à la roquette et au chèvre. Réservation nécessaire.
90 Fermé M. et lun.
Principales cartes de crédit

THE FORGE
€€€€
432 41ST ST.
TÉL. : 305-538-8533
www.theforge.com
Restaurant rococo, servant une excellente cuisine américaine : œufs brouillés au caviar servis dans des coquilles d'œufs, steak de 450 grammes, roquette bio, escargots et soufflés. Discothèque et fumoir pour cigares le mercredi. Réservation nécessaire.
275 Service voiturier
Fermé M.
Principales cartes de crédit

GRILLFISH
€€€
1444 COLLINS AVE.
MIAMI BEACH
TÉL. : 305-538-9908
www.grillfish.com
Apprécié des locaux, ce petit restaurant sert de délicieux fruits de mer.
130
Principales cartes de crédit

JERRY'S FAMOUS DELI
€€€
1450 COLLINS AVE.
TÉL. : 305-532-8030
www.jerrysfamousdeli.com
Ouvert 24 heures/24, un endroit agréable où venir se reposer de l'agitation de Miami.
70
Principales cartes de crédit

RECOMMANDÉ

MEAT MARKET
€€€
915 LINCOLN RD
MIAMI BEACH
TÉL. : 305-532-0088
www.meatmarketmiami.com
Si les mannequins qui arpentent South Beach sont réputés être végétariens, ceux qui fréquentent ce restaurant ne le sont pas ! Ce gril à la mode sur Lincoln Road a tout pour plaire avec ses viandes tendres et cuites à point. Également de délicieux fruits de mer.
160 Fermé M.
Principales cartes de crédit

NOBU MIAMI BEACH
€€€
1901 COLLINS AVE.
TÉL. : 305-695-3232
www.noburestaurants.com/miami
Les meilleurs sushis et sashimis, et les cocktails les plus innovants de la ville.
125 Service voiturier
Fermé M.
Principales cartes de crédit

OSTERIA DEL TEATRO
€€€
1443 WASHINGTON AVE.
TÉL. : 305-538-7850
www.osteriadelteatromiami.com
La cuisine du nord de l'Italie de Dino Pirola est servie dans une salle aux tons gris. Le pain maison est succulent, les pâtes exceptionnelles, le poisson inventif (essayez le flétan à l'ail et aux olives), et les desserts incontournables. Réservation nécessaire.
60 Fermé M. et dim.
Principales cartes de crédit

SUSHISAMBA DROMO
€€€
600 LINCOLN RD
TÉL. : 305-673-5337
www.sushisamba.com
Entre plats japonais, brésiliens et péruviens, SushiSamba Dromo est un pur produit new-yorkais comme les apprécient les Miamiens. Les caïpirinhas et la sélection de sakés s'accordent parfaitement aux sushis.
300
Principales cartes de crédit

PRIX

HÔTELS
Prix indicatif pour une chambre double en haute saison.

€€€€€	plus de 215 €
€€€€	de 155 à 215 €
€€€	de 95 à 155 €
€€	de 60 à 95 €
€	moins de 60 €

RESTAURANTS
Prix indicatif pour un repas comprenant trois plats sans boisson.

€€€€€	plus de 60 €
€€€€	de 40 à 60 €
€€€	de 25 à 40 €
€€	de 15 à 25 €
€	moins de 15 €

RECOMMANDÉ

YUCA
€€€
501 LINCOLN RD
MIAMI BEACH
TÉL. : 305-532-9822
www.yuca.com
Astucieuse et haut de gamme, la nouvelle cuisine latino de Paco Francisco Rodriguez allie inspirations caribéenne et sud-américaine. Au menu : bananes plantains sucrées enveloppant une farce de viande salée, manioc à la vapeur fourré aux champignons sauvages et parfumé aux truffes. Réservation nécessaire.

190 Service voiturier AE, MC, V

A FISH CALLED AVALON

€€

700 OCEAN DR.

TÉL. : 305-532-1727

www.afishcalledavalon.com

Dans une atmosphère décontractée, ce restaurant-bar situé dans un hôtel Art déco propose des fruits de mer et de la musique live. Possibilité de dîner à l'intérieur ou à l'extérieur.

200 Fermé M. Service voiturier Principales cartes de crédit

FRONT PORCH CAFÉ

€€

1458 OCEAN DR.

TÉL. : 305-531-8300

www.frontporchocean drive.com

Un endroit où les habitués viennent pour dîner, prendre un verre et observer les passants.

120 Principales cartes de crédit

JOE'S STONE CRAB

€€

11 WASHINGTON AVE.

TÉL. : 305-673-0365

www.joesstonecrab.com

Une institution de South Beach. Goûtez le crabe caillou et sa sauce à la moutarde (d'oct. à mai), les tomates vertes et l'excellente *Key lime pie*. Pas de réservation.

475 Fermé du 1er août au 15 oct. Service voiturier Principales cartes de crédit

LARIOS ON THE BEACH

€€

1300 OCEAN DR.

TÉL. : 305-532-9577

www.bongoscubancafe.com

Le chef Quintin Larios est soutenu par Gloria et Emilio Estefan. Il prépare une cuisine cubaine traditionnelle qui attire en nombre les habitants de South Beach. Les tables à l'extérieur permettent d'observer les va-et-vient.

114 Principales cartes de crédit

MANGO'S TROPICAL CAFÉ

€€

900 OCEAN DR.

TÉL. : 305-673-4422

www.mangostropicalcafe.com

Les barmans et les serveuses cubaines dansent parfois sur les tables. Mahi mahi caribéen et poulet à la margarita.

570 Principales cartes de crédit

NEXXT CAFÉ

€€

700 LINCOLN RD

TÉL. : 305-532-6643

www.nexxtcafe.com

L'un des restaurants les plus bondés de Lincoln Road. Cuisine américaine (homard mayonnaise, croquettes de poulet, tacos...). Les portions sont généreuses et savoureuses.

400 Principales cartes de crédit

SPIGA

€€

HOTEL IMPALA

1228 COLLINS AVE.

TÉL. : 305-534-0079

www.spigarestaurant.com

Pâtes, pain et desserts sont tous faits maison à cette excellente adresse italienne, située dans l'Hotel Impala (voir p. 246), spécialisée dans le poisson. Réservation nécessaire.

75 Fermé M. Principales cartes de crédit

SUSHI DORAKU

€€

1104 LINCOLN RD

TÉL. : 305-695-8383

www.dorakusushi.com

Ce bar à sushis fait partie du complexe de cinémas de South Beach. Des assiettes de sushis, de makis ou de sashimis passent sur un tapis roulant et vous faites votre choix. Essayez le South Beach roll et le Spider roll.

130 Fermé sam. et dim. M. Principales cartes de crédit

BALANS

€

1022 LINCOLN RD

TÉL. : 305-534-9191

www.balans.co.uk

Essayez dans cette enseigne britannique les savoureuses assiettes de dégustation mêlant fromage de chèvre et champignon portobello, la délicieuse légine australe en croûte d'herbes, et gardez une place pour les desserts, comme le cheesecake au chocolat.

140 Principales cartes de crédit

CAFÉ PRIMA PASTA

€

414 71ST ST.

NORTH MIAMI BEACH

TÉL. : 305-867-0106

www.primapasta.com

Un petit restaurant italien, idéalement situé en bord de plage, au service impeccable et à la réputation excellente. Essayez les pâtes maison et le veau.

150 Espèces seulement

NEWS CAFÉ

€

800 OCEAN DR.

TÉL. : 305-538-6397

www.newscafe.com

Un café à l'atmosphère européenne parfait pour observer la foule. Attendez qu'une table se libère à l'extérieur, choisissez un burger, une omelette ou une salade, et feuilletez la presse en patientant pour votre commande.

150 Service voiturier
Principales cartes de crédit

VAN DYKE CAFÉ

€
846 LINCOLN RD
TÉL. : 305-534-3600
www.thevandykecafe.com

Un autre établissement de deux étages tenu par les propriétaires du News Café (voir p. 249), en plus jazzy.
200
Principales cartes de crédit

KEY BISCAYNE

Cette ancienne plantation de cocotiers est aujourd'hui occupée par des tours de luxe, des plages aménagées et des propriétés de milliardaires. Les restaurants ont nécessairement vue sur l'océan et les hôtels sont installés dans des décors de rêve.

KEY BISCAYNE FL 33149

RITZ-CARLTON, KEY BISCAYNE

€€€€€
455 GRAND BAY DR.
TÉL. : 305-365-4500
www.ritzcarlton.com

Élégance et spectaculaire sont les marques de fabrique du Ritz-Carlton. Cet hôtel a tout ce qu'il faut pour impressionner avec son Spa de 1,8 km², son salon somptueux et ses deux piscines face à l'océan.
450
Principales cartes de crédit

CIOPPINO

€€€
455 GRAND BAY DR.
TÉL. : 305-365-4500

Même si vous ne logez pas au Ritz-Carlton, venez dîner au Cioppino, qui sert une cuisine toscane. La terrasse luxuriante, avec vue sur l'océan, assure un moment agréable. Brunch le dimanche.

234
Principales cartes de crédit

RUSTY PELICAN

€€
3201 RICKENBACKER CAUSEWAY
TÉL. : 305-361-3818
www.therustypelican.com

Restaurant emblématique au bord de la mer avec vue sur Downtown Miami. Excellent brunch le dimanche et boissons à siroter en admirant le panorama.
450 Service voiturier
Principales cartes de crédit

COCONUT GROVE

Autrefois repaire d'artistes et d'écrivains, Coconut Grove accueille aujourd'hui de riches résidents, à l'année ou durant l'hiver seulement. Quelques boutiques d'artisans résistent encore à côté des magasins de luxe et des restaurants haut de gamme. De luxueux yachts attendent leurs propriétaires dans Biscayne Bay et, le week-end, la jeunesse branchée se détend dans le centre commercial et de loisirs de CocoWalk.

COCONUT GROVE FL 33133

MAYFAIR HOUSE

€€€€€
3000 FLORIDA AVE.
TÉL. : 305-441-0000
ou 800-433-4555
FAX : 305-447-9173
www.mayfairhotelandspa.com

Cet hôtel intimiste propose uniquement des suites. La plupart possèdent une terrasse et certaines un jacuzzi.
179
Principales cartes de crédit

MUTINY HOTEL

€€€€€
2951 S BAYSHORE DR.
TÉL. : 305-441-2100
ou 888-868-8469
www.providentresorts.com/mutiny-hotel

Cet hôtel offre une vue panoramique sur Miami depuis les grandes baies vitrées de ses suites.
172 Service voiturier
Principales cartes de crédit

GROVE ISLE CLUB AND RESORT

€€€€
4 GROVE ISLE DR.
TÉL. : 305-858-8300
ou 800-884-7683
FAX : 305-858-5908
www.groveisle.com

Cet hôtel confortable sur Biscayne Bay, prisé des familles, offre un vaste choix d'équipements sportifs.
50
Principales cartes de crédit

SONESTA BAYFRONT HOTEL

€€€
2889 MCFARLANE RD
TÉL. : 305-529-2828
www.sonesta.com/Coconut Grove

Splendides chambres bien équipées avec vue sur la baie (terrasse, TV à écran plat et Wi-Fi gratuit). Des œuvres de Lynne Golub Gelfman, Frank Stella et Robert Rauschenberg ornent les parties communes. Allez dîner ou prendre un verre au Panorama ou au Nikki Coconut Grove. Proche des boutiques de CocoWalk.
210 Service voiturier
Principales cartes de crédit

GROVE ISLE

€€
4 GROVE ISLE DR.
TÉL. : 305-857-5007
www.groveisle.com

Cadre superbe au bord de la mer. La cuisine américaine est servie dans la salle ou sur la terrasse couverte, très prisée.
100
Principales cartes de crédit

CORAL GABLES

À Coral Gables, les restaurants sont plus classiques que ceux de South Beach. Néanmoins, ils font partie des mieux notés par les critiques culinaires et proposent les plats les plus raffinés de Miami.

CORAL GABLES FL 33134

BILTMORE
€€€€€
1200 ANASTASIA AVE.
TÉL. : 855-311-6903
FAX : 305-913-3158
www.biltmorehotel.com
Colonnes romaines et sols en marbre confèrent une élégance méditerranéenne à ce monument historique. La piscine est un incontournable.
280
Principales cartes de crédit

HOTEL PLACE ST MICHEL
€€€
162 ALCAZAR AVE.
TÉL. : 305-444-1666
FAX : 305-529-0074
www.hotelstmichel.com
Cet hôtel de style européen datant de 1926 foisonne d'objets anciens. Voir aussi le **Restaurant St Michel**, ci-contre.
27
Principales cartes de crédit

WESTIN COLONNADE HOTEL
€€€
180 ARAGON AVE.
TÉL. : 305-441-2600
www.westin.com/coralgables
L'ancienne demeure de George Merrick, fondateur de Coral Gables, abrite un élégant hôtel. Sa situation centrale attire une clientèle d'hommes d'affaires.
157 Service voiturier
Principales cartes de crédit

RANDAZZO'S LITTLE ITALY
€€€-€€€€
385 MIRACLE MILE
TÉL. : 305-448-7002
www.randazzoslittleitaly.com
Un restaurant italien à l'atmosphère chaleureuse et aux copieux plats du sud de l'Italie. Les viandes sont délicieuses. Essayez la salade aux boulettes de bœuf, le poulet Buoniconti ou les rigatoni à la vodka.
125 Fermé lun.
Principales cartes de crédit

RECOMMANDÉ

LA PALMA RISTORANTE AND BAR
€€€
116 ALHAMBRA CIRCLE
CORAL GABLES
TÉL. : 305-445-8777
www.lapalmarestaurant.net
Outre les délices d'Italie du Nord, comme le homard La Palma et les *fettuccine* aux palourdes, laissez-vous tenter par le homard du Maine sauté au vin blanc ou par le veau de 400 g.
150 Service voiturier
Principales cartes de crédit

RESTAURANT ST MICHEL
€€€
HOTEL PLACE ST MICHEL
162 ALCAZAR AVE.
TÉL. : 305-444-1666
Ici, les crêpes sont les meilleures de la ville, les poissons succulents, le cadre romantique à souhait et le service agréable. Réservation nécessaire. Menu dîner en début de soirée.
92
Principales cartes de crédit

ORTANIQUE ON THE MILE
€€
278 MIRACLE MILE
TÉL. : 305-446-7710
www.cindyhutsoncuisine.com
Ce restaurant, dont le nom évoque un hybride de l'orange et de la mandarine, propose une cuisine typique de la Floride du Sud. À la carte, noix de pécan confites, rôti de porc sucré salé ou vivaneau à queue jaune.
120 Fermé sam. et dim. M. Principales cartes de crédit

SOUTH MIAMI

Voir Excursions depuis Miami, ci-dessous.

EXCURSIONS DEPUIS MIAMI

Homestead et Florida City sont les points de départ de la visite de la « rivière d'herbe » des Everglades. Dans les deux villes sont installés de nombreuses boutiques et de bons petits restaurants. Pour l'hébergement en revanche, vous trouverez surtout des hôtels de chaîne standardisés.

EVERGLADES MOTEL
€€
605 S KROME AVE.,
HOMESTEAD, FL 33030
TÉL. : 305-247-4117
Petit motel de style contemporain aux chambres bien tenues.
14
Principales cartes de crédit

RIVERSIDE HOTEL
€€
620 E LAS OLAS BLVD,
FORT LAUDERDALE, FL 33301
TÉL. : 954-467-0671
ou 800-325-3280
FAX : 954-462-2148
www.riversidehotel.com
Bien situé dans le quartier historique et doté de jardins près de la New River. Certaines chambres disposent de lits à baldaquin. Transports gratuits pour la plage.

217 Service voiturier Principales cartes de crédit

MICCOSUKEE RESORT AND GAMING

€-€€€€

500 SW KROME AVE., HOMESTEAD

TÉL. : 877-242-6464

www.miccosukee.com

Cet immense complexe hôtelier est tenu par l'une des plus petites tribus indiennes d'Amérique. Restaurant, buffet ou snack-bar côtoient le casino.

372 (buffet) Service voiturier Principales cartes de crédit

BIMINI BOATYARD BAR AND GRILL

€€-€€€

1555 SE 17TH ST., FORT LAUDERDALE

TÉL. : 954-525-7400

www.biminiboatyard.com

Cet établissement spacieux face à l'océan et ses fruits de mer à la sauce des Caraïbes vous donneront l'impression d'être aux Bahamas. Vous pouvez même y garer votre yacht. Il compte parmi ses clients David Cassidy, le chanteur des années 1970.

350 D, MC, V

EL TORO TACO

€

1 S KROME AVE., HOMESTEAD

TÉL. : 305-245-8182

Une authentique cuisine mexicaine concoctée par la famille Hernandez : *chile rellenos* (beignets de piments), *fajitas* au poulet, *salsa verde* et guacamole.

95 DC, MC, V

UPPER KEYS

Le film *Key Largo* (1948), dans lequel Humphrey Bogart et Lauren Bacall combattaient le crime et faisaient face à un ouragan, a immortalisé les Upper Keys, même si peu de scènes y ont en réalité été tournées. Les visiteurs peuvent s'imprégner de la magie du cinéma en allant admirer l'*African Queen*, le bateau avec lequel Bogart faisait le coursier dans *L'Odyssée de l'African Queen* (1951), qui est désormais amarré face à l'Holiday Inn au niveau du MM 99.7.

KEY LARGO FL 33037

JULES' UNDERSEA LODGE

€€€€€

51 SHORELAND DR., MM 103.2

TÉL. : 305-451-2353

FAX : 305-451-4789

www.jul.com

Le seul hôtel sous-marin au monde, où vous nagerez jusqu'à votre appartement. L'équipe vous apporte tout ce dont vous pouvez avoir besoin dans votre chambre, et en combinaison de plongée !

2 Principales cartes de crédit

MARRIOTT KEY LARGO BAY RESORT

€€€€

OVERSEAS HWY, MM 103.8

TÉL. : 305-453-0000 ou 800-228-9290

FAX : 305-453-0093

www.marriottkeylargo.com

Le luxe règne dans cet hôtel, à une heure au sud de l'aéroport de Miami. Chambres immenses, suites luxueuses. Accès Wi-Fi. Voir aussi **Gus' Grille**, ci-contre.

147 Principales cartes de crédit

SUNSET COVE BEACH RESORT

€€

OVERSEAS HWY, MM 99.6

TÉL. : 305-451-0705 ou 877-451-0705

FAX : 305-451-5609

www.sunsetcovebeachresort.com

Établissement familial à l'ambiance surannée. Choix de villas ou *chickee* à toit de chaume, ponton de pêche et canoës.

11 Principales cartes de crédit

GUS' GRILLE

€€€

MARRIOTT KEY LARGO BAY RESORT

OVERSEAS HWY, MM 103.8

TÉL. : 305-453-0000

Cuisine « floraïbe » créative : vivaneau à queue jaune en croûte d'amandes et sauce au beurre avocat, orange et ciboulette. Bonnes pizzas, et vue imprenable sur le golfe.

600 Principales cartes de crédit

SNAPPER'S WATERFRONT SALOON

€€€

139 SEASIDE AVE., MM 94.5

TÉL. : 305-852-5956

www.snapperskeylargo.com

PRIX

HÔTELS

Prix indicatif pour une chambre double en haute saison.

€€€€€	plus de 215 €
€€€€	de 155 à 215 €
€€€	de 95 à 155 €
€€	de 60 à 95 €
€	moins de 60 €

RESTAURANTS

Prix indicatif pour un repas comprenant trois plats sans boisson.

€€€€€	plus de 60 €
€€€€	de 40 à 60 €
€€€	de 25 à 40 €
€€	de 15 à 25 €
€	moins de 15 €

Pour un dîner romantique sur l'eau. Fruits de mer cuisinés à la manière caribéenne.
200 P ✲
Principales cartes de crédit

THE FISH HOUSE ENCORE

€€-€€€
OVERSEAS HWY, MM 102
TÉL. : 305-451-0650
www.fishhouse.com
L'ambiance est décontractée mais la carte est de premier ordre : crabe-caillou (d'oct. à mai), poulet « Cayman » et carré d'agneau.
125 P Fermé M.
Principales cartes de crédit

PILOT HOUSE

€€
BAYSIDE CAY CLUB RESORT AND MARINA
13 SEAGATE BLVD, MM 100
TÉL. : 305-451-3142
www.pilothousemarina.com
Institution célèbre pour son sandwich au poisson. Laissez-vous tenter par les spécialités de vivaneau farci au homard et les pâtes faites maison.
65 P
Principales cartes de crédit

SUNDOWNERS ON THE BAY

€
OVERSEAS HWY, MM 104
TÉL. : 305-451-4502
www.sundownerskeylargo.com
Un bel endroit où admirer le coucher du soleil en dégustant une copieuse cuisine de pub. Également des plats végétariens.
185 P
Principales cartes de crédit

PLANTATION KEY

MARKER 88

€€€
OVERSEAS HWY, MM 88
TÉL. : 305-852-9315
www.marker88.info
Un établissement légendaire des Upper Keys. Banane, papaye, ananas, mangue, et beurre de cannelle assaisonnent les raviolis frits. Goûtez également le homard de Floride, le crabe-caillou ou les crevettes. Décor rustique et atmosphère romantique.
300 P Fermé M.
Principales cartes de crédit

UPPER MATECUMBE KEY FL 33036

CHEECA LODGE AND SPA

€€€€€
OVERSEAS HWY, MM 82, ISLAMORADA
TÉL. : 305-664-4651
ou 800-327-2888
FAX : 305-664-2893
www.cheeca.com
Ce complexe haut de gamme des Upper Keys est connu pour ses activités de pêche et de plongée. Ses bâtiments bleu et blanc sont entourés de 110 km² de terrain avec accès à l'océan. Les chambres au luxe discret sont épurées et spacieuses. Voir aussi le délicieux restaurant **Atlantic's Edge**, ci-dessous.
199 P
Principales cartes de crédit

ATLANTIC'S EDGE

€€€
CHEECA LODGE AND SPA, MM 82, ISLAMORADA
TÉL. : 305-664-4651
www.cheeca.com/atlanticsedge
Le chef Barry Walling, installé dans l'hôtel Cheeca Lodge and Spa, ajoute une touche des Keys à ses viandes et à ses poissons sauvages, exotiques ou bio.
115 P
Principales cartes de crédit

PELICAN COVE RESORT

€€€
84457 OVERSEAS HWY, MM 84.5, ISLAMORADA
TÉL. : 305-664-4435
ou 800-445-4690
FAX : 305-664-5134
www.pcove.com
Ce complexe bien tenu dispose d'un décor contemporain, de balcons et d'une vue sur l'océan. Nombreuses activités.
50 P
Principales cartes de crédit

ZIGGIE AND MAD DOG'S

€€€
OVERSEAS HWY, MM 83.5, ISLAMORADA
TÉL. : 305-664-3391
www.ziggieandmaddogs.com
Ce restaurant au décor des années 1950 est un incontournable pour les fruits de mer : crabe-caillou, beignets de conques, vivaneau à queue jaune sauce meunière, aux amandes almondine, ou à la sauce véronique, huîtres farcies, homard de Floride à la moutarde...
77 P Fermé du 1er mai à oct.
Principales cartes de crédit

SMUGGLER'S COVE

€€-€€€
OVERSEAS HWY, MM 85.5, ISLAMORADA
TÉL. : 305-664-5564
www.smugglerscoveislamorada.com
À la carte de ce restaurant animé : palourdes, huîtres, conques et poissons de toutes sortes. Vous pouvez aussi apporter le fruit de votre pêche que le chef vous cuisinera.
150
Principales cartes de crédit

LAZY DAYS OCEANFRONT BAR AND SEAFOOD GRILL

€€
79867 OVERSEAS HWY, MM 79.9, ISLAMORADA
TÉL. : 305-664-5256
www.lazydaysrestaurant.com
Donnant sur l'Atlantique, cette propriété coloniale offre une

vue absolument magnifique et propose des fruits de mer floraïbe innovants. Le mahi mahi accompagné de fruits tropicaux et d'une sauce à la mangue et au rhum est succulent.
160 Principales cartes de crédit

LOR-E-LEI RESTAURANT AND CABANA BAR
€€
MM 82, ISLAMORADA
TÉL. : 305-664-2692
www.loreleicabanabar.com
Parmi les meilleures tables de fruits de mer des Keys sur fond de rock live, Lor-e-Lei est une institution d'Islamorada depuis des décennies.
330 (extérieur), 250 (intérieur) Principales cartes de crédit

MORADA BAY BEACH CAFÉ
€-€€
81600 OVERSEAS HWY, MM 81.6, ISLAMORADA
TÉL. : 305-664-0604
www.moradabay-restaurant.com
Vous dînerez ici sur la plage confortablement installé sur des chaises blanches et bercé par le doux clapotis des vagues. Cuisine caribéenne et américaine.
100 Fermé mar. Principales cartes de crédit

GREEN TURTLE INN RESTAURANT
€
81219 OVERSEAS HWY, MM 81.3, ISLAMORADA
TÉL. : 305-664-2006
www.greenturtlekeys.com
Ce restaurant emblématique existe depuis 1947 et a bâti sa réputation sur son atmosphère décontractée et sa cuisine pour gourmets. Les fruits de mer viennent de la région et vous pouvez même apporter les poissons que vous avez pêchés pour les faire cuisiner. Parmi les spécialités, goûtez les coquilles Saint-Jacques, la côte de bœuf ou la soupe de tortue. Une galerie d'art se trouve juste à côté.
50 Principales cartes de crédit

MIDDLE KEYS

Les Middle Keys s'étendent du MM 85 au MM 45 et sont considérées comme la capitale de la pêche et de la plongée des États-Unis. Les habitants de la Floride du Sud viennent y passer leurs vacances. N'espérez pas y trouver de plages, le sable que vous verrez sur le rivage est importé d'îles des Caraïbes.

DUCK KEY FL 33050

HAWKS CAY RESORT AND MARINA
€€€€€
61 HAWKS CAY BLVD, MM 61
TÉL. : 305-743-7000
FAX : 305-743-0641
www.hawkscay.com
Cet hôtel de style antillais sur une île privée possède de belles chambres. Le club Dolphin Connection offre aux enfants des activités interactives.
193 Principales cartes de crédit

VACA KEY FL 33050

KEYS FISHERIES MARKET AND MARINA
€€€
APRÈS LE MM 49.2, SUR 35TH ST., MARATHON
TÉL. : 866-743-4353
www.keysfisheries.com
Assez peu connu, Keys Fishery sert en plein air des sandwichs reuben au homard et des crevettes à la noix de coco. Idéal pour un déjeuner rapide.
250 Principales cartes de crédit

SOMBRERO REEF INN AND FISHING LODGE
€€
500 SOMBRERO BEACH RD, MM 50, MARATHON
TÉL. : 305-743-4118
www.sombreroreefinn.com
Dans ce bed and breakfast de style floridien, les chambres bénéficient d'entrées privatives et de vue sur l'océan.
4 MC, V

LOWER KEYS

Les Lower Keys commencent à la fin du Seven Mile Bridge. Big Pine, Sugarloaf, Summerland et les autres îles des Lower Keys sont moins développées et plus paisibles que celles des Upper Keys. Le Bahia Honda State Park, sur la façade océanique de Big Pine Key, dispose des plus belles plages et de la plus ravissante côte de Floride du Sud.

BIG PINE KEY FL 33043

BARNACLE BED AND BREAKFAST
€€
1557 LONG BEACH DR., MM 33
TÉL. : 305-872-3298
FAX : 305-872-3863
www.thebarnacle.net
Demeure de style caribéen, superbe jardin avec Jacuzzi, et plage privée. Le mobilier est entretenu avec soin. Deux chambres dans la maison principale et deux dans l'annexe.
4 MC, V

SUGARLOAF KEY

MANGROVE MAMA'S RESTAURANT
€€
19991 OVERSEAS HWY, MM 20
TÉL. : 305-745-3030
www.mangrovemamasrestaurant.com
Édifice historique, cette petite cabane a survécu à l'ouragan de 1935. Des tables simples sont dressées en salle et à l'extérieur,

à l'ombre d'une bananeraie. Au menu : fruits de mer, poulet teriyaki, petites côtelettes épicées et, en dessert, *Key lime pie*.
150
Principales cartes de crédit

LITTLE TORCH KEY FL 33042

RECOMMANDÉ

LITTLE PALM ISLAND RESORT AND SPA
€€€€€
MM 28.5, LITTLE TORCH KEY
TÉL. : 800-343-8567 (réservations), 305-515-4004 (accueil), ou 305-872-2551 (restaurant)
FAX : 305-872-4843
www.littlepalmisland.com
Un paradis pour les vacances. L'île privée est accessible par hydravion ou bateau-taxi. Les luxueuses suites occupent 2 ha verdoyants et disposent de vérandas avec hamacs. Il n'y a ni téléphone ni télévision. Au restaurant (accessible également aux non-résidents), le chef Luis Pous prépare des spécialités européennes, caribéennes et asiatiques à mettre l'eau à la bouche. Sur réservation uniquement.
30
Principales cartes de crédit

KEY WEST ET LES DRY TORTUGAS

Il y a plus de bed and breakfast et d'hôtels à Key West que dans n'importe quelle autre ville du pays. Le charme de la ville tient à son excentricité.

KEY WEST FL 33040

HÔTELS

OCEAN KEY RESORT AND SPA
€€€€€
ZERO DUVAL ST.
TÉL. : 305-296-7701
ou 800-328-9815
FAX : 305-295-7016
www.oceankey.com
De nombreuses chambres confortables dans cet hôtel. Son Dockside Bar est imbattable pour admirer le coucher du soleil.
100
Principales cartes de crédit

PIER HOUSE
€€€€€
1 DUVAL ST.
TÉL. : 305-296-4600
ou 800-723-2791
FAX : 305-296-7569
www.pierhouse.com
Nichée dans des jardins tropicaux, cette élégante demeure dispose d'un Spa et de plusieurs bars et restaurants. Voir aussi le **Pier House Restaurant**, p. 256.
142
Principales cartes de crédit

RECOMMANDÉ

MARQUESA HOTEL
€€€€
600 FLEMING ST.
TÉL. : 305-292-1919
ou 800-869-4631
FAX : 305-294-2121
www.marquesa.com
Hôtel de luxe rassemblant deux résidences classées des années 1880 et deux édifices récents. Mobilier contemporain et ancien, baignoires en marbre, deux piscines et un restaurant étoilé. Voir aussi **Café Marquesa**, p. 257.
27 50
AE, MC, V

WALDORF CASA MARINA
€€€€
1500 REYNOLDS ST.
TÉL. : 888-303-5717
www.casamarinaresort.com
Le plus vieil hôtel des Keys, construit en 1921 par Henry Flagler, possède une plage privée, deux piscines et un restaurant, le **Sun Sun**, recommandé pour le brunch du dimanche.
314
Principales cartes de crédit

CHELSEA HOUSE
€€€
709 TRUMAN AVE.
TÉL. : 305-296-2211
ou 800-549-4430
www.historickeywestinns.com
Bel hôtel entouré de verdure. Les chambres près de la piscine sont de style méditerranéen et celles de la maison principale, inspirées par l'Antiquité.
33
Principales cartes de crédit

CURRY MANSION INN
€€€
511 CAROLINE ST.
TÉL. : 305-294-5349
ou 800-253-3466
FAX : 305-294-4093
Vaste résidence victorienne que l'on peut visiter. Les chambres, dans l'aile moderne, sont bien décorées.
28
Principales cartes de crédit

HERON HOUSE
€€€
512 SIMONTON ST.
TÉL. : 305-294-9227
ou 800-294-1644
www.heronhouse.com
Auberge aménagée avec goût. Les terrasses privatives et les balcons des grandes chambres donnent sur des jardins privatifs.
25
Principales cartes de crédit

ISLAND CITY HOUSE HOTEL
€€€
411 WILLIAM ST.
TÉL. : 305-294-5702
FAX : 305-294-1289
www.islandcityhouse.com
Parmi les trois logements reconvertis des années 1880, l'Arch House est la seule écurie encore debout des Keys.

24
Principales cartes de crédit

SIMONTON COURT HISTORIC INN
€€€
320 SIMONTON ST.
TÉL. : 800-944-2687
www.simontoncourt.com
Entourés de jardins, les neuf édifices de cette ancienne fabrique de cigares ont du cachet. Quatre piscines à disposition, dont une ouverte la nuit. Adultes seulement.
26 AE, MC, V

CONCH HOUSE HERITAGE INN
€€
625 TRUMAN AVE.
TÉL. : 305-293-0020
FAX : 305-293-8447
www.conchhouse.com
L'une des plus anciennes propriétés familiales de l'île, classée monument historique. Chambres élégantes dans le bâtiment principal. L'annexe tropicale est de style caribéen.
8
Principales cartes de crédit

DUVAL HOUSE
€€
815 DUVAL ST.
TÉL. : 305-294-1666
FAX : 305-292-1701
www.theduvalhouse.com
Le mobilier en osier, quelques objets anciens et la piscine entourée d'une profusion d'hibiscus font l'attrait de cette demeure victorienne.
31
Principales cartes de crédit

EDEN HOUSE
€€
1015 FLEMING ST.
TÉL. : 305-296-6868
FAX : 305-294-1221
www.edenhouse.com
Admirablement restauré, cet hôtel des années 1920 propose des chambres à prix raisonnables. Les suites des trois édifices de style conch sont plus onéreuses.
40 AE, MC, V

THE MERMAID AND THE ALLIGATOR
€€
729 TRUMAN AVE.
TÉL. : 305-294-1894
FAX : 305-295-9925
www.kwmermaid.com
Cette auberge insolite est décorée de touches orientales et Art déco. L'annexe de style conch offre des chambres moins chères. Petit déjeuner servi au bord de la piscine.
9 AE, MC, V

RESTAURANTS

CAFÉ DES ARTISTES
€€€€
1007 SIMONTON ST.
TÉL. : 305-294-7100
www.pisceskeywest.com
Élégant et assez cher, ce restaurant réputé sert des plats créatifs à la française : vivaneau sauté au beurre d'estragon, crevettes et coquilles Saint-Jacques. Excellente carte des vins.
65 Fermé M.
AE, MC, V

RECOMMANDÉ

LOUIE'S BACKYARD
€€€€
700 WADDELL AVE.
TÉL. : 305-294-1061
www.louiesbackyard.com
Cette belle propriété donne sur l'océan. Servie dans un cadre renversant, en terrasse ou dans la magnifique salle, la nouvelle cuisine caribéenne joue sur les fruits de mer locaux, comme le potage de conques bahamien à la sauce pimentée. Réservation indispensable.
160
Principales cartes de crédit

PRIX

HÔTELS
Prix indicatif pour une chambre double en haute saison.

€€€€€	plus de 215 €
€€€€	de 155 à 215 €
€€€	de 95 à 155 €
€€	de 60 à 95 €
€	moins de 60 €

RESTAURANTS
Prix indicatif pour un repas comprenant trois plats sans boisson.

€€€€€	plus de 60 €
€€€€	de 40 à 60 €
€€€	de 25 à 40 €
€€	de 15 à 25 €
€	moins de 15 €

PIER HOUSE RESTAURANT
€€€€
1 DUVAL ST.
TÉL. : 305-296-4600 ou 800-327-8340
FAX : 305-296-7569
Dans une splendide salle vitrée donnant sur le golfe, ce restaurant sert une cuisine américaine ambitieuse aux forts accents caribéens. Menu autour des fruits de mer locaux. Belle carte des vins.
150
Principales cartes de crédit

BLUE HEAVEN
€€€
729 THOMAS ST.
TÉL. : 305-296-8666
www.blueheavenkw.com
Caché derrière une vieille maison, ce célèbre restaurant prépare du poisson frais, des plats végétariens et des salades. La devise du Blue Heaven est : « N'attendez pas de mourir pour venir. »

85
Principales cartes de crédit

RECOMMANDÉ

CAFÉ MARQUESA

€€€

600 FLEMING ST.

TÉL. : 305-292-1244

www.marquesa.com

L'une des tables les plus originales de Key West a des allures de brasserie européenne. Plats joliment présentés : thon jaune saisi à la salsa verde et grillades de crevettes jamaïcaines pimentées. Réservation indispensable.

50 Fermé M.
Principales cartes de crédit

MICHAEL'S RESTAURANT

€€€

532 MARGARET ST.

TÉL. : 305-295-1300

www.michaelskeywest.com

Dissimulé dans les ruelles de la vieille ville, Michael's Restaurant offre un cadre élégant près de la fontaine. À la carte, des plats roboratifs comme une côte de bœuf, des pâtes ou des fruits de mer, ainsi que de la fondue.

100 Fermé M.
Principales cartes de crédit

SQUARE ONE

€€€

1075 DUVAL ST.

TÉL. : 305-296-4300

www.squareonekeywest.com

Bistrot élégant et sophistiqué et cuisine inventive du Nouveau Monde. Des spécialités, comme les coquilles Saint-Jacques sautées, épinards pochés et crème à la moutarde donnent le ton. Réservation nécessaire.

85 Accès par Simonton St.
Principales cartes de crédit

DUFFY'S STEAK AND LOBSTER HOUSE

€€

1007 SIMONTON ST.

TÉL. : 305-296-4900

www.duffyskeywest.com

Steaks, côtes et homards sont des valeurs sûres et à prix corrects de cette annexe de style Art déco du Café des Artistes (voir p. 256). Simples, ils sont accompagnés de salade, de pain frais et d'un choix de pommes de terre.

85
Principales cartes de crédit

KELLY'S CARIBBEAN BAR AND GRILL

€€

301 WHITEHEAD ST.

TÉL. : 305-293-8484

www.kellyscaribbean.blogspot.fr

Le bureau historique de la Pan Am abrite cet établissement sur le thème de l'aviation. Avec votre poulet mariné, prenez une Havana Red Ale.

150
Principales cartes de crédit

MANGOES

€€

700 DUVAL ST.

TÉL. : 305-292-4606

www.mangoskeywest.com

Cuisine des Caraïbes servie à l'intérieur ou à l'extérieur. Parmi les spécialités, le vivaneau à queue jaune aux fruits de la passion. Également des pizzas à la croûte très fine.

175 Service voiturier
Principales cartes de crédit

ORIGAMI

€€

1075 DUVAL ST.

TÉL. : 305-294-0092

L'un des meilleurs japonais de Key West, connu pour son luxueux menu sushis au dîner et ses plats du jour.

50 Service voiturier
Fermé M.
Principales cartes de crédit

CAMILLE'S RESTAURANT

€

1202 SIMONTON ST.

TÉL. : 305-296-4811

www.camilleskeywest.com

Ouverte du petit déjeuner au dîner, cette table sert des carrés d'agneau en marinade d'ail et origan et coulis de framboise ou des pâtés de crabe-caillou en sauce épicée rhum-mangue.

150 Service voiturier
Principales cartes de crédit

EL SIBONEY

€

900 CATHERINE ST.

TÉL. : 305-296-4184

www.elsiboneyrestaurant.com

Bonne adresse de quartier, décor simple et plats cubains authentiques et généreux. *Ropa vieja*, paella, *boliche*, choix de sandwichs...

50
Principales cartes de crédit

HALF SHELL RAW BAR

€

231 MARGARET ST.

TÉL. : 305-294-7496

www.halfshellrawbar.com

Cette table au bord de la mer est très prisée pour son ambiance détendue et ses fruits de mer locaux à prix raisonnables.

247
Principales cartes de crédit

HELP YOURSELF

€

829 FLEMING ST.

TÉL. : 305-296-7766

www.helpyourselffoods.com

Ce petit restaurant coloré sert des plats bio comme de la salade d'épinards, du curry coco ou des sandwichs au houmous. Terrasse très agréable pour profiter du soleil.

30 Fermé S.
Principales cartes de crédit

Shopping

Les loyers bas et la TVA à 6,5 % garantissent des tarifs moins élevés qu'à New York ou à Los Angeles. South Beach, Coconut Grove, Coral Gables et Downtown Miami sont les rares quartiers de Miami où il soit recommandé de circuler à pied. Les boutiques sont variées et originales.

Ailleurs, c'est surtout dans les gigantesques centres commerciaux climatisés que se concentrent les magasins, les grands noms comme Macy's ou JC Penney, et les chaînes comme Gap, Banana Republic ou Victoria's Secret. On y trouve également des centres de restauration, voire des multiplexes rassemblant six écrans de cinéma ou plus.

Plus tendance, les galeries commerçantes à ciel ouvert, où se côtoient des marques de luxe dans un cadre à leur mesure, sont fréquentées par de riches Sud-Américains. De grands noms, comme Gucci, Bulgari, Prada et Vuitton s'adressent en priorité à cette clientèle privilégiée.

À Key West, tout est cher, notamment les vêtements. Nous recommandons surtout les boutiques inventives, spécialisées dans des articles moins courants que les inévitables T-shirts : des gammes de maillots de bain, cigares, sandales et produits de beauté sont fabriquées sur place dans les Keys. Repérez également des peintures, sculptures et esquisses réalisées par des artistes, ou des raretés comme les perles de conques.

Centres commerciaux

Bal Harbour Shops, 9700 Collins Ave., Bal Harbour, tél. : 305-866-0311, www.balharbourshops.com. Enseignes de créateurs haut de gamme : Tiffany & Co, Chanel, Prada, Gucci, DeBeers, Hermès ou Bulgari, ainsi que de grands noms floridiens, comme Neiman Marcus et Saks Fifth Avenue.

Village of Merrick Park, 358 San Lorenzo Ave., Coral Gables, tél. : 305-529-0200, www.villageofmerrickpark.com. Neiman Marcus, Nordstrom, et 115 boutiques de créateurs et plusieurs Spas.

Dolphin Mall, 11401 NW 12th St., Miami, tél. : 305-365-7446, www.shopdolphinmall.com. L'un des plus grands centres commerciaux, de restauration et touristiques de Miami, Dolphin Mall rassemble des magasins et des activités familiales, des restaurants, un cinéma de 19 salles, des magasins de créateurs ou spécialisés.

Galeries marchandes en plein air

Bayside Marketplace, 401 N Biscayne Blvd, Miami, tél. : 305-577-3344, www.baysidemarketplace.com. Centre commercial au bord de la mer avec excursions en bateau, spectacles de rue, le Hard Rock Café de Miami et divers magasins.

CocoWalk, 3015 Grand Ave., Coconut Grove, tél. : 305-444-0777, www.cocowalk.net. En partie extérieur, ce centre sur plusieurs étages rassemble des cafés avec terrasse et un cinéma de 16 salles. Le shopping se limite à Gap et Victoria's Secret.

Downtown Miami Shopping District, de Biscayne Blvd à 2nd Ave. W et de SE 1st St. à NE 3rd St., Miami, tél. : 305-379-7070. Plus d'un millier de magasins, le deuxième centre de joaillerie du pays, des centaines d'enseignes d'électronique, de sport, de vêtements et de chaussures.

Florida Keys Outlet Center, 250 E Palm Dr. (SW 344th St.), Florida City, tél. : 305-248-4727. À seulement 30 minutes de route au sud de Miami, ce village tropical réunit 60 magasins d'usine, de Nike à OshKosh B'Gosh ou Levi's.

Mayfair in the Grove, 2911 Grand Ave., Coconut Grove, tél. : 305-448-1700. Centre méditerranéen de Coconut Grove rempli de cafés, cinémas, restaurants et magasins de renom.

Arts et antiquités

The Americas Collection, 4213 Ponce de Leon Blvd, Coral Gables, tél. : 305-446-5578, www.americascollection.com. L'une des galeries les plus célèbres de Miami se consacre à l'art contemporain latino-américain et présente quelques œuvres européennes et américaines.

Gotta Have It! Collectibles, 4231 SW 71st Ave., Coral Gables, tél. : 305-446-5757, www.gottahaveit.com. Fermé sam.-dim. Autographes et objets historiques sur le sport, Hollywood et le rock.

Haitian Art Co., 605 Simonton St., Key West, tél. : 305-296-8932, www.haitian-art-co.com. Œuvres d'art et sculptures d'Haïti.

Lincoln Road Shopping District, Lincoln Rd, Miami Beach, tél. : 305-673-7010. Ce quartier haut de gamme occupe 12 pâtés de maisons où se succèdent magasins, galeries d'art et studios d'artistes, restaurants renommés et cafés. Horaires d'ouverture variables. Le Miami City Ballet et le New World Symphony y résident.

Librairies

Librairies Barnes and Noble, www.barnesandnoble.com.
5701 Sunset Dr., South Miami, tél. : 305-662-4770 ;
152 Miracle Mile, Coral Gables, tél. : 305-446-4152 ;
2051 N Federal Hwy, Fort Lauderdale, tél. : 954-561-3732.
Un fond de plus de 17 000 titres.

Books and Books, www.booksandbooks.com. 927 Lincoln Rd, Miami Beach, tél. : 305-532-3222 ; 265 Aragon Ave., Coral Gables, tél. : 305-442-4408 ; 9700 Collins Ave., Bal Harbour, tél. : 305-864-4241. Vaste sélection de titres et lectures par les auteurs.

Articles pour fumeurs

Cuban Crafters, 3604 NW 7th St., Miami, tél. : 305-573-0222, www.cubancrafters.com. Plus de 100 marques de cigares au choix (cinq boutiques dans le quartier).

Cuban Leaf Cigar Factory, 310 Duval St., Key West, tél. : 305-295-9283, www.cigars-tobacco-shopping.com. Pour tout savoir sur les cigares et assister à leur fabrication avant de les acheter.

Deco Drive Cigar East, 1436 Ocean Dr., Miami Beach, tél. : 305-672-9032 ; **ou** 1650 Meridian Ave., Miami, tél. : 305-674-1811. Cigares du Honduras, du Nicaragua et de la République dominicaine. On peut aussi assister au roulage dans la boutique.

El Crédito Cigar Factory, 1106 SW 8th St., Little Havana, Miami, tél. : 305-858-4162. Fermé dim. Fabrique de cigares cubaine.

Key West Cigar, 1117 Duval St., Key West, tél. : 305-296-1977, www.keywestcigar.com. Choix considérable de cigares.

Bijoux

Carroll's Jewelers, 365 Miracle Mile, Coral Gables, tél. : 305-446-1611. La plus ancienne bijouterie de Gables vend depuis plus de 60 ans des articles réalisés à la main.

Kirk Jewelers, 142 E Flagler St., Miami, tél. : 305-371-1321, www.kirkjewelers.com. Fermé dim. Large sélection de montres de marque, bijoux 14 carats, 18 carats et en platine.

Local Color, 276 Margaret St., Key West, tél. : 305-292-3635, www.localcolorkeywest.com. Des bijoux typiques de Key West.

Rainbow Jewelry, 101 NE 1st St., Miami, tél. : 305-371-2289. Fermé dim. Vaste collection de Cartier, Hermès, or 18 carats de Carrera y Carrera et stylos Mont Blanc.

Seybold Building, 36 NE 1st St., Miami, tél. : 305-374-7922, www.seyboldjewelry.com. Cet édifice historique du centre-ville rassemble plus de 300 boutiques de joaillerie.

Articles de sport

Alf's Golf Shop, 1180 S Dixie Hwy, Coral Gables, tél. : 305-663-4653, www.alfsgolf.com. Fermé dim. Chaussures, vêtements, sacs de golf et divers équipements.

Capt. Harry's Fishing Supplies, 8501 NW 7th Ave., Miami, tél. : 305-374-4661, www.captharry.com. Fermé dim. Une grande variété de matériel de pêche.

Tarpoon Lagoon, 300 Alton Rd, Miami Beach, tél. : 305-532-1445, www.tarpoondivecenter.com. L'une des plus vieilles enseignes de plongée de Miami.

South Beach Dive and Surf, 850 Washington Ave., Miami Beach, tél. : 305-531-6110, www.southbeachdivers.com. Fermé dim. matin. Vaste choix de planches de surf et d'équipement de plongée, et possibilité de cours.

Articles spécifiques

Armani Exchange, 760 Collins Ave., Miami Beach, tél. : 305-531-5900, www.armaniexchange.com. Les dernières nouveautés de Giorgio Armani.

Key West Aloe, 419 Duval St., Key West, tél. : 305-517-6365, www.keywestaloe.com. Plus de 300 produits à base d'aloès et une gamme de parfums originaux.

La Casa de las Guayaberas, 5840 SW 8th St., West Miami, tél. : 305-266-9683. L'un d'une meilleures boutiques où se fournir en *guayabera*, la chemise latino-américaine.

Sortir

En journée, Miami vit au grand air. Le soir, les bars, restaurants et discothèques les plus huppés vous attendent. Les plus économes s'installeront à la terrasse d'un café à South Beach ou Coconut Grove pour regarder la foule. Le théâtre et la musique classique connaissent un regain de popularité ces dernières années et la ville attire des spectacles de qualité.

Pour plus d'information sur les programmes musicaux et théâtraux, les séances de cinéma, les dates des concerts de rock et de jazz et l'actualité des sorties, consultez la rubrique « Week-end » de l'édition du vendredi du *Miami Herald*, ou rendez-vous sur le site *www.miamiherald.com*.

À Key West, consultez la rubrique « Arts et sorties » de l'édition du vendredi du *Key West Citizen* qui contient une liste des événements culturels.

Cinéma

On règle généralement son billet en espèces à la caisse avant le début de la séance, mais mieux vaut réserver pour les sorties les plus attendues. Des réductions sont souvent proposées pour les séances de l'après-midi, et pour les étudiants (sur présentation de leur carte) et les seniors.

Paragon Grove 13, 3015 Grand Ave., Coconut Grove, tél. : 305-446-4386. Ce multiplexe doté de 13 salles diffuse des films indépendants et les nouvelles sorties.

AMC Sunset Place 24, 5701 Sunset Dr., South Miami, tél. : 888-262-4386. Avec 24 salles (dont une IMAX), difficile de ne pas trouver son bonheur dans ce multiplexe. Nouveaux films uniquement.

Miami Beach Cinematheque, 1130 Washington Ave., Miami Beach, tél. : 305-673-4567, www.mbcinema.com. La meilleure salle où voir des films alternatifs ou étrangers à Miami Beach.

Regal South Beach 18, 1100 Lincoln Rd, South Beach, tél. : 305-674-6766. Représentant une chaîne de cinémas, cet immense centre aux murs de verre projette des films de grands studios ainsi que des films étrangers ou à petit budget.

Frank Theatres Intracoastal 8, 3701 NE 163rd St., Miami, tél. : 305-949-0064. Les huit salles de ce complexe programment des grosses productions, mais aussi des films indépendants et étrangers.

Discothèques et bars

GRAND MIAMI

Miami est célèbre pour sa vie nocturne et rivalise avec New York pour ses boîtes de nuit. Inutile d'arriver avant 23 h, en particulier à South Beach, qui incarne ce que la ville a de plus branché et rassemble les adresses les plus huppées.

L'alcool est servi aux plus de 21 ans, âge requis pour entrer dans la plupart des boîtes. Munissez-vous d'une pièce d'identité avec photo. La loi interdit de servir de l'alcool après 5 h et les discothèques ferment généralement entre 3 et 5 h. Le tarif d'entrée varie, les femmes entrent souvent gratuitement. Parfois, l'entrée est gratuite et la direction se rattrape sur les consommations. Prévoyez des espèces.

Sachez que les horaires des discothèques de Miami changent d'un jour à l'autre. Appelez préalablement pour vous assurer que l'adresse existe encore et vérifiez le code vestimentaire.

Clevelander Bar, 1020 Ocean Dr., South Beach, tél. : 305-531-3953, www.clevelander.com. Ce bar-restaurant-hôtel de plage est apprécié depuis des années, en particulier par ceux qui ont 30 ans ou plus.

La Folie D'Amour, 655 Washington Ave., South Beach, tél. : 954-940-0939. Le décor de cette boîte de South Beach est new-yorkais, mais les DJ aux platines sont floridiens.

Glass at The Forge, 432 41st St., Miami Beach, tél. : 305-538-8533, www.theforge.com. Discothèque sophistiquée où célébrités et clientèle d'affaires se côtoient toute la nuit.

Miami Improv, 3390 Mary St., Coconut Grove, tél. : 305-441-8200, www.miamiimprov.com. Célèbre scène où se produisent des comiques de renommée nationale.

John Martin's Irish Pub and Restaurant, 253 Miracle Mile, Coral Gables, tél. : 305-445-3777, www.johnmartins.com. En arpentant Miracle Mile, vous trouverez jour et nuit ici une cuisine riche et une bière épaisse.

Mynt, 1921 Collins Ave., South Beach, tél. : 305-532-0727, www.myntlounge.com. Pour approcher la jet-set.

Mansion, 1235 Washington Ave., South Beach, tél. : 305-531-5535, www.mansionmiami.com. L'une des discothèques les plus branchées de SoBe. Des personnalités y font régulièrement des apparitions.

Nikki Beach Club, One Ocean Dr., South Beach, tél. : 305-538-1111, www.nikkibeachmiami.com.

Mannequins hédonistes et clientèle d'affaires internationale peuplent cette discothèque.

Fat Tuesday, 3015 Grand Ave., CocoWalk, Coconut Grove, tél. : 305-441-2992, www.fat-tuesday.com. Venez déguster un daïquiri – il y en a une douzaine à la carte – dans ce bar à la décoration inspirée de la Nouvelle-Orléans.

Set, 320 Lincoln Rd, South Beach, tél. : 305-531-2800, www.setmiami.com. Fermé lun.-mer. Les mannequins fréquentent ce nouveau club VIP de SoBe.

Tapas and Tintos, 448 Española Way, South Beach, tél. : 305-538-8272, www.tapasytintos.com. Ingrédients de choix, entre hors-d'œuvre et vin rouge, dans une ambiance détendue.

Twist South Beach, 1057 Washington Ave., South Beach, tél. : 305-538-9478, www.twistsobe.com. C'est l'une des enseignes gays les plus fréquentées de South Beach. Elle rassemble sept bars dans un complexe unique.

KEY WEST

Boisson et gastronomie résument la vie culturelle de Key West. Dégageant une atmosphère nonchalante, la ville recèle des bars où la fête se poursuit souvent jusqu'à 4 h du matin au rythme de la musique folk, rock ou country. Les meilleures adresses sont situées au nord de Duval Street.

Sloppy Joe's, 201 Duval St., tél. : 305-294-5717, www.sloppyjoes.com. Les visiteurs y viennent pour les souvenirs d'Hemingway et y restent pour la musique live.

Captain Tony's Saloon, 428 Greene St., tél. : 305-294-1838, www.capttonyssaloon.com. Le bar Sloppy Joe's d'origine, dont Hemingway était réellement un client régulier.

Jimmy Buffett's Margaritaville Café, 500 Duval St., tél. : 305-292-1435, www.margaritavillekeywest.com. Légendaire crooner originaire de Floride, Jimmy Buffett a donné son nom à cet excellent bar. Il a disparu depuis des années, mais le bar attire encore les foules. Grande variété de concerts, souvenirs de Buffett et boutique de souvenirs.

La-Te-Da, 1125 Duval St., tél. : 305-296-6706, www.lateda.com. La communauté homosexuelle a bénéficié de la tolérance qui caractérise la mentalité de Key West. De nombreux bars gays se succèdent sur Duval Street, mais une ambiance moins exclusive règne au La-Te-Da.

Théâtre, musique classique, opéra et danse

GRAND MIAMI

De nombreux sites Internet permettent de se tenir informés des spectacles ayant lieu à Miami. Consultez **Event Guide Miami** *(www.miami.eventguide.com)*, qui propose une liste des événements, ou **Florida Theater on Stage** *(www.floridatheateronstage.com)*. Le site du journal indépendant ***Miami New Times*** *(www.miaminewtimes.com)* permet d'accéder aux recommandations de sorties de ses lecteurs. Enfin, la rubrique « Tropical Life » de l'édition du vendredi du ***Miami Herald*** *(www.miamiherald.com)* liste les pièces de théâtre, les spectacles et les soirées de Miami.

Sauf indication contraire, les lieux mentionnés ci-dessous sont accessibles aux personnes en fauteuil roulant.

Adrienne Arsht Center for the Performing Arts, 1300 Biscayne Blvd, Miami, tél. : 305-949-6722, www.arshtcenter.org. Ce complexe de 50 000 m², ouvert en 2006, accueille les représentations du Miami City Ballet, du Florida Grand Opera et du New World Symphony.

Jackie Gleason Theater, 1700 Washington Ave., Miami Beach, tél. : 305-673-7300, www.fillmoremb.com. Salle de 2700 fauteuils où se produisent des spectacles de Broadway et des concerts modernes, classiques, de jazz et de pop.

Miami-Dade County Auditorium, 2901 W Flagler St., Miami, tél. : 305-547-5414. Ce lieu historique accueille désormais des spectacles grand public.

New World Center, 500 17th St., Miami Beach, tél. : 305-673-3331, www.nws.edu. Ouvert en 2011, le centre, créé par Frank Gehry, est la nouvelle résidence du New World Symphony. Cette compagnie composée de 90 musiciens est dirigée par son fondateur, Michael Tilson Thomas.

Olympia Theater at the Gusman Center for the Performing Arts, 174 E Flagler St., centre-ville de Miami, tél. : 305-374-2444, www.gusmancenter.org. Ballets, concerts, festivals de cinéma et autres se succèdent toute l'année.

KEY WEST

Red Barn Theatre, 319 Duval St., tél. : 305-296-9911, www.redbarntheatre.com. Choix de pièces, du répertoire classique anglo-américain aux créations modernes.

Tennessee Williams Theatre, 5901 W College Rd, tél. : 305-296-1520, www.tennesseewilliamstheatre.com. Spectacles de Broadway, concerts classiques, de jazz et opéra.

Waterfront Playhouse, Mallory Sq., tél. : 305-294-5015, www.waterfrontplayhouse.org. Pièces de théâtre classiques et modernes et comédies musicales.

Manifestations annuelles

GRAND MIAMI

Renseignements sur *www.miami herald.com/calendar*.

JANVIER

Art Deco Weekend, tél. : 305-672-2014, www.mdpl.org. En hommage à l'architecture Art déco de South Beach, les rues se remplissent de fanfares. Les chambres d'hôtels se font rares.

FÉVRIER

Annual Miami International Film Festival, tél. : 305-237-3456, www.miamifilmfestival.com. Pendant dix jours, on peut assister à des projections dans toute la ville : avant-premières de films internationaux et américains, mais aussi les grandes sorties commerciales et les créations plus insolites de l'année.

Coconut Grove Arts Festival, tél. : 305-447-0401, www.cgaf.com. Le premier festival des beaux-arts du pays attire chaque année plus d'un million de personnes et rassemble les œuvres de quelque 300 artistes.

Miami International Boat Show, tél. : 954-441-3220, www.miamiboatshow.com. Plus de 2 300 grands noms mondiaux de l'industrie maritime viennent présenter leurs derniers hors-bord, moteurs et accessoires dans le Miami Beach Convention Center.

MARS

Carnaval Miami, tél. : 305-644-8888, www.carnavalmiami.com. Little Havana est en ébullition : gastronomie, musique, pièces et danse sont à l'honneur durant une semaine. Le clou final : Calle Ocho, une fête de rue le dimanche soir.

Sony Open Tennis, tél. : 305-442-3367, www.sonyericssonopen.com. L'un des tournois de tennis les plus suivis du pays se dispute au Tennis Center de Crandon Park, à Key Biscayne. À la clé pour le vainqueur : plus de 7,5 millions de dollars.

Asian Festival, tél. : 305-247-5727, www.asianculturefestival.us. Ce festival se tient pendant deux jours au Fruit and Spice Park dans Homestead, où plusieurs milliers d'immigrants asiatiques, du sud de la Floride, viennent célébrer toutes leurs traditions culturelles et culinaires.

JUIN

Miami/Bahamas Goombay Festival, tél. : 305-448-9501. La communauté bahamienne de Coconut Grove célèbre son héritage. Parades de Junkanoo, défilé de la fanfare de la police royale bahamienne et les meilleurs beignets de conques de la région.

JUILLET

Annual America Birthday Bash, tél. : 305-358-7550. La plus grande fête du 4 juillet de tout l'État a lieu dans Bayfront Park. Stands de cuisine ethnique, trois scènes, concerts de rock, musiciens latinos et superbes feux d'artifice.

AOÛT

Miami Reggae Festival, tél. : 305-891-2944. L'ensemble de la communauté jamaïcaine célèbre chaque année l'indépendance de la Jamaïque : durant deux jours se succèdent des musiciens locaux, nationaux et internationaux.

NOVEMBRE

Miami Book Fair International, tél. : 305-237-3258,

www.miamibookfair.com. Ce salon du livre d'une semaine est ponctué de lectures proposées par des auteurs locaux, nationaux et internationaux.

NASCAR Championship, tél. : 866-409-7223, www.homesteadmiamispeedway.com. Les championnats NASCAR Ford 200, 300 et 400, organisés sur le circuit de Homestead-Miami Speedway, marquent la fin de la saison.

DÉCEMBRE

Art Basel Miami Beach, www.artbaselmiamibeach.com. Ce salon de quatre jours, l'équivalent américain de la Foire de l'art contemporain de Bâle, en Suisse, est sans doute le plus prestigieux de la planète. Art Basel Miami Beach présente 1 000 artistes du monde entier. Musique, cinéma et autres sont aussi au programme. Pensez à réserver longtemps à l'avance.

ING Miami Marathon and Half Marathon, tél. : 305-278-8668, www.ingmiamimarathon.com. Un marathon, un semi-marathon, des courses moins longues et un immense salon dédié aux sports dans le Miami Beach Convention Center attirent des dizaines de milliers de personnes.

King Mango Strut, tél. : 305-582-0955, www.kingmangostrut.org. Les événements et personnages locaux et internationaux sont l'objet de moqueries durant la parade du Jour de l'an de Coconut Grove. Ambiance survoltée et amusement garanti.

KEY WEST

Conch Republic Independence Celebration, tél. : 305-296-0213, www.conchrepublic.com. Festival de dix jours célébrant l'indépendance de la République conch, singeant la « révolte » qui éclata en 1982 : une patrouille de la police fédérale des frontières avait alors bloqué la route des Keys. Chaque année, le 23 avril, cet événement est l'objet d'un spectacle, rappelant la devise de la « république » : « Nous avons fait sécession là où d'autres ont échoué. »

Fantasy Fest, tél. : 305-296-1817, www.fantasyfest.net. Dix jours de festivités fin octobre marquent le début de la saison automne/hiver. Englobant Halloween, c'est la réplique à Key West du Mardi gras de la Nouvelle-Orléans et du carnaval de Rio. Concentrées dans la vieille ville, elles rassemblent des foires gastronomiques ou de rue, des concerts, des démonstrations artisanales, un grand concours de costumes, des défilés d'animaux domestiques, et culminent avec le Twilight Fantasy, une impressionnante parade de chars et de costumes.

Hemingway Days Festival, tél. : 305-461-3300, www.fla-keys.com/hemingwaymedia. Le clou de ce festival d'une semaine, qui se tient aux environs de la date d'anniversaire d'Hemingway (le 21 juillet), est le concours de sosies durant lequel des dizaines de messieurs à la mâchoire carrée et aux cheveux blancs tentent de ressembler au célèbre écrivain.

Sunset in Key West. La ville la plus méridionale des États-Unis est réputée pour son coucher de soleil. Chaque jour, à l'approche du crépuscule, une foule d'habitants et de touristes envahit Mallory Square pour admirer le soleil qui embrase l'horizon en plongeant dans le golfe du Mexique, sous les applaudissements. Au programme : spectacles, cuisine et musique (voir aussi p. 214).

Glossaire

GÉNÉRAL

Oui/non *Yes/no*
Excusez-moi *Excuse me*
Bonjour/salut *Hello/Hi*
S'il vous plaît *Please*
Merci (beaucoup) *Thank you (very much)*
De rien *You're welcome*
Bonne journée ! *Have a good day !*
Au revoir *Goodbye*
Bonsoir *Good night*
Pardon *Sorry*
Aujourd'hui *Today*
Hier *Yesterday*
Demain *Tomorrow*
Maintenant *Now*
Plus tard *Later*
Ce matin *This morning*
Cet après-midi *This afternoon*
Ce soir *This evening*
Tous les jours *Every day*
Toute la journée *All day long*
Je m'appelle... *My name is...*
À quelle heure ? *At what time ?*
Quand ? *When ?*
Quelle heure est-il ? *What time is it ?*
Avez-vous... ? *Do you have... ?*
Je voudrais... *I'd like...*
Où est... ? *Where is... ?*
Parlez-vous français ? *Do you speak french ?*
Je ne comprends pas *I don't understand*
Je ne sais pas *I don't know*
Ce n'est pas grave *No problem*
Comment vous appelez-vous ? *What is your name ?*
Pouvez-vous m'aider ? *Can you help me ?*
C'est combien ? *How much is it ?*
Bon marché *Cheap*
Cher *Expensive*
Boulangerie *Bakery*
Épicerie *Grocery*
Librairie *Bookshop*
Grand magasin *Department store*
Fermé/ouvert *Closed/open*
Gratuit *Free*
Taille *Size*
Je le prends *I'll take it*

AU RESTAURANT

Petit déjeuner *Breakfast*
Déjeuner *Lunch*
Dîner *Dinner*
Entrée *First course*
Plat principal *Main course*
Plat du jour *Dish of the day*
Dessert *Dessert*
Pimenté *Hot*
Carte des vins *Wine list*
Je voudrais commander *I'd like to order*
L'addition *The check*

Viandes

Beef Bœuf
Chicken Poulet
Calf's liver Foie de veau
Duck Canard
Goose Oie
Ham Jambon
Kidneys Rognons
Lamb Agneau
Lamb chop Côte d'agneau
Pork Porc
Rib steak Entrecôte
Sausage Saucisse
Sirloin steak Faux-filet
Turkey Dinde
Veal Veau
Cooked À point
Rare Saignant
Roast Rôti
Stuffed Farci
Very rare Bleu
Well done Bien cuit

Poissons

Anchovy Anchois
Lobster Homard
Mussels Moules
Octopus Poulpe
Oyster Huître
Prawn Langoustine
Salmon Saumon
Sea bass Bar (ou loup)
Sea bream Daurade
Seafood Fruits de mer
Shellfish Coquillage
Shrimp Crevette
Trout Truite
Tuna Thon

Œufs

Fried eggs Œufs sur le plat
Ham and eggs Œufs au jambon
Hard boiled egg Œuf dur
Scrambled eggs Œufs brouillés

Légumes

Artichoke Artichaut
Asparagus Asperge
Avocado Avocat
Beans Haricots
Cabbage Chou
Corn Maïs
Cucumber Concombre
Eggplant Aubergine
French fries Frites
Garlic Ail
Green beans Haricots verts
Green salad Salade verte
Hazelnut Noisette
Leek Poireau
Lentils Lentilles
Mushroom Champignon
Nut, walnut Noix
Onion Oignon
Pea Pois
Pepper Poivron
Potatoes Pommes de terre
Raw vegetables Crudités
Rice Riz
Spinach Épinards
Tomatoe Tomate
Zucchini Courgette

Fruits

Apple Pomme
Cherry Cerise
Fig Figue
Grape Raisin
Grapefruit Pamplemousse
Lemon Citron
Lime Citron vert
Peach Pêche
Pear Poire
Pineapple Ananas
Plum Prune
Prune Pruneau
Raspberry Framboise
Redcurrant Groseille
Strawberry Fraise
Yellow plum Mirabelle

INDEX

Les références en **gras** renvoient aux illustrations. Les mots en MAJUSCULES indiquent les grands thèmes.

CRÉDITS

Toutes les photographies sont de Matt Propert, excepté celles mentionnées ci-dessous.

Couverture : travelview / Shutterstock ; **dos :** travelview / Shutterstock ; **4e de couverture :** vignette n°1 : pisaphotography / Shutterstock ; n°2 : fotomak ; Shutterstock ; n°3 : Fotoluminate LLC / Shutterstock ; n°4 : Brent Walker / Shutterstock ; n°5 : Francisco Blanco / Shutterstock ; n°6 : Anna Klepatckaya / Shutterstock ; n°7 : Mia2you / Shutterstock

Portfolio : MIKE THEISS/National Geographic Creative ; PANORAMIC IMAGES/National Geographic Creative ; MATT PROPERT/National Geographic Creative ; MIKE THEISS/National Geographic Creative

Intérieur : 7, Catherine Karnow/NGS ; 8, Rudy Umans/ Shutterstock ; 11, Andy Newman/Florida Keys and Key West Tourism Development Council ; 12, John Brooks/National Park Service ; 20, Stanley Meltzhoff/NGS Image Collection ; 23, Florida Photographic Collection ; 25, Miami Museum of Science ; 26, Stephen Ferry/Getty Images ; 28, Jim Schwabel/Getty ; 29, RoxyFer/Shutterstock ; 30, Maureenpr/iStockphoto ; 46, Raul Touzon/NGS ; 75, Uliana Bazar ; 76, Justin Dernier/EQUI-PHOTO, avec l'accord du Gulfstream Park ; 88, Kay Hankins ; 146, Pictures Colour Library ; 148, Blend Images/ iStockphoto ; 154, Roberto A. Sanchez/ iStockphoto ; 162, John J. Lopinot/Silver Image ; 167, Mike Theiss/ NGS ; 171, avec l'accord du Theater of the Sea ; 174, Image Studios/Getty ; 176, Raymond Gehman/NGS ; 178, FL Stock/Alamy ; 187, Stephen Frink/Florida Keys News Bureau ; 200, Peter Titmuss/Alamy ; 203, Doug Perrine/Minden ; 224, Corey Rich/Aurora Photos ; 234, Varina and Jay Patel/Shutterstock ; 237, Henryk Sadura/Fotolia ; 238, Scott Cramer/iStockphoto.

Miami

est une publication de la National Geographic Society

Département éditorial
Hector Sierra, *Vice-président et directeur général*
Anne Alexander, *Vice-présidente et directrice éditoriale*
Jonathan Halling, *Directeur artistique, départements Livres et Enfants*
Marianne R. Koszorus, *Directrice artistique, département Livres*
Barbara A. Noe, *Éditrice de la collection*
R. Gary Colbert, *Directeur de la production*
Jennifer A. Thornton, *Directrice éditoriale*
Susan S. Blair, *Directrice de la photographie*
Meredith C. Wilcox, *Directrice administrative*

Équipe pour cet ouvrage
Jane Sunderland, *Éditrice du projet*
Kay Kobor Hankins, *Directeur artistique*
Matt Propert, *Responsable des illustrations*
Michael McNey et cartographes spécialisés, *Cartographie*
Galen Young, *Chargé des droits*
Caroline Hickey, Larry Shea, *Contributeurs*

Département fabrication et qualité
Christopher A. Liedel, *Directeur financier*
Phillip L. Schlosser, *Vice-président*
Chris Brown, *Vice-président et directeur technique*
George Bounelis, *Vice-président et directeur de la production*
Nicole Elliott, *Responsable*
Rachel Faulise, *Responsable*
Robert L. Barr, *Responsable*

Première parution : édition et graphisme AA Publishing (département de Automobile Association Developments Limited, dont l'adresse est Norfolk House, Priestley Road, Basingstoke, Hampshire, England RG24 9NY. Numéro d'enregistrement : 1878835).

Illustrations dessinées par Maltings Partnership, Derby, GB

Depuis 1888, la National Geographic Society a financé plus de 12 000 projets de recherche, d'exploration et de conservation, dans le monde entier. Elle fonctionne grâce aux fonds de National Geographic Partners LLC, en partie grâce à votre achat. Une partie des recettes issues de ce livre contribue à son œuvre. Pour en savoir plus, rendez-vous sur http://natgeo.com/info.

NG France
Directrice éditoriale : Françoise Kerlo
Responsable d'édition : Valérie Langrognet
Chargée d'édition : Caroline Rondeau, assistée d'Elise Marcantoni
Chefs de fabrication : Jérôme Brotons, Anne-Kathrin Fischer

Mise à jour 2013 : Archipel studio, Paris
Direction et édition : Cécile Gineste
Traduction : Elsa Le Hen
Adaptation et correction : Marjorie Bensaada

Couverture : Archipel studio
Portfolio et couverture : Nord Compo

Les informations contenues dans ce guide ont été vérifiées avec soin. Il est cependant possible que certaines changent ou aient changé. En aucun cas, la National Geographic Society ne peut être tenue pour responsable de tels changements, erreurs ou omissions. Les choix des sites, des hôtels et des restaurants ont été laissés aux soins de l'auteur ; ils ne reflètent pas nécessairement l'opinion de l'éditeur, qui ne peut en être tenu pour responsable.

Dépôt légal : septembre 2020
ISBN 978-2-82290-257-1
Impression : GPS Group, Slovénie

FSC
www.fsc.org
MIXTE
Papier | Pour une gestion forestière responsable
FSC® C118234